Ce petit présent
Te permettra j'espère tes Talents
de développer
culinaire.

Bonne chance.

affectueusement Maman
xxx

315
meilleures
recettes

Quelques conseils avant de vous lancer.

1.

Commencez par lire attentivement la recette. Vous prendrez ainsi connaissance de ses différentes étapes et ne risquerez pas d'être dérouté au cours de la préparation.

2.

Dressez une liste des ingrédients nécessaires avant d'aller faire vos courses, pour être sûr de ne rien oublier.

3.

Avant de commencer, ayez à portée de main tous les ingrédients et ustensiles dont vous aurez besoin. Vous éviterez ainsi de devoir vous interrompre pour aller les chercher.

4.

Pour bien cuisiner, vous aurez besoin de peu de choses. Un couteau bien aiguisé, une bonne planche à découper, une grande casserole et une poêle robuste. Petit à petit, vous pourrez acquérir d'autres ustensiles.

5.

En cuisine, vos mains sont votre ustensile le plus précieux. Soyez méticuleux sur l'hygiène lorsque vous manipulez des produits crus. Pensez à toujours laver vos couteaux de cuisine et votre planche à découper immédiatement après les avoir utilisés. Soyez particulièrement vigilant lorsque vous manipulez du poulet cru.

6.

Dans cet ouvrage, les recettes sont mélangées afin de vous inviter à composer vos propres menus. L'index des recettes vous aidera à trouver ce que vous cherchez.

7.

Plus vous vous sentirez sûr de vous et plus vous aurez envie d'expérimenter. Vous choisirez par exemple d'autres produits frais et essayerez de nouvelles garnitures. Cuisiner sera alors un vrai plaisir !

Index des recettes

4

Penne au filet de bœuf et à la crème

Un plat de luxe réconfortant que l'on appréciera dès les premiers frimas. Dégusté le soir au coin du feu, au retour d'une grande promenade, il se mariera à merveille avec un bon vin rouge.

Pour 4 personnes :

400 g de penne
300 g de filet de bœuf
3 cs de beurre
40 cl de crème liquide
30 cl de bouillon de bœuf
    concentré

2 à 3 cs de cognac
1 branche de thym frais
1 oignon jaune
sel, poivre noir

Préparation :

1.

Faites cuire les pâtes dans une grande quantité d'eau salée, en vous reportant aux indications données sur le paquet. Égouttez-les dans une passoire.

2.

Épluchez et hachez l'oignon puis effeuillez le thym. Faites revenir l'oignon et le thym dans une cuiller à soupe de beurre puis versez dessus le bouillon, le cognac et la crème. Laissez frémir une dizaine de minutes.

3.

Coupez le filet de bœuf en petits dés. Poêlez-le rapidement dans les deux cuillers de beurre restant. Passez la sauce afin de retenir l'oignon et le thym et versez-la sur le filet de bœuf. Salez et poivrez à votre goût. Mélangez la sauce aux pâtes encore chaudes.

Omelette paysanne

Réalisée en un tournemain, cette omelette conviendra parfaitement à un dîner léger ou à un déjeuner sur le pouce. Pratique, elle vous permettra d'utiliser vos restes de saucisse et de jambon.

Pour 4 personnes :

10 œufs	**sel, poivre blanc du moulin**
3 cs de beurre fondu	**4 pommes de terre cuites**
½ oignon jaune	**de taille moyenne**
¼ de poireau	**1 cs de persil haché**
300 g de jambon et/ou de	**1 cs de ciboulette finement ciselée**
saucisse	**beurre pour la cuisson**

Préparation :

1.

Épluchez et coupez l'oignon en tranches. Nettoyez le poireau, rincez-le et détaillez-le en lanières. Tranchez la saucisse, le jambon et les pommes de terre. Faites revenir l'oignon et le poireau dans du beurre. Ajoutez le jambon, la saucisse et les pommes de terre.

2.

Battez les œufs avec le beurre fondu, assaisonnez avec le sel et le poivre blanc fraîchement moulu.

3.

Versez les œufs battus sur le mélange poêlé. Faites-les pénétrer jusqu'au fond de la poêle en vous aidant d'une fourchette ou d'une cuiller en bois. Laissez cuire jusqu'à ce que les bords de l'omelette soient secs et son centre crémeux. Hachez alors le persil et la ciboulette et parsemez-en l'omelette avant de servir.

Salade tiède

Cette salade tiède sera servie en plat principal léger ou pour accompagner vos viandes et poissons. Une bonne vinaigrette aux parfums d'olive et de poivre fraîchement moulu révélera son caractère.

Pour 4 personnes :

1 cœur de laitue	**100 g de champignons frais**
1 cœur de frisée	**1 tête de brocoli**
1 cœur de lollo rosso	**sel**
1 endive	**poivre blanc du moulin**
1 barquette de tomates cerises	**huile d'olive**
1 oignon rouge	**vinaigre balsamique**

Préparation :

1.

Rincez les salades et nettoyez les légumes. Coupez l'oignon en fines lamelles et les champignons en tranches. Détaillez le brocoli en fleurettes et faites-le cuire 2 minutes dans une eau légèrement salée. Coupez les tomates en deux.

2.

Mettez l'huile d'olive à chauffer dans une poêle et faites-y revenir l'oignon, les champignons et le brocoli. Assaisonnez avec le vinaigre balsamique, le sel et le poivre. Réservez hors de la poêle.

3.

Passez très rapidement les feuilles de salade et les tomates à la poêle (cela ne doit pas durer plus de 30 secondes). Disposez-les ensuite sur un plat et ajoutez-y les légumes grillés. Servez sans attendre.

Salade de haricots verts et champignons marinés

Aujourd'hui, on peut acheter des champignons frais en toute saison, mais cette salade sera encore meilleure préparée à l'automne, avec de vrais champignons sauvages. Vous le constaterez, les champignons marinés permettent de réaliser de délicieuses entrées. Pensez simplement à les couper très fin. Servez cette salade avec un bon pain frais.

Pour 4 personnes :

500 g de champignons de saison	**2 échalotes hachées**
300 g de haricots verts	**sel, poivre blanc du moulin**
4 cs d'huile + 1 pour les haricots	**1 pointe de couteau de**
jus d'1 citron	**gingembre râpé (facultatif)**

Préparation :

1.

Commencez par nettoyer attentivement les champignons. Cela prend du temps, mais c'est très important. Coupez-les ensuite en tranches très fines. Pressez le citron, épluchez et râpez le gingembre si vous en utilisez. Faites macérer les champignons pendant au moins ½ heure dans 4 cuillers d'huile, le jus de citron et l'échalote. Assaisonnez ce mélange avec du sel, du poivre fraîchement moulu et éventuellement du gingembre.

2.

Faites cuire brièvement les haricots dans de l'eau bien salée additionnée d'une cuiller d'huile. Ils doivent rester croquants. Égouttez-les et passez-les immédiatement à l'eau froide. Cela stoppera la cuisson et les haricots garderont ainsi leur saveur, leur croquant et leur couleur.

3.

Laissez-les à nouveau égoutter et mélangez-les aux champignons.

Beignets à la cannelle

Des beignets sud-africains au délicat parfum de cannelle, à déguster très chauds. Mais attention… cette recette délicate exige un certain savoir-faire.

Pour 4 personnes :

180 g de farine	180 g de sucre
1 petite pincée de sel	10 cl d'eau
½ cc de levure chimique	jus d'1 citron
1 cc de cannelle	90 g de sucre
2 cs de beurre mou	huile pour la friture
2 œufs	

Préparation :

1.

Sirop de sucre : Mettez l'eau, le sucre et le jus de citron dans une casserole et faites bouillir pendant 10 minutes, sans couvercle. Réservez et laissez refroidir ce sirop.

2.

Dans un saladier, mélangez la farine, le sel, la levure et la cannelle et ajoutez le beurre en petits morceaux. Travaillez cette pâte à la main jusqu'à ce que vous obteniez un mélange sableux. Battez les œufs dans un bol et ajoutez-les à la pâte. Mélangez bien à l'aide d'une cuiller en bois. La pâte doit être homogène et élastique. Si vous la trouvez trop collante, ajoutez de la farine. Laissez-la reposer au froid 1 heure.

3.

Farinez une plaque et étalez la pâte dessus. Elle doit être mince. Découpez dedans des rectangles de 4 × 12 cm. Partagez chacun en trois longues bandes, sans aller jusqu'au bout (les bandes doivent rester attachées ensemble par un côté). Nattez les bandes et pressez bien sur l'extrémité de la natte pour qu'elle ne se défasse pas à la cuisson.

4.

Faites chauffer l'huile. Plongez-y seulement quelques beignets à la fois. Laissez-les frire jusqu'à ce qu'ils deviennent joliment dorés, 1 minute environ. Utilisez une écumoire pour repêcher les beignets et laissez-les égoutter sur du papier absorbant. Trempez-les ensuite dans le sirop de sucre, égouttez-les à nouveau et roulez-les dans le sucre.

Soupe de bœuf aux pâtes et aux légumes d'hiver

Un vrai plat familial, généreux et nourrissant, auquel la coriandre fraîche apporte une touche de fantaisie.

Pour 4 personnes :

½ verre de quadrucci
   (pâtes en petits carrés)
300 g de bœuf haché
1 petit poireau
2 carottes

150 g de céleri-rave
1,2 litre de bouillon de légumes
1 bouquet de coriandre fraîche ciselée
sel, poivre noir

Préparation :

1.

Nettoyez le poireau, les carottes et le céleri et coupez-les en petits morceaux.

2.

Faites chauffer le bouillon. Salez, poivrez la viande et formez des boulettes. Mettez-en délicatement quelques-unes à cuire dans le bouillon. Attendez que le bouillon frémisse à nouveau et ajoutez les autres boulettes.

3.

Ajoutez les pâtes et les légumes au bouillon. Faites cuire 9 minutes environ, jusqu'à ce que les légumes et les pâtes soient tendres. Salez, poivrez et parsemez de coriandre fraîche.

Carpaccio à la sauce verte

Composé de minces tranches de filet de bœuf cru et accompagné d'herbes fraîches, ce carpaccio d'un genre nouveau sera apprécié en entrée. Si vous achetez le filet de bœuf surgelé, inutile de le décongeler à l'avance. Si vous l'achetez frais, au contraire, placez-le au congélateur deux jours avant de le découper.

Pour 4 personnes :
200 g de filet de bœuf
Sauce verte :
1 cs de vinaigre balsamique
1 cœur de laitue
1 oignon blanc nouveau
1 bouquet de persil

2 cs d'huile d'olive
sel, poivre blanc
Pour décorer :
feuilles de basilic
copeaux de parmesan

Préparation :

1.

Laissez le filet de bœuf décongeler à moitié puis coupez-le en tranches de l'épaisseur d'une feuille de papier juste avant de le servir.

2.

Sauce verte : Hachez menu la salade, l'oignon et le persil et mélangez-les à l'huile. Vous pouvez aussi utiliser un robot de cuisine pour mixer ces ingrédients ensemble. La sauce doit être d'un beau vert sombre et avoir une consistance homogène et onctueuse. Assaisonnez-la ensuite avec du sel, du poivre et du vinaigre balsamique.

3.

Disposez la viande sur les assiettes et répartissez la sauce autour. Assaisonnez la viande avec du sel et du poivre fraîchement moulu puis décorez les assiettes de feuilles de basilic et de copeaux de parmesan.

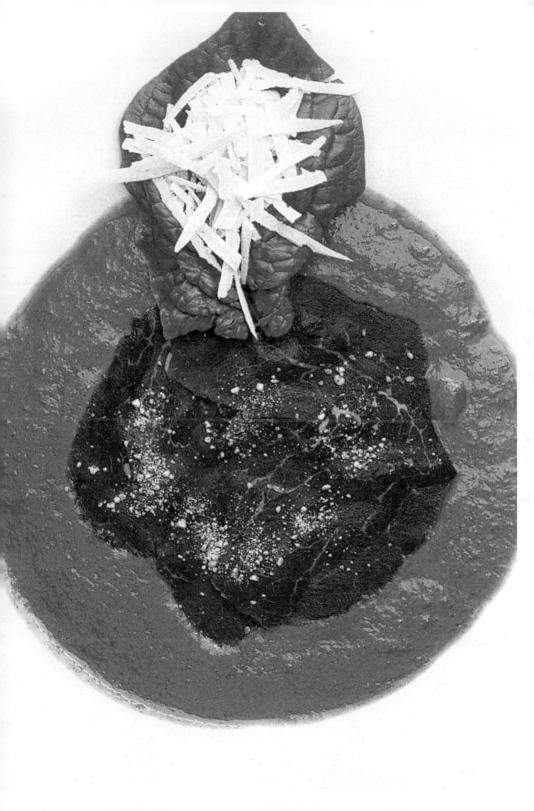

Petites crêpes à la noix de coco et glace aux noix

Un dessert délicieusement sucré et facile à réaliser. Donnez-vous la peine de chercher de la glace aux noix, elle se mariera bien mieux au sirop d'érable qu'une glace vanille.

Pour 4 personnes :

2 œufs
¼ l de lait
75 g de farine
1 pincée de sel

2 cc de beurre + beurre de cuisson
noix de coco râpée pour gratiner
½ l de glace aux noix
20–30 cl de sirop d'érable

Préparation :

1.

Préchauffez le four à 250 °C et placez-le en position grill. Battez la farine avec la moitié du lait jusqu'à ce que vous obteniez une pâte homogène. Faites fondre le beurre et ajoutez-le au mélange, avec le sel. Ajoutez ensuite les œufs, un par un, et le reste du lait, sans cesser de battre.

2.

Mettez un peu de beurre dans une poêle à crêpes et laissez-le brunir légèrement. Faites cuire vos petites crêpes et posez-les côte à côte dans un plat à four. Saupoudrez chaque crêpe d'une fine couche de noix de coco.

3.

Faites gratiner les petites crêpes au four jusqu'à ce que la noix de coco brunisse. Servez avec du sirop d'érable et de la glace aux noix.

Velouté de brocoli

Aussi curieux que cela paraisse, ce sont les brocolis surgelés qui conviennent le mieux pour réaliser cette soupe. Si vous choisissez des brocolis frais, le goût sera le même mais votre soupe sera d'un moins beau vert. Pour mixer la soupe, utilisez un robot de cuisine ou un pied mixeur. Si vous avez du xérès, versez-en une larme dans la soupe pour en relever le goût.

Pour 4 personnes :

250 g de brocolis	**1 l ½ de bouillon**
1 oignon jaune	**1 cs d'huile**
1 poireau	**sel, poivre blanc**
20 g de céleri-rave	**1 cs environ de xérès (facultatif)**

Préparation :

1.

Faites décongeler les brocolis. Ôtez la partie la plus verte du poireau. Coupez le reste en lamelles grossières et rincez-les à l'eau froide. Épluchez l'oignon et le céleri, coupez-les en petits morceaux. Faites revenir l'oignon, le poireau et le céleri dans l'huile pendant 5 à 6 minutes, en remuant bien.

2.

Coupez grossièrement les brocolis décongelés et ajoutez-les aux autres légumes. Versez le bouillon dessus et laissez cuire la soupe jusqu'à ce que les brocolis soient tendres, 10 minutes environ.

3.

Passez la soupe, réservez le bouillon et réduisez les légumes en purée à l'aide d'un mixeur ou d'un robot de cuisine. Versez la purée verte dans le bouillon, laissez frémir et salez, poivrez. Goûtez toutefois avant de saler car le bouillon est déjà assaisonné. Ajoutez si vous le désirez un peu de xérès.

Émincé de bœuf
à la moutarde

Un plat rapide qui s'accompagnera à merveille de pommes de terre simplement écrasées à la fourchette. Servez aussi avec une salade et des haricots verts bien croquants.

Pour 4 personnes :

500 g de noix de bœuf	**sel, poivre noir**
100 g d'oignons jaunes	**4–5 (400 g) pommes de terre**
4 cs de moutarde à l'Ancienne	**poivron émincé**
2 cs d'huile	**persil haché**

Préparation :

1.

Faites cuire les pommes de terre. Émincez le bœuf en lanières puis épluchez l'oignon et hachez-le. Mélangez le bœuf, l'oignon et la moutarde dans un saladier.

2.

Mettez l'huile à chauffer dans une poêle et faites-y revenir le bœuf et l'oignon rapidement. Remuez de temps en temps puis salez et poivrez.

3.

Pour accompagner : Écrasez sur chaque assiette une pomme de terre encore chaude (aidez-vous d'une fourchette), parsemez cette purée de persil et décorez-la en piquant dedans des morceaux de poivron. Disposez le bœuf à côté.

Poisson à l'indienne

Pour cette recette aux saveurs de piment et de garam masala, choisissez des filets de poisson à chair ferme : cabillaud, sandre, perche, brochet… Pour obtenir un plat plus ou moins piquant, adaptez la quantité de piment rouge à votre goût.

Pour 4 personnes :

700 g de filets de poisson
1 cc de sel
1 cc d'ail déshydraté
1 cc de garam masala
½ cs de piment rouge d'Espagne
1 cc de curcuma
1 cc de paprika

5 cs d'eau
4–5 cs d'huile
2 tomates
1 piment vert d'Espagne
2 gousses d'ail
coriandre fraîche pour décorer

Préparation :

1.

Nettoyez et hachez le piment, les tomates et l'ail. Délayez le garam masala, le curcuma et le paprika dans l'eau. Mettez l'huile à chauffer dans une grande poêle, sur feu moyen. Faites revenir les tomates, le piment et l'ail jusqu'à ce que l'ail prenne couleur. Versez dessus les épices, mélangez et laissez frémir 3–4 minutes.

2.

Faites décongeler les filets de poisson et séparez-les délicatement. Mettez les filets à bouillir dans un filet d'eau additionné d'ail en poudre et de sel. Dès que le poisson a pris une couleur blanche, retirez-le avec précaution de la casserole à l'aide d'une écumoire.

3.

Placez les filets dans le mélange de tomates et d'oignons puis laissez cuire tout doucement 4 à 5 minutes, juste le temps pour le poisson d'absorber les épices. Saupoudrez de coriandre hachée et servez avec du pain et du riz.

Omelette norvégienne

Certes un peu rétro, mais toujours aussi bon, ce grand classique des années 70 épatera vos amis. Il est bien plus facile à réaliser qu'il n'en a l'air et a l'avantage de nécessiter uniquement des ingrédients de base : génoise, glace à la vanille, fruits au sirop et blancs d'œufs battus…. Alors à vos tabliers !

Pour 4 personnes :

1 génoise du commerce	**3 blancs d'œufs**
½ litre de glace vanille	**3 cs de sucre**
4 demi-pêches au sirop	**fruits frais (selon la saison)**

Préparation :

1.

Préchauffez le four à 250 °C. Montez les blancs en neige très ferme puis ajoutez le sucre peu à peu. Coupez la génoise de façon à ce qu'elle ait la même forme que la glace et posez-la sur un plat à four.

2.

Démoulez la glace et posez-la sur la génoise. Répartissez dessus les moitiés de pêches puis recouvrez joliment l'ensemble avec les œufs battus.

3.

Faites cuire au four 4 à 5 minutes, juste le temps que la meringue dore. Servez l'omelette norvégienne immédiatement en l'accompagnant à votre convenance de fruits frais, de fruits au sirop, ou de coulis de fruits.

Gigot grillé et tian de légumes

Pour réussir cette recette provençale, utilisez de préférence un thermomètre à viande. Il vous permettra de cuire le gigot exactement à votre goût : à 70 °C la viande sera rosée, à 75 °C elle sera bien cuite. Vous la servirez accompagnée de son jus, d'un tian de légumes et éventuellement de pommes de terre sautées ou à l'eau.

Pour 6 personnes :

1 gigot de 2 kg (non désossé)	**1 aubergine**
sel, poivre blanc du moulin	**4 tomates fermes**
2 cc de romarin	**sel, poivre noir**
4 gousses d'ail	**2–3 cs d'huile d'olive**
beurre	**2–3 cs de chapelure**
eau et/ou vin blanc	**2–3 cs de persil haché**
Pour le tian :	**1 gousse d'ail**
1 courgette	

Préparation :

1.

Préchauffez le four à 175 °C. Épluchez et coupez les gousses d'ail en deux dans la longueur. Nettoyez le gigot, incisez-le à l'aide d'un couteau bien pointu et insérez les gousses d'ail dans la chair. Effeuillez le romarin sur le gigot, salez, poivrez. Plantez le thermomètre dans la partie la plus charnue du morceau et posez la viande sur un long plat à four. Coupez quelques morceaux de beurre dessus, versez 2 dl d'eau dans le plat et enfournez pour 1h30 à 2h. Lorsque le thermomètre a atteint la température désirée, retirez la viande, emballez-la dans une feuille d'aluminium et laissez-la reposer. Pendant ce temps, déglacez le plat au vin blanc ou à l'eau. Filtrez le jus ainsi obtenu et versez-le dans une casserole.

2.

Mettez le thermostat du four sur 200 °C. Coupez la courgette, l'aubergine et les tomates et placez-les en quinconce dans un plat à gratin huilé. Salez, poivrez et arrosez d'huile d'olive. Faites cuire 10 minutes au four.

3.

Passez le persil, l'ail écrasé et la chapelure au mixeur. Saupoudrez les légumes de ce mélange et laissez gratiner 15 minutes, jusqu'à ce que les légumes soient tendres et dorés. Découpez la viande et servez-la avec le tian.

Glace César

Une manière facile et originale d'égayer une simple glace à la vanille. Pensez simplement à laisser mariner les raisins secs une journée et à placer la glace au congélateur au moins trois heures à l'avance.

Pour 6 personnes :
100 g de raisins secs épépinés
½ verre d'arak (ou autre
    liqueur sucrée)
50 g d'amandes émondées

85 g de chocolat noir à pâtisser
½ l de bonne glace vanille
crème chantilly

Préparation :

1.

Mettez les raisins dans un bocal ou un pot à couvercle hermétique. Versez la liqueur dessus et fermez le couvercle. Laissez macérer à température ambiante une journée au moins pour que les raisins soient bien imbibés.

2.

Coupez les amandes et le chocolat bien fin. Sortez la glace du congélateur et coupez-la en petits morceaux que vous mettez dans un saladier avec les amandes et le chocolat. Ajoutez les raisins imbibés de liqueur et mélangez bien. La glace doit ramollir sans fondre. Versez cette préparation dans un moule et remettez-la au congélateur 3 heures au moins.

3.

Après avoir trempé le moule rapidement dans l'eau chaude, démoulez la glace et retournez-la sur un plat de service. Servez avec de la crème chantilly.

Marmite d'agneau
à la catalane

La paella est sans doute l'un des plats au riz les plus connus et les plus appréciés. Ses variantes sont innombrables. Tantôt vous y trouverez du poulet, tantôt du lapin, parfois même de l'agneau ou du gibier. Sans parler de toutes les sortes de crustacés que l'on peut y ajouter... Le plat proposé ici rappelle la paella mais il est bien plus facile à préparer. Servez-le avec une salade.

Pour 4 personnes :

700 g d'agneau désossé	**½ cc de thym**
2 oignons jaunes	**1 feuille de laurier**
1 boîte de tomates pelées entières	**60 cl de bouillon de poule**
250 g de petits pois surgelés	**360 g de riz**
2 gousses d'ail	**beurre**
0,5 g de safran	**sel, poivre blanc moulu**

Préparation :

1.

Épluchez et hachez l'oignon et l'ail. Coupez les tomates grossièrement, réservez le jus. Faites revenir l'oignon et l'ail sans les laisser brunir. Versez-les dans un faitout. Ajoutez-y alors le bouillon, les tomates et leur jus, le thym, le laurier, le safran, le sel et le poivre.

2.

Découpez la viande en cubes de 2 cm. Faites-la dorer de tous les côtés, puis mettez-la dans le faitout avec les autres ingrédients. Laissez cuire doucement, à couvert, pendant une heure.

3.

Versez le riz dans le faitout et poursuivez la cuisson pendant 20 minutes. À mi-cuisson, assurez-vous qu'il reste du liquide dans la casserole. Si cela vous semble trop sec, ajoutez du bouillon ou de l'eau. Cinq minutes avant la fin de la cuisson, ajoutez les petits pois. Servez directement dans le faitout.

Pêche Melba

Ce dessert fut créé par le cuisinier Auguste Escoffier, en l'honneur de la célèbre cantatrice australienne Nellie Melba, alors en visite à Londres. La recette originale utilise des pêches fraîches, entières, et cuites dans un sirop de sucre dans lequel on les laisse ensuite refroidir.

Pour 4 personnes :
8 demi-pêches au sirop
Coulis de framboise :
400 g de framboises
50 g de sucre glace environ

1 cs de gelée de cassis
Pour accompagner :
½ l de glace vanille
framboises fraîches ou surgelées

Préparation :

1.

Coulis de framboises : Mixez les framboises puis ajoutez le sucre glace à la purée obtenue. Passez-la et ajoutez-y la gelée de cassis.

2.

Coupez 4 belles tranches dans la glace puis aidez-vous d'un verre ou d'un emporte-pièce pour découper un beau rond dans chaque tranche. Disposez un rond de glace sur chaque assiette.

3.

Posez deux demi-pêches sur chaque rond, arrosez de coulis et décorez si vous le souhaitez de framboises.

Rosbif et légumes sautés

En France, on a tendance à négliger les légumes raves. Pourtant, ils ont le privilège d'être à la fois savoureux et bon marché. Dans cette recette ils remplacent les pommes de terre sautées et accompagnent à merveille le rosbif du dimanche.

Pour 8 personnes :
1 rosbif de 2 kg
sel, poivre blanc du moulin
2 cs de beurre
2 oignons jaunes
2 carottes
1 feuille de laurier
1 branche de thym
1 cs de concentré de tomate
40 cl de vin rouge
40 cl de bouillon de bœuf
Sauce :
½ l de jus de cuisson de la viande

1 échalote
2 cs de beurre
2 cs de farine
Sauté de légumes :
250 g de navets
250 g de carottes
200 g de panais
3 cs de beurre
1 bouquet de persil
sel, poivre blanc du moulin

Préparation :

1.

Épluchez les carottes et les oignons et coupez-les en petits morceaux. Salez et poivrez la viande. Faites-la dorer de tous les côtés dans une sauteuse. Ajoutez le laurier, le thym, le concentré de tomates, puis les oignons et les carottes. Mouillez avec le vin et le bouillon et laissez mijoter 1 h à 1h30. Réservez la viande au chaud et filtrez le bouillon. Coupez ensuite la viande en tranches fines.

2.

Sauce : Hachez l'échalote et faites-la revenir dans du beurre sans la laisser prendre couleur. Retirez la casserole du feu et versez-y la farine. Mélangez bien. À part, réchauffez le bouillon et versez-le peu à peu sur la farine et l'échalote. Salez, poivrez. Laissez frémir 10 minutes. Filtrez la sauce.

3.

Légumes : Débarrassez le persil de ses tiges et hachez-le. Épluchez, lavez et émincez en julienne les navets, les carottes et les navets. Faites sauter la julienne dans du beurre, salez, poivrez. Saupoudrez de persil haché et servez avec le rosbif et la sauce.

Quesadillas aux fruits

Originale, cette variante de quesadillas ne vous décevra pas ! Elle vous permettra d'égayer la sauce pour tacos avec un mélange fruité. Les quesadillas pourront être réchauffés au four ou au micro-ondes.

Pour 4 personnes :

8 tortillas de blé du commerce	**1 poivron vert**
400 g du fromage de votre choix	**10–20 cl de sauce**
2 poires et/ou 1 papaye	**pour tacos, moyennement épicée**

Préparation :

1.

Épluchez et coupez la poire en tranches fines, vous pouvez aussi choisir un autre fruit de même consistance. Épépinez le poivron et coupez-le en bâtonnets.

2.

Mélangez le fromage, les fruits, le poivron et la sauce pour tacos. Étalez un peu de ce mélange sur la moitié de chaque tortilla, repliez-la en deux et pressez doucement pour bien emprisonner le mélange.

3.

Réchauffez les tortillas à feu moyen dans une poêle (inutile de la graisser). Retournez-les de temps en temps pour qu'elles n'attachent pas. Lorsque le fromage est fondu, vos quesadillas sont prêtes. Partagez-les en trois morceaux avant de les servir.

Curry de crabe

Servez ce curry avec plusieurs petits accompagnements dans des bols. Chacun piochera à sa guise, ce qui créera une ambiance conviviale. Vous pouvez aussi réaliser ce plat avec du crabe en conserve.

Pour 4 personnes :

700 g de chair de crabe nettoyée
2 cs d'huile d'arachide ou de maïs
3 oignons jaunes
3–4 gousses d'ail
1 cs de gingembre frais
1 bâton de cannelle de 2,5 cm
1 cc de poudre de curcuma
½ cc de piment rouge espagnol
1 cc ½ de sel

4 cs de noix de coco râpée, déshydratée
½ l de lait de coco
2 cs de jus de citron
½–1 cc de curry
Accompagnements :
4 bols de riz cuit
½ concombre râpé gros
5 cs de noix de coco râpée
1 citron en quartiers

Préparation :

1.

Épluchez et hachez les oignons. Épluchez l'ail. Grattez et râpez le gingembre. Coupez le piment en deux dans le sens de la longueur, épépinez-le et coupez-le en fines lanières. Ôtez les parties dures du crabe.

2.

Mettez l'huile à chauffer dans un wok ou dans une poêle et faites revenir les oignons jusqu'à ce qu'ils deviennent translucides. Ajoutez le gingembre, le bâton de cannelle, le curcuma, la poudre de piment, le sel et la noix de coco en poudre. Ajoutez l'ail écrasé et mélangez bien. Versez ensuite le lait de coco et le jus de citron dessus. Portez à ébullition, réduisez le feu, couvrez et laissez mijoter sur feu doux pendant 30 minutes.

3.

Filtrez la sauce et versez-la dans une casserole. Mettez le crabe dans cette sauce et faites-le cuire 1 à 2 minutes. Ajoutez le curry en poudre selon votre goût et mélangez bien. Servez dans des assiettes creuses chaudes, accompagné des divers petits bols.

Vermicelles de riz au bœuf

Autrefois méconnues, des saveurs asiatiques comme celle de la coriandre fraîche, du citron vert ou de la sauce aigre-douce au piment sont aujourd'hui très appréciées. Retrouvez-les dans ce plat original et rapide à préparer.

Pour 4 personnes :

400 g de vermicelles de riz	**5 cs de graines de sésame**
300 g d'émincé de bœuf	**1 jus de citron vert**
1 bouquet de coriandre fraîche	**10 cl de sauce aigre-douce au piment**
1 poivron orange	**sel, poivre blanc moulu**
1 oignon rouge	**huile d'olive**

Préparation :

1.

Faites cuire les vermicelles dans de l'eau salée en vous reportant aux indications données sur le paquet. Égouttez-les. Faites griller les grains de sésame dans la poêle, à feu moyen, jusqu'à ce qu'ils soient dorés.

2.

Recoupez le bœuf en lamelles plus fines si besoin, détaillez le poivron en petits morceaux et l'oignon en quartiers. Hachez la coriandre. Mettez à chauffer de l'huile d'olive dans une grande poêle et faites revenir le poivron et l'oignon avec la sauce aigre-douce. Enlevez les morceaux de poivron et d'oignon et réservez-les.

3.

Mettez alors les lamelles de bœuf dans la poêle et faites-les sauter rapidement à feu vif, avec le jus de citron vert. Lorsqu'elles sont cuites, mélangez-les avec les légumes, les pâtes et la coriandre hachée. Salez, poivrez et saupoudrez de grains de sésames grillés.

Poivrons farcis

Le poivron peut être tellement plus qu'une simple garniture de salade ! Le voici farci à la viande hachée et au riz, accompagné d'une purée.

Pour 4 personnes :

8 petits poivrons ou 4 gros	**1 œuf**
600 g de bœuf haché	**sel**
2 carottes râpées	**beurre pour la poêle**
3 cs de concentré de tomate	**8 pommes de terre**
¾ verre de riz cuit	**3 cs de crème liquide**
poivre noir	**3 cs de lait**

Préparation :

1.

Faites cuire le riz en vous reportant aux indications données sur le paquet. Salez, poivrez la viande et mélangez-la aux carottes râpées. Faites-la revenir à feu moyen, dans une poêle, jusqu'à ce qu'elle soit dorée. Ajoutez ensuite le concentré de tomate et le riz cuit. Goûtez et assaisonnez à votre goût.

2.

Coupez le haut des poivrons et réservez-les, ils serviront de couvercles. Épépinez les poivrons et farcissez-les avec le mélange de viande hachée. Placez les couvercles dessus. Disposez les poivrons très serrés dans une casserole. Versez de l'eau dans la casserole jusqu'à mi-hauteur des poivrons. Couvrez et laissez mijoter 1 heure à feu doux.

3.

Purée : Faites cuire les pommes de terre et lorsqu'elles sont tendres, écrasez-les à la fourchette ou au presse-purée. Mélangez l'œuf et la crème et chauffez-les doucement avant de les ajouter aux pommes de terre. Salez, poivrez.

Gâteau aux prunes et aux noisettes

Un gâteau slovène que vous pourrez servir tiède, accompagné ou non de chantilly.

Pour 12 parts :

300 g de farine complète	**180 g de sucre**
1 cc ¼ de sel	**225 g de noisettes**
170 g de beurre	**½ cs de cannelle**
1 petit œuf	**le zeste d'½ citron**
5 cs d'eau très froide	**50 g de beurre fondu**
750 g de prunes très mûres	**1 petit œuf battu**

Préparation :

1.

Préchauffez le four à 175 °C. Mettez la farine et le sel dans un saladier et ajoutez le beurre en petits morceaux. Mélangez. Ajoutez ensuite l'œuf et l'eau et travaillez cette pâte jusqu'à ce qu'elle soit homogène. Laissez-la reposer 30 minutes au frais. Râpez le zeste du demi-citron et coupez les prunes en tranches de 5 mm d'épaisseur. Hachez les noisettes, mettez-les dans un bol et saupoudrez dessus la moitié du sucre. Ajoutez le reste de sucre, la cannelle et le zeste. Faites fondre 50 g de beurre.

2.

Partagez la pâte en trois morceaux égaux. Étalez chacun d'eux en un rectangle de 16 × 12 cm et de 5 mm d'épaisseur. Chemisez un moule avec le premier rectangle de pâte. Disposez dessus la moitié des fruits que vous saupoudrez avec la moitié de la poudre aux noisettes. Arrosez avec la moitié du beurre fondu.

3.

Posez le deuxième rectangle de pâte et répartissez dessus le reste des prunes et de la poudre aux noisettes puis versez le beurre restant. Posez ensuite le dernier rectangle de pâte sur le dessus, en le laissant dépasser d'1 cm sur les bords du moule. Repliez la pâte qui déborde à l'intérieur du moule. Dorez à l'œuf battu et faites cuire 45 minutes dans le bas du four.

Carbonnades à la flamande

Originaire de la région des Flandres, en Belgique, il est naturel que ce plat soit à base de bière. Dans cette recette traditionnelle, le pain émietté remplace la farine. Vous en ajouterez jusqu'à ce que la consistance de la sauce vous convienne.

Pour 6 personnes :

50 g de beurre	5 cs de pain de la veille, émietté
200 g d'oignons jaunes	2 cc de sel
1, 250 kg de bœuf à braiser	1 cs de vinaigre
(en cubes)	1 feuille de laurier
2 cs de farine	½ cc de thym
40 cl de bière blonde	2 cc de moutarde
1 cs de sucre roux	

Préparation :

1.

Épluchez et hachez l'oignon. Mettez l'huile à chauffer dans un faitout et faites revenir les oignons jusqu'à ce qu'ils soient tendres et dorés. Ajoutez la viande et faites-la revenir à feu vif.

2.

Saupoudrez de farine et mouillez avec la bière. Ajoutez le sel, le vinaigre, le laurier et le thym. Laissez mijoter 1h à 1h30, jusqu'à ce que la viande soit fondante.

3.

Ajoutez la moutarde puis, peu à peu, le pain que vous aurez émietté. Arrêtez lorsque la sauce vous semble assez épaisse. Si au contraire, vous la trouvez trop épaisse, ajoutez de la bière. Servez avec des pommes de terre à l'eau et des légumes verts.

Sorbet pamplemousse

Incroyablement frais et léger, ce dessert conviendra après un plat copieux. Si vous possédez une sorbetière, utilisez-la et versez un blanc d'œuf légèrement battu dans le bac juste avant que le sorbet ait pris.

Pour 6 personnes :
5 pamplemousses
1 citron
180 g de sucre
60 cl d'eau

2 blancs d'œufs
Pour décorer :
fruits rouges
feuilles de menthe

Préparation :

1.

Faites un sirop de sucre en chauffant l'eau avec le sucre 5 minutes, à couvert. Laissez refroidir. Pressez les pamplemousses et le citron. Conservez les six moitiés de pamplemousses les plus jolies, elles vous serviront par la suite. Passez le jus des agrumes et versez-le dans le sirop de sucre. Mélangez et versez dans un bac à glace. Mettez au congélateur 4 à 6 heures. Si vous n'avez pas de sorbetière, battez votre sorbet de temps à autre afin d'éviter les paillettes.

2.

Nettoyez et videz complètement les écorces de pamplemousses que vous avez gardées. Placez-les dans un bain d'eau froide pour qu'elles gardent leur fraîcheur jusqu'à ce que vous les utilisiez. Battez les blancs en neige (pas trop ferme) et ajoutez-les au sorbet lorsque celui-ci est déjà à moitié pris, après 2 ou 3 heures. Battez bien et replacez au congélateur.

3.

Battez le sorbet à nouveau avant de le servir présenté dans les moitiés de pamplemousse, décoré de grappes de fruits rouges ou de feuilles de menthe.

Ceviche de cabillaud aux deux citrons

Une recette du Mexique dans laquelle le poisson est mariné à la fois dans du citron et du citron vert. Pensez à préparer ce plat à l'avance car le poisson doit mariner toute une nuit. Servez-le en entrée ou comme plat léger, accompagné d'épis de maïs ou de patates douces à l'eau.

Pour 4 personnes :

300 g de filets de cabillaud décongelés
2–3 cs de jus de citron vert
2–3 cs de jus de citron
2 cs d'huile d'olive
½ cc de poudre de piment

2 oignons rouges
1 ou 2 gousses d'ail
sel, poivre blanc moulu
4 épis de maïs
2 cœurs de salade
2 piments rouges d'Espagne

Préparation :

1.

Épluchez et coupez l'un des oignons en tranches. Détaillez le poisson en petits morceaux.

2.

Mélangez le jus des citrons, l'huile, la poudre de piment, l'ail, une pincée de sel et du poivre dans un saladier. Ajoutez-y le poisson et les tranches d'oignons. Humectez bien le poisson et laissez–le mariner toute la nuit.

3.

Faites bouillir les épis de maïs dans de l'eau légèrement salée pendant 20 minutes. Coupez chacun en plusieurs morceaux. Partagez, rincez et émincez les piments. Arrangez joliment les feuilles de salade sur les assiettes et disposez le poisson dessus. Coupez l'autre oignon en rondelles et garnissez les assiettes de ces rondelles, de lanières de piment et d'épis de maïs.

Salade de festonati

Les festonati sont de petites pâtes en forme d'escargots que l'on mange sur l'île de Capri. Servez cette délicieuse salade en entrée, ou au déjeuner, comme plat unique mais agrémentez-la alors d'une tranche de jambon ou de poulet grillé.

Pour 4 personnes :

300 g de festonati	**5 cs d'olives**
2 boules de mozzarella	**15 cl d'huile d'olive**
2–3 poignées de roquette	**3 tranches de pain grillé**
1 oignon rouge	**sel, poivre blanc du moulin**
3 tomates	**1 bouquet de basilic frais**

Préparation :

1.

Faites cuire les pâtes dans une grande quantité d'eau salée, en vous reportant aux indications données sur le paquet. Égouttez-les et rincez-les à l'eau froide.

2.

Coupez la mozzarella et les tomates en cubes puis l'oignon en demi-lunes. Faites griller le pain et coupez-le en cubes. Détachez les feuilles de basilic et mélangez-les aux pâtes, à la roquette, à la mozzarella et aux tomates. Garnissez d'oignon, d'olives et arrosez d'huile d'olive.

3.

Décorez votre plat d'olives et de croûtons dorés. Salez, poivrez.

Marmite de porc des Philippines

Une recette ensoleillée qui nous vient du bout du monde. Aux Philippines, les plats ont souvent une couleur dorée car on y utilise des graines d'annato qui, lorsqu'elles sont sautées dans l'huile, libèrent une couleur jaune. Si vous avez des difficultés à en trouver, remplacez-les par du curcuma. Servez ce plat avec une sauce aux arachides et du riz blanc.

Pour 4 personnes :

500 g de filet de porc
1 piment rouge d'Espagne
2 pincées de sel
1 pincée de poivre noir moulu
2 cs d'huile d'arachide
1 cs de graines d'annato ou
  1 cc de curcuma

1 gros oignon jaune
2 gousses d'ail
5 cs de pâte d'arachides
1–2 cc de sauce soja chinoise
200–300 g de crevettes épluchées
2 oignons blancs nouveaux
poivron rouge, pour décorer

Préparation :

1.

Nettoyez la viande et coupez-la en cubes d'1,5 cm. Rincez et épépinez le piment sous l'eau froide. Coupez-le en morceaux et écrasez-le au mortier. Versez 25 cl d'eau dans une casserole. Mettez-y la viande, le piment, le sel et le poivre et laissez mijoter doucement pendant 15 minutes.

2.

Épluchez et hachez l'oignon et l'ail. Faites revenir l'oignon dans la poêle jusqu'à ce qu'il soit tendre, ajoutez l'ail et poursuivez la cuisson jusqu'à ce que l'oignon soit doré. Ajoutez alors la pâte d'arachides et le bouillon de la viande. Mélangez puis ajoutez enfin le curcuma. Laissez ensuite cuire jusqu'à ce que la sauce épaississe.

3.

Assaisonnez avec la sauce soja et un peu de sel et de poivre s'il en manque. Ajoutez les crevettes, mélangez-les bien à la sauce et laissez-les cuire quelques minutes. Ajoutez alors la viande, mélangez bien. Coupez les oignons blancs nouveaux en tranches, mettez-en la moitié dans la casserole. Versez dans un plat de service et décorez avec le reste des oignons et le poivron rouge.

Nouvelle crème Ninon

Traditionnellement, la crème Ninon est un onctueux potage à base de pois frais. Nous la renouvelons ici en la servant agrémentée de pâtes et de dés de jambon. Pour mixer la soupe, aidez-vous d'un robot de cuisine ou d'un pied mixeur.

Pour 4 personnes :
100 g de farfalle
10 cs de dés d'épaule ou
    de lardons
2 échalotes

500 g de petits pois surgelés
30 cl de crème liquide
env. ¾ l de bouillon de poule
sel, poivre blanc du moulin

Préparation :

1.

Épluchez et hachez l'échalote. Faites mijoter ensemble le bouillon, la crème et les échalotes à feu doux, pendant 5 minutes environ. Ajoutez les petits pois et laissez cuire. Mixez afin d'obtenir une soupe homogène. Salez et poivrez.

2.

Faites cuire les pâtes dans une grande quantité d'eau salée en vous reportant aux indications du paquet. Égouttez-les.

3.

Faites revenir l'épaule coupée en cubes ou les lardons à feu vif. Laissez-les égoutter sur une feuille de papier absorbant. Répartissez les pâtes dans des bols, versez dessus la soupe et garnissez de dés d'épaule ou de lardons bien grillés.

Roulés apéritif

Au Nicaragua, on sert ces roulés à l'apéritif ou comme en-cas. Accompagnés d'une salade, ils peuvent aussi constituer un déjeuner ou un dîner.

Pour 6 personnes :

12 tortillas du commerce	½ cc de sel
1 oignon jaune	1 pincée de poivre de Cayenne
1 grosse tomate	175 g de sauce à tacos du commerce
2 cs de beurre	1 œuf
900 g de porc cuit, en morceaux	1 banane
1 tortilla, coupée en lamelles	zeste d'1 orange

Préparation :

1.

Épluchez et hachez l'oignon, hachez la tomate et coupez en lanières le porc cuit et la tortilla. Mettez du beurre dans une grande poêle et faites revenir la tomate et l'oignon jusqu'à ce que celui-ci soit tendre. Ajoutez les morceaux de viande et de tortilla, le sel, le poivre de Cayenne et la sauce. Laissez cuire 10–15 minutes en remuant fréquemment.

2.

Battez l'œuf dans un bol. Coupez la banane en tranches, lavez bien l'orange et râpez son zeste. Ajoutez ces ingrédients à la viande et continuez la cuisson 10 minutes, sans cesser de remuer.

3.

Réchauffez les 12 tortillas. Répartissez 1 à 2 cuillers à soupe de mélange à la viande sur chacune. Roulez-les et couchez-les sur un plat de service chaud, côté ouverture sur le dessous. Étalez le reste de sauce dessus et servez.

Gâteau Pavlova

Cette tarte meringuée à la crème et aux fruits est un dessert très prisé en Australie. Sa préparation est des plus simples. La meringue peut être cuite à l'avance et garnie au dernier moment.

Pour 8 personnes :

4 blancs d'œufs
2 cc de vinaigre
150 g de sucre glace
2 cc de farine de maïs
2 cc de sucre vanillé

beurre, pour le moule
Garniture :
fruits en tranches ou fruits rouges
30 cl de crème fleurette

Préparation :

1.

Fond meringué : Préchauffez le four à 110 °C environ. Battez les blancs d'œufs avec le vinaigre jusqu'à ce qu'ils soient bien fermes. Ajoutez peu à peu, en continuant de battre, le sucre, la maïzena et le sucre vanillé. Vous devez obtenir un mélange blanc et épais. Prenez un moule de 20 cm de diamètre, couvrez-le de papier sulfurisé humidifié. Beurrez-en les bords puis versez-y votre préparation en l'étalant bien et en faisant remonter les bords pour lui donner une forme d'assiette creuse. Faites cuire au four 1h à 1h30, jusqu'à ce que la meringue soit dorée. Éteignez alors le four et laissez le gâteau refroidir à l'intérieur.

2.

Retournez la meringue sur un plat, décollez le papier sulfurisé et remettez-la du bon côté en la retournant sur un autre plat.

3.

Garnissez-la de crème battue en chantilly et de fruits en tranches ou de fruits rouges.

Salade fermière au pecorino

En Toscane, on sert souvent cette délicieuse salade au déjeuner. Le pecorino est un fromage italien au goût très particulier. Si vous n'en trouvez pas, remplacez-le par du parmesan, mais votre salade perdra en originalité. Préparez ce plat à l'avance, pour laisser le temps aux saveurs de se révéler.

Pour 4 personnes :

200 g de pâtes campanelli (en épicerie fine)	1 bouquet de persil plat
1 verre ½ de fèves fraîches	2 oignons rouges hachés menu
1 verre ½ de pecorino coupé en cubes	15 cl d'huile d'olive
	2–3 cs de vinaigre de vin rouge
	sel, poivre blanc du moulin

Préparation :

1.
Faites cuire les pâtes dans une grande quantité d'eau salée en vous reportant aux indications du paquet. Égouttez-les et rincez-les à l'eau froide.

2.
Coupez le pecorino en petits cubes. Épluchez les fèves, mettez-les dans un saladier et mélangez-les à l'oignon rouge, aux pâtes et au fromage. Ajoutez l'huile et le vinaigre, salez, poivrez. Laissez macérer 1 heure.

3.
Hachez le persil et ajoutez-le à la salade au moment de servir.

Wok de porc au gingembre

Un plat qui conviendra à vos soirées entre amis. La viande doit mariner pendant trois heures, c'est ce qui vous prendra le plus de temps. Pour le reste, aucune difficulté. En semaine, pensez simplement à faire mariner le porc avant de partir travailler.

Pour 4 personnes :

350 g de nouilles asiatiques
   aux œufs
400 g de filet de porc
1 brocoli découpé en fleurettes
1 barquette de tomates cerises
15 cl de nuoc-mâm

1 cs de sauce soja chinoise
sel, poivre blanc moulu
4 cs d'huile d'olive
1 cs de gingembre frais râpé
2 cs de vinaigre

Préparation :

1.

Épluchez et râpez le gingembre et émincez le porc. Mélangez le gingembre, l'huile d'olive, la sauce soja et le vinaigre et versez cette préparation sur la viande. Laissez mariner au moins 3 heures.

2.

Faites cuire les pâtes dans une grande quantité d'eau salée en vous reportant aux indications données sur le paquet. Sortez le porc de sa marinade, laissez-le égoutter puis salez et poivrez-le. Chauffez un wok et faites sauter le porc. Réservez-le.

3.

Faites sauter les légumes dans le wok. Ajoutez ensuite les nouilles, le nuoc-mâm et remettez le porc. Laissez cuire quelques minutes, mélangez puis salez et poivrez.

Risotto au crabe

Au Nigeria, ce plat se prépare avec différents fruits de mer. En voici une variante simple, à base de crabe en conserve.

Pour 4 personnes :

2 boîtes de crabe en conserve	1 oignon jaune
4–6 gambas	1 poivron rouge
200 g de riz complet	2 cs d'huile d'arachide (ou autre)
1 cc de piment rouge	1–2 cs de curry
d'Espagne, haché	1 cc de sel

Préparation :

1.

Faites cuire le riz en vous reportant aux indications données sur le paquet. Partagez les gambas en deux dans la longueur. Épluchez et hachez l'oignon. Épépinez le poivron et coupez-le en lanières.

2.

Mettez l'huile à chauffer dans un faitout. Faites revenir les gambas, l'oignon et le poivron 2 minutes à feu moyen. Ajoutez le curry, le piment et le sel. Laissez cuire encore 2 minutes.

3.

Ajoutez le riz et mélangez bien. Couvrez et laissez cuire 5 minutes. Le feu doit être très doux afin que le riz n'attache pas dans le fond de la casserole. Ajoutez la chair de crabe et laissez chauffer. Servez votre risotto brûlant.

Carré d'agneau aux légumes d'hiver sautés et aux choux de Bruxelles

Demandez à votre boucher de vous préparer un carré d'agneau. Les côtes d'agneau sont bonnes lorsqu'on les grille individuellement, mais vous verrez que la viande reste bien plus juteuse lorsqu'on cuit le carré entier.

Pour 4 personnes :

1 carré d'agneau entier,
  soit 12 côtes
8 pommes de terre
1 belle carotte
50 g de céleri-rave
50 g de navets
1 petit poireau

2–3 cs de persil et de thym hachés
1 cs de beurre
1 cs d'huile au goût neutre
sel, poivre blanc du moulin
400 g de choux de Bruxelles
30 cl de crème fleurette

Préparation :

1.

Préchauffez le four à 175 °C. Salez et poivrez la viande sur toutes les faces. Faites-la griller à la poêle de manière à ce qu'elle soit bien dorée. Poursuivez la cuisson au four environ 20 minutes. Sortez-la et laissez-la reposer 15 minutes, emballée dans une feuille d'aluminium. Cela lui permettra de rester bien juteuse et uniformément chaude.

2.

Épluchez les pommes de terre, la carotte, le céleri et les navets. Coupez-les en dés. Rincez le poireau et coupez-le en julienne. Faites revenir ces légumes dans un mélange d'huile et de beurre, baissez le feu et laissez cuire, de préférence à couvert, jusqu'à ce qu'ils soient tendres. Ajoutez le poireau 5 minutes avant la fin de la cuisson. Salez, poivrez. Faites alors revenir les choux de Bruxelles au beurre dans une sauteuse. Versez la crème dessus et laissez frémir jusqu'à ce que la crème épaississe.

3.

Détachez les côtes d'agneau et servez-les avec les légumes sautés et les choux de Bruxelles. Saupoudrez de persil et de thym haché.

Feuilles de vignes farcies

C'est une recette qui nous vient d'Égypte. Si vous avez des difficultés à trouver des feuilles de vignes fraîches, achetez-en en conserve.

Pour 4 personnes :

12 grandes feuilles de vigne, fraîches si possible
400 g d'agneau haché
60 g de riz long
1 oignon jaune
1 cc ½ de sel
½ cc de poivre noir
2–3 cs de persil haché

2 cc de concentré de tomate
2 gousses d'ail
2 cs de beurre
jus d'½ citron
10 cl d'eau
Pour accompagner :
yaourt brassé

Préparation :

1.

Faites cuire le riz en vous reportant aux indications données sur le paquet et laissez-le refroidir. Épluchez et hachez l'oignon. Hachez le persil. Mélangez la viande avec l'oignon, le riz, le poivre, le persil et le concentré de tomates.

2.

Préchauffez le four à 225 °C. Faites blanchir les feuilles de vigne ½ minute et laissez-les égoutter. Si vous choisissez des feuilles en conserve, cette opération est inutile. Disposez environ 2 cuillers à soupe de viande sur chaque feuille et roulez-les en leur donnant la forme d'un petit paquet ovale. Placez-les bien serrées, ouvertures sur le dessous, dans un plat à four.

3.

Épluchez et hachez l'ail. Répartissez-le sur les feuilles de vigne. Faites fondre le beurre et pressez le citron. Versez l'eau, le beurre et le citron sur les feuilles. Faites cuire 40 à 50 minutes, au milieu du four. Servez avec du yaourt brassé.

Chicken Wings façon cajun

Une recette un peu délicate à réaliser, inspirée de la cuisine cajun de Louisiane. Vous servirez ces ailes de poulets accompagnées de sauce aigre-douce au piment ou de ketchup agrémenté de raifort râpé.

Pour 4 personnes :

8 ailes de poulet	**10 cs de chapelure**
4 cc de mélange d'épices cajun	**1 cc de sel**
4 cs de farine	**huile pour la friture**
2 œufs	

Préparation :

1.

Coupez chaque aile en trois morceaux en suivant les jointures. Vous n'utiliserez pas l'extrémité de chaque aile, c'est-à-dire le morceau le plus grand. Pour chaque morceau, saisissez la chair entre votre pouce et votre index et poussez-la vers le bas de l'os, de manière à former une petite boule. Essayez de la faire coulisser sur l'os, pour l'en désolidariser sans toutefois l'en détacher. Au besoin, aidez-vous pour cela d'un petit couteau. La partie médiane de chaque aile comprend deux os : cassez le plus mince et ôtez-le.

2.

Mélangez la farine, le sel et les épices dans un sachet en plastique. Introduisez un par un les morceaux d'ailes dans le sac. Secouez-le bien pour que les morceaux soient uniformément recouverts. Ensuite, roulez chaque morceau d'abord dans les œufs battus puis dans la chapelure. Vos « chicken wings » ont donc une double panure. Essayez de leur conserver un bel aspect.

3.

Faites cuire les morceaux soit dans de la friture, soit au four. Si vous les faites frire, ne les jetez pas tous ensemble dans l'huile, procédez peu à peu. Utilisez pour cela une petite casserole. Il faut que les morceaux baignent entièrement dans la friture. Si vous les faites au four, ce qui est plus simple, disposez-les sur une plaque et laissez-les dorer 10 à 15 minutes à 150 °C (four à chaleur tournante).

Gigot au vin blanc

Pour cette recette, commandez à votre boucher un gigot désossé et ficelé bien serré. Ainsi, vous serez sûr que la viande entrera sans problème dans votre casserole.

Pour 6 à 8 personnes :

1 gigot d'1,5 kg	4 gousses d'ail
2 kg de pommes de terre	1 cs ½ de basilic sec
1 poireau	10 grains de poivre blanc
1 oignon jaune	5 clous de girofle
300 g de carottes	2 feuilles de laurier
1 bouteille de vin blanc sec (environ 35 cl)	sel, poivre blanc du moulin

Préparation :

1.

Mettez le gigot dans un faitout et couvrez-le d'eau froide. Portez à ébullition, puis laissez-le bouillir à feu vif 5–6 minutes. Videz l'eau et rincez-le sous l'eau froide.

2.

Épluchez les pommes de terre et les carottes et coupez-les en dés de 3 cm. Rincez et émincez le poireau en julienne. Pelez l'ail. Mélangez tous les légumes et répartissez-en la moitié dans le fond de la casserole. Saupoudrez-les avec la moitié du basilic, 2 cuillers à café de sel et du poivre. Posez la viande dessus puis recouvrez-la du reste de légumes, de basilic, du sel, du poivre. Épluchez l'oignon et plantez les clous de girofle dedans. Ajoutez-le dans la casserole ainsi que le laurier.

3.

Versez le vin et 40 cl d'eau dans la casserole. Portez à ébullition, couvrez, puis laissez frémir 1 heure 40. Si besoin, ajoutez plus de vin ou d'eau au cours de la cuisson. Le plat ne doit pas se dessécher. Servez le gigot sur une planche et coupez-le devant les convives. Servez avec les légumes et le jus de cuisson.

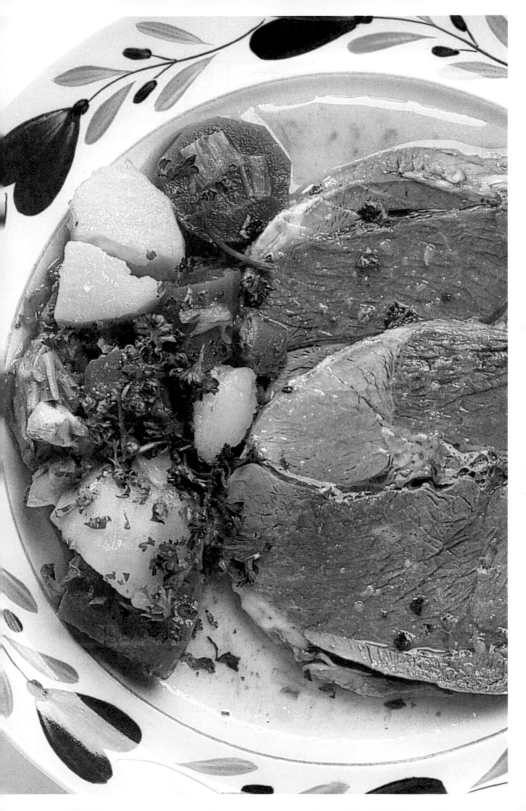

Gâteau miel-chocolat
aux amandes

Une génoise aux amandes fourrée de chocolat noir, de miel et de beurre. Un gâteau qui défie les lois de la diététique pour le plus grand plaisir des vrais gourmands. Laissez-le reposer au réfrigérateur trois heures au moins et toute la nuit si vous le pouvez.

Pour 10 personnes :

125 g de poudre d'amandes	**175 g de beurre**
125 g de sucre	**100 g de miel (environ 75 ml)**
2 blancs d'œufs	**4 œufs**
250 g de chocolat à pâtisser	**éclats d'amandes pour décorer**

Préparation :

1.

Préchauffez le four à 275 °C. Dans un saladier, mélangez les amandes en poudre et le sucre. Ajoutez un peu d'eau pour former une pâte. Mélangez puis ajoutez les blancs d'œufs. Vous devez obtenir une pâte homogène. Prenez un moule. Tracez son contour sur une feuille de papier sulfurisé et répétez l'opération. Découpez les deux feuilles de papier à la taille du moule. Placez-en une au fond du moule. Partagez la pâte en deux. Versez la première moitié dans le moule. Faites-la cuire 7 à 8 minutes, les bords du gâteau doivent dorer et l'intérieur rester moelleux. Démoulez. Répétez l'opération avec l'autre moitié de la pâte.

2.

Faites fondre le chocolat, le miel et le beurre au bain-marie, à feu doux (maximum 36 °C). Mélangez bien pour obtenir une consistance homogène. Laissez refroidir un peu. Séparez les blancs d'œufs des jaunes. Montez les blancs en neige ferme et battez les jaunes jusqu'à ce qu'ils blanchissent. Versez le mélange au chocolat sur les jaunes et ajoutez délicatement les blancs. Garnissez le moule que vous avez utilisé précédemment de film alimentaire. Placez dans le fond l'une des génoises aux amandes, couvrez-la de mélange au chocolat et placez dessus la deuxième génoise. Repliez le film alimentaire sur le dessus et placez le gâteau au réfrigérateur trois heures au moins, ou même toute la nuit.

3.

Sortez le gâteau juste avant de le servir. Coupez-le en parts pendant qu'il est encore bien ferme et décorez chacune d'éclats d'amandes.

Lasagnes aux fruits de mer

La farce de ces lasagnes est un vrai régal de la mer : vous y reconnaîtrez des queues d'écrevisses, du crabe et des moules. Servez ce plat avec de l'aneth et du citron.

Pour 4 personnes :
16 plaques de lasagnes
350 g de queues d'écrevisses
200 g de chair de crabe
225 g de moules
120 g de comté
sel, poivre blanc du moulin

Sauce Béchamel :
2 cs de beurre
4 cs de farine
½ l de lait
sel, poivre blanc du moulin

Préparation :

1.

Sauce Béchamel : Mettez le beurre à fondre dans une casserole et ajoutez-le à la farine. Éteignez le feu et laissez reposer quelques minutes. Remuez de temps en temps pour que le mélange ne brunisse pas ou n'attache pas. Ajoutez le lait, le sel et le poivre tout en mélangeant. Laissez la sauce frémir doucement 10 à 15 minutes.

2.

Préchauffez le four à 200 °C. Dans un saladier, mélangez les moules, les queues d'écrevisses et le crabe. Salez, poivrez.

3.

Prenez un plat à four. Versez une couche de béchamel dans le fond. Disposez dessus une couche de fruits de mer, puis une couche de lasagnes et ainsi de suite. Terminez par une couche de lasagnes que vous recouvrez de béchamel et de fromage râpé. Faites gratiner 30 minutes au four.

Sole meunière

La sole est un poisson d'une grande finesse. Tout simplement poêlée, c'est un vrai régal. Au restaurant, le serveur vous l'apporte en principe entière, détache les filets devant vous et les replace pour que vous ayez le poisson entier dans votre assiette.

Pour 4 personnes :
2 soles de 400 g chacune
sel, poivre blanc du moulin
60 g de farine
75–100 g de beurre

Pour accompagner :
citron
persil haché
pommes de terre à l'eau
aneth (facultatif)

Préparation :

1.

Salez, poivrez le poisson et roulez-le dans la farine. Mettez un peu de beurre à chauffer dans une grande poêle et faites cuire les soles à feu doux, 5 à 6 minutes de chaque côté.

2.

Faites chauffer un peu plus de beurre dans la poêle et versez-le sur le poisson. Servez les soles aussitôt, accompagnées de pommes de terre à l'eau, de persil haché et de citron. Vous pouvez aussi décorer de brins d'aneth.

Champignons farcis

Enfin un plat à la fois bon, raffiné et faible en calories ! Ces chapeaux de champignons farcis aux herbes et servis sur un lit de pois gourmands vous étonneront. Une variante végétarienne consiste à remplacer le jambon par des lentilles cuites.

Pour 4 personnes :

200 g de gros champignons de Paris
2 échalotes
1 beau bouquet de persil
50 g de jambon cuit

2 cs d'huile d'olive
10 cl de bouillon de viande
1 cs de farine
sel, poivre blanc
200 g de pois gourmands

Préparation :

1.

Préchauffez le four à 200 °C. Brossez et nettoyez les champignons. Coupez les pieds et scalpez le dessus des chapeaux. Posez les chapeaux dans un plat à four graissé. Hachez (à la main ou au mixeur) le persil, le jambon, les échalotes, les pieds et les scalps des champignons.

2.

Mettez l'huile à chauffer dans une casserole et faites revenir le mélange sans qu'il brunisse. Saupoudrez de farine et arrosez de bouillon. Poursuivez la cuisson. Salez, poivrez. Remplissez les chapeaux de champignons de ce mélange.

3.

Faites cuire 10 à 12 minutes au milieu du four, le temps pour les champignons d'être bien chauds. Faites bouillir les pois gourmands pendant 1 à 2 minutes dans de l'eau salée. Disposez-les joliment sur les assiettes et posez les champignons à côté.

Gâteau à la noix de coco

Cette recette vient de Cuba, où la noix de coco est un ingrédient de base. Ce gâteau est sucré et très parfumé. Vous le servirez accompagné de fruits ou de glace.

Pour 8 à 10 personnes :

50 g de sucre en poudre	**5 cs de xérès doux**
¼ l d'eau	**½ cc de cannelle**
4 jaunes d'œufs	**225 g de noix de coco râpée déshydratée**

Préparation :

1.

Préchauffez le four à 175 °C. Mélangez le sucre et l'eau et faites chauffer pour obtenir un sirop épais.

2.

Battez les jaunes d'œufs et versez dessus, peu à peu, les ¾ du sirop de sucre, sans cesser de battre. Ajoutez le reste du sirop, le xérès, la cannelle et la noix de coco. Faites chauffer ce mélange, remuez sans cesse, et arrêtez lorsque les premières bulles se forment à la surface.

3.

Versez cette crème dans un moule de 22 cm de diamètre. Faites cuire 30 minutes environ, au milieu du four. Servez tiède.

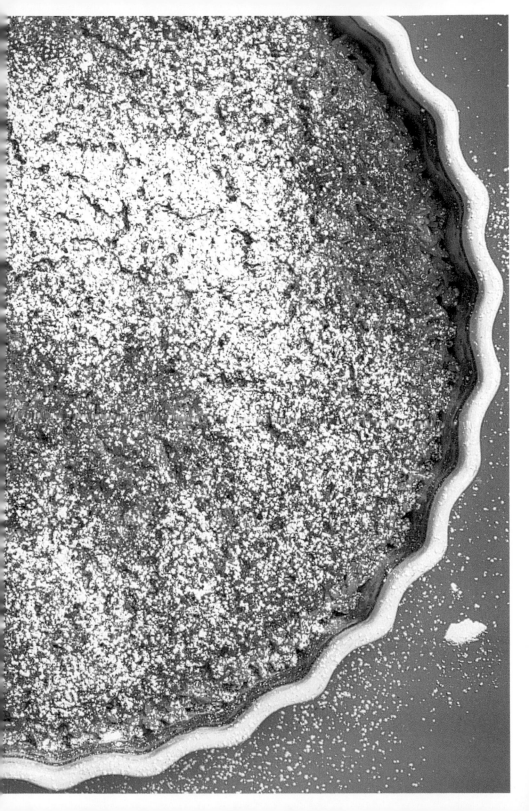

Pappardelle au bœuf et champignons sauce au poivre

La combinaison bœuf - champignons - poivre est si parfaite que ce plat facile et rapide à réaliser conviendra parfaitement à vos déjeuners entre amis. À la bonne saison, ou plus tard si vous les avez congelés, vous pourrez utiliser les champignons que vous avez ramassés vous-même.

Pour 4 personnes :

400 g de pappardelle	1 cs de poivre vert en grains
200 g de bœuf	1 cs de poivre rose en grains
100 g de champignons des bois	½ cs de poivre noir en grains
1 oignon jaune	1 cc de moutarde
30 cl de crème liquide	2 cs de beurre
40 cl de bouillon de bœuf	

Préparation :

1.

Faites cuire les pâtes dans une grande quantité d'eau salée, en vous reportant aux indications données sur le paquet. Égouttez-les.

2.

Nettoyez et hachez les champignons. Épluchez et hachez l'oignon. Faites revenir les champignons dans 1 cuiller à soupe de beurre. Assaisonnez-les avec les trois sortes de poivre. Mouillez avec le bouillon, ajoutez la crème et la moutarde. Laissez frémir 10 minutes. Passez la sauce pour retenir les grains de poivre.

3.

Coupez le bœuf en lanières et faites-le sauter à la poêle dans 1 cuiller à soupe de beurre. Ajoutez-le ensuite à la sauce. Versez sur les pâtes encore chaudes et mélangez. Servez sans attendre.

Nouilles aux fruits de mer

Ce plat étonnera vos invités à la fois par sa composition et son parfum épicé. Choisissez les poissons et fruits de mer que vous préférez, mais surtout il faut qu'ils soient bien frais. Utilisez par exemple du cabillaud, du flétan ou du colin.

Pour 4 personnes :

50 g de nouilles chinoises aux œufs
1 poireau
1 petite courgette
1 oignon jaune
4 écrevisses
12 moules bleues
200 g de filets de saumon
200 g de poisson blanc à chair ferme
12 crevettes entières
10 cl d'huile pour la poêle
4 quartiers de citron ou de citron vert

coriandre fraîche
Sauce pour le wok :
1 gousse d'ail
1 cs de gingembre râpé
1 cc de sambal oelek
1 cc de grains de sésame grillés
1 cc de coriandre fraîche hachée
2 cs de miel
1 pincée de maïzena
2–3 cs de vinaigre de riz (épiceries exotiques)
2–3 cs de soja chinois

Préparation :

1.

Sauce pour le wok : Mélangez le miel, le vinaigre de riz, le soja, le sambal oelek, la coriandre et la maïzena. Pressez le citron. Grattez et râpez le gingembre. Réservez.

2.

Faites cuire les nouilles en vous reportant aux indications données sur le paquet. Nettoyez et coupez les légumes en petits morceaux de taille égale. Faites cuire les écrevisses 5–6 minutes dans de l'eau légèrement salée. Rincez et brossez les moules. Coupez le poisson en morceaux. Mettez de l'huile à chauffer dans le wok et faites sauter les légumes quelques minutes. Mettez-les dans un plat chaud et versez dessus les nouilles égouttées et encore chaudes. Réservez au chaud.

3.

Chauffez un peu plus d'huile dans le wok et faites revenir les écrevisses 1 minute. Ajoutez le saumon, les moules et les crevettes et poursuivez la cuisson 3 minutes (débarrassez-vous des moules qui ne se seraient pas ouvertes). Ajoutez alors la sauce et laissez chauffer quelques minutes dans le wok. Disposez les nouilles sur quatre assiettes et recouvrez-les de poisson et de fruits de mer en sauce. Décorez de coriandre fraîche.

Bœuf en cocotte et purée orange

Voilà un plat qui plaira à ceux qui n'aiment pas perdre leur temps avec la vaisselle ! Tous les ingrédients cuisent en même temps dans une cocotte.

Pour 4 personnes :

800 g de bœuf (paleron ou macreuse)
60 cl d'eau
1 cc de sel
1 feuille de laurier

2 oignons jaunes
700 g de pommes de terre
5 carottes
1 cs de beurre
1 pincée de poivre blanc

Préparation :

1.

Mettez la viande dans une grande cocotte. Ajoutez l'eau froide et portez à ébullition. Écumez fréquemment, ajoutez le laurier et le sel, couvrez et faites cuire pendant 2 heures.

2.

Épluchez et coupez l'oignon, les carottes et les pommes de terre en tranches. Ajoutez-les dans la casserole et poursuivez la cuisson 30 minutes environ.

3.

Sortez la viande, coupez-la en tranches et gardez-la au chaud. Prélevez un peu de bouillon et réservez-le.

4.

Sortez les carottes et les pommes de terre de la casserole et passez-les au presse-purée. Ajoutez-leur du beurre et du poivre. Mouillez avec du bouillon jusqu'à ce que vous obteniez la consistance souhaitée. Servez les tranches de viande sur la purée et proposez le bouillon comme sauce.

Terrine de poulet aux haricots noirs

Servie froide en buffet, ou comme entrée chaude, cette terrine pourra être accompagnée d'une sauce de votre choix.

Pour 4 personnes :

400 g de haricots noirs cuits
2 blancs de poulet
100 g d'épinards hachés
1 oignon jaune
½ poivron rouge
½ poivron vert
2 cs de beurre

1 cs de concentré de tomates
10 cl d'eau
40 g de fromage râpé
3 cs de chapelure
3 œufs
1 cc de sel
1 pincée de poivre noir

Préparation :

1.

Préchauffez le four à 200 °C. Hachez, s'ils ne le sont pas, les épinards. Coupez le poulet et le poivron en dés, épluchez et hachez l'oignon menu. Mettez le beurre à chauffer sur feu moyen dans un faitout. Faites revenir le poulet, l'oignon et le poivron 5 minutes. Ajoutez le concentré de tomates, les haricots et l'eau. Mélangez et laissez cuire 5 minutes. Retirez du feu.

2.

Dans un saladier, mélangez les épinards, le fromage, la chapelure et les œufs. Ajoutez ce mélange au poulet. Salez, poivrez.

3.

Graissez un plat à four et versez-y la préparation. Placez dans la partie basse du four et laissez cuire 30 à 40 minutes, jusqu'à ce que la terrine soit bien prise. Laissez-la refroidir un peu avant de la trancher.

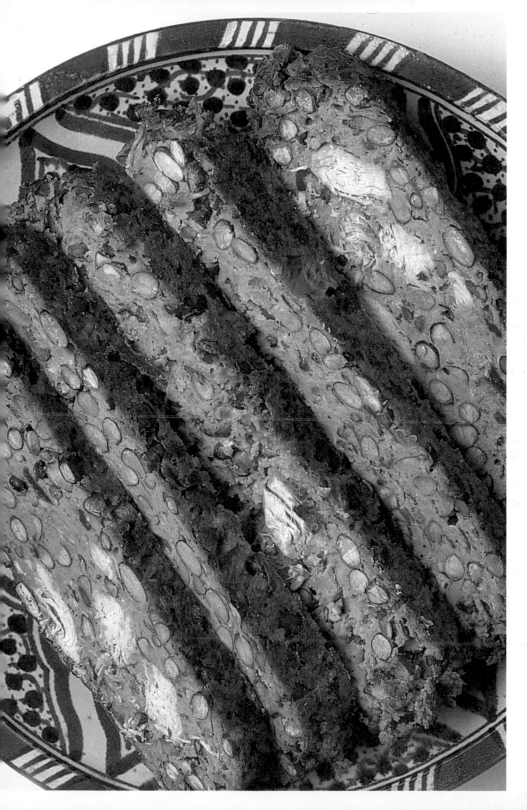

Soupe de fruits exotiques au kirsch

Pour réaliser ce dessert, choisissez des fruits au goût très prononcé comme l'ananas ou le pamplemousse. Si vous souhaitez une variante sans alcool, utilisez du jus concentré ou du sirop.

Pour 4 personnes :

2 oranges ou 3 mandarines	2 poires très mûres
2 fruits de la passion	2 kiwis
1 pamplemousse	1 belle tranche de melon
1 mangue	40 cl de kirsch
½ petit ananas frais	

Préparation :

1.

Coupez les bouts des oranges et du pamplemousse et pelez-les à vif en vous aidant d'un couteau bien pointu. Faites ceci au dessus d'un saladier pour ne pas perdre le jus. Épluchez la mangue, l'ananas, les poires, le melon et les kiwis et coupez-les en tranches ou en gros morceaux dans le saladier, sans perdre leur jus.

2.

Coupez les fruits de la passion en deux et videz leur chair dans le saladier à l'aide d'une cuiller. Mélangez délicatement sans écraser les fruits.

3.

Disposez les fruits au jus dans quatre assiettes creuses, puis arrosez de kirsch. Vous pouvez couvrir les assiettes de film alimentaire et laisser les fruits macérer un moment au froid. Votre soupe n'en sera que meilleure.

Artichauts farcis
aux champignons

Une entrée raffinée et amusante en forme de fleur. Servez les artichauts dès que vous les avez farcis, afin qu'ils ne refroidissent pas.

Pour 4 personnes :
4 artichauts
1 citron
300 g de champignons frais
2 cs de beurre
30 cl de crème fleurette

1–2 cs de cognac
sel, poivre blanc du moulin
1 cs de moutarde
2 cs de fines herbes hachées

Préparation :

1.

Coupez les pieds des artichauts et l'extrémité des feuilles. Tranchez le citron et attachez-en une rondelle à la base de chaque artichaut pour qu'il reste bien vert à la cuisson.

2.

Faites cuire les artichauts tous ensemble dans une grande casserole d'eau salée. Ils sont cuits lorsque les feuilles se détachent facilement, c'est-à-dire après 30 minutes environ. Laissez-les refroidir. Détachez les feuilles centrales et ôtez le foin.

3.

Sauce aux champignons : Coupez les champignons en tranches et faites-les revenir dans le beurre. Versez la crème dessus et laissez cuire jusqu'à ce qu'ils aient suffisamment dégorgé. Ajoutez le cognac, le sel, le poivre et la moutarde qui va lier la sauce. Pour finir, mélangez les fines herbes aux champignons et répartissez la préparation au milieu des quatre artichauts. *Conseil :* Si vous ne trouvez pas d'artichauts frais, utilisez des artichauts en conserve et faites-les gratiner au four après les avoir garnis de fromage râpé.

Gambas à la menthe

Un plat très original qui vous étonnera par son arôme et sa consistance. Léger et rapide à préparer, vous le servirez en toutes occasions, accompagné de riz et de légumes.

Pour 4 personnes :

20 gambas épluchées	**1 cc de gingembre râpé**
1 tomate	**1 cc de curcuma**
½ oignon jaune	**10 cl d'eau**
1 piment rouge d'Espagne	**1 cs de menthe déshydratée**
4–5 cs d'huile d'olive	**1 cc ½ de sel**
1 cc de piment rouge	**1 cs de yaourt**
1 cc d'ail déshydraté	**2 cs de citron pressé**

Préparation :

1.

Essuyez les gambas et ôtez, s'il en reste, les filins noirs. Hachez les tomates, épluchez et hachez l'oignon. Coupez le piment en deux dans le sens de la longueur, épépinez-le puis hachez-le.

2.

Mettez l'huile à chauffer dans une poêlc. Faites revenir la tomate, l'oignon et la poudre de piment jusqu'à ce que l'oignon soit légèrement doré. Mélangez le piment frais, l'ail déshydraté, le gingembre et le curcuma dans l'eau. Versez ce mélange dans la poêle et poursuivez la cuisson 5–6 minutes à feu doux.

3.

Ajoutez la menthe, le sel, le jus de citron et le yaourt et mélangez. Pour terminer, ajoutez les gambas et laissez cuire doucement jusqu'à ce qu'elles deviennent transparentes, 3 minutes environ.

Soupe de l'Ouest africain

En Afrique, on fait beaucoup de sauces et de soupes à base de gombos. La recette de cette soupe vient de la Sierra Leone. Sa préparation nécessite 45 minutes mais ne présente aucune difficulté. Servez-la avec du pain.

Pour 4 personnes :

500 g de bœuf désossé	**1 boîte de tomates concassées**
1 oignon jaune	**6 gombos frais**
¾ l de bouillon de viande	**½ cc de sel**
1 aubergine	**1 pincée de poivre noir**

Préparation :

1.

Coupez la viande en cubes d'1 cm. Épluchez et hachez l'oignon. Faites chauffer le bouillon dans une grande casserole. Mettez-y la viande avec ⅓ de l'oignon et faites-la bouillir 30 minutes, à couvert.

2.

Coupez l'aubergine, les tomates et les gombos en morceaux d'1 cm. Ajoutez-les, ainsi que l'oignon restant, dans la casserole et poursuivez la cuisson 15 minutes jusqu'à ce que les légumes soient tendres.

3.

Fouettez la soupe pour écraser les légumes. Salez et poivrez.

Délices de jambon et tomate

Un plat délicieux et si facile à réaliser qu'il convient même aux débutants. Il suffit de se lancer !

Pour 4 personnes :

500 g de plaques de lasagnes fraîches
300 g de jambon
300 g d'emmental
½ courgette
1 boîte de sauce tomate du commerce

150 g de parmesan
Sauce Béchamel :
2 cs de beurre
4 cs de farine
½ l de lait
sel, poivre blanc du moulin

Préparation :

1.

Sauce Béchamel : Faites fondre le beurre dans une casserole et mélangez-le à la farine. Éteignez le feu et laissez reposer quelques minutes sur la plaque. Remuez de temps en temps pour que la préparation n'attache pas ou ne brûle pas. Tout en battant, ajoutez le lait, le sel, et quelques tours de moulin à poivre. Laissez la sauce frémir pendant 10–15 minutes.

2.

Râpez l'emmental et le parmesan. Émincez la courgette en julienne. Posez les plaques de lasagnes fraîches sur un plan de travail. Couvrez chacune d'une tranche de jambon, de fromage râpé et de courgette. Roulez chaque plaque puis coupez les rouleaux en morceaux de 5 cm.

3.

Disposez les petits rouleaux de lasagnes dans un plat à four. Nappez de béchamel puis de sauce tomate. Saupoudrez de parmesan et faites gratiner 15 à 20 minutes à 200 °C.

Dim sum

A l'origine le mot dim sum signifie « tache sur le cœur ». En cuisine, ce terme désigne de petits raviolis farcis, cuits à la vapeur et originaires de HongKong. Cette recette de base vous permettra d'en réaliser. Si vous manquez de temps, vous pouvez aussi trouver de la pâte toute prête dans les boutiques asiatiques.

Pour 4 personnes :

1½ cs de levure de boulanger sèche ou 15 g de levure fraîche
2 cc ½ de sucre
3 cs d'eau tiède
500 g de farine
30 cl de lait tiède

500 g de filet de porc
2 gousses d'ail écrasées
1 cs de beurre doux
2 cs de sauce soja chinoise
2 cs de sucre
2 cc de maïzena

Préparation :

1.

Pour la pâte : Délayez la levure et le sucre dans l'eau tiède. Laissez reposer jusqu'à ce que le mélange ait doublé de volume. Pendant ce temps, versez la farine dans un saladier. Mélangez peu à peu la levure et le lait tiède à la farine. Travaillez le mélange sur un plan de travail pendant 10 minutes, pour obtenir une pâte homogène. Laissez gonfler environ 1h30. La pâte doit doubler de volume.

2.

Pour la farce : Émincez la viande en tranches fines. Mettez le beurre à chauffer dans une poêle. Faites revenir l'ail jusqu'à ce qu'il soit doré puis jetez-le et mettez la viande à dorer dans la poêle avec le soja et le sucre. Faites revenir 2 minutes. Délayez la maïzena dans un peu d'eau. Versez sur la viande et laissez épaissir.

3.

Pour les raviolis : Travaillez la pâte pendant 5 minutes. Formez une saucisse que vous partagez en 24 morceaux. Étaler chaque morceau en un rond de 10 cm de diamètre. Placer un peu de farce au centre de chaque morceau et repliez la pâte pour former une petite bourse. Serrez les extrémités de la pâte sur le dessus. Laissez reposer vos raviolis 30 minutes puis placez-les dans un cuit-vapeur, sans qu'ils se touchent. Faites-les cuire à feu vif pendant 15 minutes. Servez-les froids ou chauds.

Bavaroise aux amandes et aux raisins

Cette recette nécessite une préparation assez longue et est plutôt recommandée aux cuisiniers expérimentés. Pensez à prévoir le temps nécessaire car la bavaroise doit prendre au réfrigérateur pendant au moins 4 heures.

Pour 6 à 8 personnes :

2 œufs	½ gousse de vanille
225 g de sucre	1 paquet d' amerettini (biscuits italiens)
12 feuilles de gélatine	65 g de raisins de Corinthe
1 l de crème fleurette	3–5 cs de cognac
½ l de lait	fruits rouges frais

Préparation :

1.

Mettez les raisins secs et les amarettini à tremper dans le cognac. Faites tremper la gélatine dans l'eau froide pendant 10 minutes. Lorsqu'elle est ramollie, battez les œufs avec 90 g de sucre et ajoutez-la au mélange après l'avoir bien essorée.

2.

Chauffez le lait avec le reste de sucre et la gousse de vanille fendue, dans une casserole à fond épais. Versez le lait bouillant sur les œufs et placez immédiatement le saladier contenant le mélange dans un bain d'eau froide. Laissez refroidir sans cesser de battre.

3.

Battez la crème fleurette en chantilly. Ajoutez-lui le mélange au cognac, puis celui aux œufs. Remuez délicatement. Versez cette préparation dans des ramequins préalablement humidifiés ou dans un grand moule à manqué. Laissez prendre au froid 4 heures au moins, ou même une nuit. Servez avec des fruits rouges frais.

Sauce éthiopienne à la viande hachée

En Éthiopie, on a pour habitude de mettre un œuf dans la sauce à la viande hachée. Cela la rend plus consistante pour farcir des légumes ou pour accompagner le riz ou le pain. Vous poivrerez votre sauce plus ou moins, suivant que vous l'aimez relevée ou non.

Pour 4 personnes :

400 g de bœuf haché	1 cc de poudre de piment
2 oignons jaunes	1 pincée de poivre de Cayenne
2 tomates	plus ou moins grosse
2 cs d'huile	1 cc de gingembre
1 cs de beurre	2 œufs
sel	2–3 cs de persil grossièrement haché

Préparation :

1.

Épluchez et hachez les oignons. Pelez les tomates après les avoir ébouillantées et passées sous l'eau froide. Coupez-les en tranches.

2.

Mettez l'huile et le beurre à chauffer dans une poêle. Faites revenir la viande hachée et remuez-la bien pour l'émietter. Ajoutez les oignons, les tomates, le sel, la poudre de piment, le poivre de Cayenne et le gingembre.

3.

Laissez mijoter 10 minutes à feu doux en remuant de temps en temps. Battez les œufs et ajoutez-les à la sauce. Poursuivez la cuisson 3 à 4 minutes puis ajoutez le persil.

Fruits de mer
marinés au piment

Achetez un mélange de fruits de mer surgelés ou composez-le vous-même. Achetez une marinade toute prête ou préparez-la. Vous servirez ce plat en entrée ou dans un buffet.

Pour 4 personnes :
200 g de fruits de mer mélangés
Marinade :
4 cs de sauce aigre-douce
   au chili
½ piment d'Espagne

2 gousses d'ail
2 citrons verts
1 bouquet de coriandre fraîche
2 cs d'huile d'olive
sel, poivre blanc du moulin

Préparation :

1.

Hachez le piment et la coriandre et pressez les citrons. Mélangez le piment, le jus des citrons, la sauce aigre-douce, l'huile d'olive, le sel, le poivre et l'ail écrasé.

2.

Mettez les fruits de mer dans un saladier. Versez la marinade dessus et laissez macérer 1 à 2 heures. Vous pouvez aussi réaliser cette recette en achetant une marinade toute prête dans le commerce.

Soupe d'agneau à la menthe

La menthe et l'huile d'olive se marient parfaitement avec l'agneau. Cette soupe est assez nourrissante car elle contient des pâtes mais vous pouvez aussi la déguster avec du pain.

Pour 4 personnes :

700 g d'agneau maigre désossé
4 cs d'huile d'olive
1 oignon jaune
2 cs de concentré de tomates
1 cc de sel

1 cs de paprika
1 l d'eau
70 g de nouilles chinoises
3 cs de menthe fraîche hachée
jus d'1 citron ½

Préparation :

1.

Épluchez l'oignon et hachez-le. Coupez la viande en dés d'1,5 cm. Mettez l'huile à chauffer dans une cocotte et faites revenir la viande et l'oignon 5 minutes, en mélangeant constamment.

2.

Ajoutez le concentré de tomates, le sel, le paprika et l'eau. Portez à ébullition puis laissez frémir pendant 1 heure. En fin de cuisson, ajoutez les nouilles et laissez cuire jusqu'à ce qu'elles soient prêtes.

3.

Hachez la menthe, pressez les citrons et ajoutez le tout à la viande juste avant de servir.

Tarte à l'oignon

Une recette traditionnelle qui ne nécessite que des ingrédients de base. Utilisez un robot de cuisine pour préparer la pâte et servez la tarte en entrée ou dans un buffet.

Pour 8 à 10 personnes :

240 g de farine
½ cc de sel
125 g de beurre froid
1 œuf
1 cs d'eau froide
300 g d'oignons jaunes
100 g de lardons fumés

2 cs de beurre
3 œufs + 2 jaunes
20 cl de lait
20 cl de crème fleurette
1 beau bouquet de ciboulette
sel, poivre blanc du moulin
noix de muscade râpée

Préparation :

1.

Préchauffez le four à 200 °C. Versez la farine, le sel et le beurre froid dans le bol de votre robot de cuisine. Ajoutez l'œuf et l'eau. Mixez 20 à 30 secondes, jusqu'à ce qu'une boule de pâte se forme. Beurrez un moule à tarte à fond amovible de 28–30 cm de diamètre. Étalez la pâte et chemisez votre moule. Piquez le fond de pâte avec une fourchette. Laissez reposer au réfrigérateur 15–30 minutes. Faites précuire la pâte 10 à 15 minutes.

2.

Épluchez et coupez les oignons en tranches fines. Mettez le beurre à fondre dans une poêle, faites-y revenir les oignons et les lardons à feu doux pendant 15 minutes environ. Mélangez de temps à autre. Ils ne doivent pas prendre couleur. Laissez-les refroidir à part. Dans un saladier, battez les œufs, les jaunes d'œufs, le lait et la crème. Ajoutez la ciboulette grossièrement ciselée. Salez, poivrez et ajoutez un peu de muscade.

3.

Mélangez les lardons et les oignons aux œufs. Versez cette sauce sur la pâte partiellement cuite. Faites cuire au four 40 minutes et servez tiède.

Crêpes Suzette

Pour réaliser cette recette, pensez à préparer votre pâte à l'avance (elle doit reposer deux heures) et à vous éloigner de la hotte d'aspiration lorsque vous flamberez les crêpes. Vous pourrez accompagner ce dessert d'une glace vanille.

Pour 4 personnes :
240 g de farine
120 g de sucre
1 petite pincée de sel
½ gousse de vanille
4 œufs + 2 jaunes
   sucre en poudre
40 cl de lait
1 cs de crème fleurette
25 g de beurre
+ 1 morceau pour la cuisson
1 cs de cognac

Pour flamber :
4 morceaux de sucre
1 orange
2 cs de beurre
5 cl de cognac
5 cl de Grand Marnier
Pour décorer :
sucre glace
Pour accompagner :
glace vanille

Préparation :

1.

Fendez la gousse de vanille, grattez-en la pulpe et mélangez-la à la farine. Ajoutez le sucre et le sel, les œufs que vous battez un par un, puis les jaunes. Battez avec soin pour obtenir une pâte légère et homogène. Versez le lait et la crème sur la pâte, mélangez et laissez reposer 2 heures. Faites ensuite fondre le beurre, ajoutez-lui le cognac et mélangez à la pâte. Mettez un morceau de beurre à fondre dans une poêle et attendez qu'il soit bien chaud pour faire vos crêpes. Elles doivent être aussi fines que possible.

2.

Frottez les morceaux de sucre avec le zeste d'orange et faites-les fondre dans une poêle. Coupez l'orange, pressez-la et versez le jus sur le sucre. Laissez chauffer quelques instants, ajoutez le beurre et mélangez bien pour dissoudre le tout. Pliez chaque crêpe en quatre et disposez-les joliment dans la poêle.

3.

Versez la sauce à l'orange sur les crêpes, arrosez de cognac et flambez. Saupoudrez de sucre tout en secouant la poêle. Une légère couche de caramel devrait se former à la surface. Servez immédiatement accompagné de glace vanille.

Salade de chèvre chaud

Une entrée simple mais appréciée de tous qui conviendra même à vos repas de fête. Pour mieux la réussir, choisissez un fromage de chèvre bien fait.

Pour 4 personnes :

4 tranches de pain de mie blanc
25 g de beurre pour la poêle
4 tranches de fromage de chèvre
quelques feuilles de mesclun
champignons de Paris en tranches
(facultatif)

1 cs de vinaigre de vin blanc
3 cs d'huile d'olive
½ cc de moutarde
1 gousse d'ail
½ cc de sel
1 pincée de poivre blanc

Préparation :

1.

Préchauffez votre grill à 275 °C. Lavez et essorez la salade et disposez-la sur quatre assiettes. Coupez les champignons en tranches et répartissez-les sur les assiettes de mesclun.

2.

Coupez les tranches de pain à la même forme que les tranches de fromage. Faites-les revenir à la poêle, dans le beurre, en les retournant une fois. Posez-les dans un plat à four. Si vous n'appréciez pas la croûte du fromage, dégagez-la légèrement, sans l'enlever complètement. Vous le ferez facilement, une fois que le fromage aura fondu. Garnissez chaque tranche de pain grillé d'un morceau de fromage. Passez sous le grill jusqu'à ce que le chèvre soit doré et commence à fondre.

3.

Préparez la vinaigrette en mélangeant le vinaigre, l'huile d'olive, la moutarde, le sel et le poivre. Ajoutez l'ail écrasé. Arrosez la salade de vinaigrette et posez une tranche de pain au fromage sur chaque assiette. Servez sans attendre.

Steak flambé au poivre

Comme au restaurant ! Traditionnellement, la sauce au poivre est flambée mais si cela vous effraie, dégustez-la telle quelle, elle sera tout aussi délicieuse. Si vous flambez pour la première fois, pensez à vous éloigner de la cuisinière et gardez un couvercle à portée de main. Vous le rabattriez sur la poêle si les flammes devenaient trop vives.

Pour 4 personnes :

4 steaks de filet de 180 g pièce
30 cl de bouillon de bœuf
  concentré
1 cs d'oignon haché
2–3 cs de madère sec
½ cc d'estragon frais
30 cl de crème fleurette

1–2 cs de poivre vert en grains,
  grossièrement écrasé
1 cs de cognac
sel
poivre noir en grains,
  grossièrement écrasé

Préparation :

1.

Sauce au poivre : Épluchez l'oignon et hachez-le menu. Dans une casserole, faites chauffer le bouillon avec l'oignon, le madère et l'estragon. Laissez bouillonner jusqu'à ce qu'il ne reste plus que 15 cl de liquide. Ajoutez alors la crème et laissez frémir jusqu'à ce que la sauce ait une belle consistance. Filtrez et ajoutez le poivre vert.

2.

Roulez les steaks dans les grains de poivre noir grossièrement écrasés. Faites-les cuire dans une poêle très chaude, 3 à 4 minutes sur chaque face. Sortez-les du feu, arrosez de cognac et flambez.

3.

Versez le jus des steaks dans la sauce au poivre. Disposez la viande sur des assiettes chaudes, salez et poivrez-la. Ajoutez un peu de cognac si vous le souhaitez et terminez en arrosant de sauce au poivre.

Filets de truite aux herbes et aux champignons

Un poisson bien frais ne nécessite pas de grande préparation. Simplement poêlé, c'est un délice ! Inutile de paner vos filets de truite, cela les rendrait gras. Passez-les simplement dans la farine avant de les cuire puis agrémentez-les de fines herbes au moment de les servir. Cela leur donnera une note de fraîcheur. En accompagnement, vous proposerez des pommes de terre nouvelles à l'eau et une saucière de beurre bruni.

Pour 4 personnes :

4 filets de truite de 250 g pièce
2 cs de farine
sel, poivre blanc
4 cs de beurre
200 g de champignons de Paris frais

2 cs de ciboulette
2 cs de persil
2 cs d'aneth
1 kg de pommes de terre nouvelles

Préparation :

1.

Nettoyez les champignons et coupez-les en tranches. Ciselez les fines herbes.

2.

Roulez les filets de truite dans la farine. Faites-les cuire à la poêle dans 2 cuillers à soupe de beurre, 6 à 7 minutes sur chaque face. Salez, poivrez.

3.

Poêlez les champignons dans le beurre restant, salez, poivrez. Disposez le poisson et les champignons sur des assiettes et saupoudrez de fines herbes.

Tom Yam Goong

En Thaïlande, on sert souvent un petit bol de soupe en entrée. Cette soupe aux crevettes est l'une des plus courantes et des plus appréciées. En principe, elle est à base de crevettes crues et de petits champignons spéciaux. Je vous propose de la réaliser avec des champignons de Paris entiers.

Pour 4 personnes :

500 g de gambas
1,5 l d'eau
½ cc de sel
1 bouquet de coriandre fraîche
  (avec les racines)
½ cc de poivre noir en grains
300 g de petits champignons
  de Paris

4 cs de sauce au poisson thaïe
3 feuilles de citron vert
2 tiges de citronnelle
5 cm de racine de galanga
2 piments piri piri
4 cs de jus de citron vert

Préparation :

1.

Épluchez les gambas et mettez les têtes et les écailles dans une grande casserole. Ajoutez l'eau et le sel et portez à ébullition. Rincez bien la coriandre, coupez les tiges et hachez-les. Écrasez les grains de poivre et les racines hachées au mortier. Ajoutez au bouillon de gambas et laissez bouillonner pendant 5 minutes. Filtrez.

2.

Brossez les champignons et nettoyez-les. S'ils sont gros, coupez-les en deux. Rincez les feuilles de citron vert et coupez-les en quatre. Épluchez et coupez la citronnelle en morceau de 3 cm, écrasez légèrement la tige avec le manche d'un couteau. Épluchez et coupez en tranches fines la racine de galanga. Épépinez, rincez et coupez les piments en rondelles, puis ajoutez-les à la sauce au poisson et au jus de citron vert dans un petit bol.

3.

Faites chauffer à feu moyen le bouillon de gambas avec la citronnelle, les feuilles de citron vert et le galanga. Ajoutez les gambas et les champignons et laissez frémir 3 à 5 minutes à couvert. Ajoutez pour finir la sauce au piment et servez la soupe dans de petits bols, décorée de feuilles de coriandre.

Saltimbocca alla Romana

Un plat classique composé d'escalopes de veau, de jambon cru et de sauce qui pourra aussi être réalisé sous forme de roulades. Vous l'apprécierez également si vous remplacez le veau par de l'épaule coupée en tranches fines. Dans tous les cas, servez avec des pâtes ou du riz et éventuellement des petits pois.

Pour 4 personnes :

8 escalopes de veau fines	8 cure-dents
8 tranches de jambon de Parme	3 cs de beurre
8 feuilles de sauge fraîche	2 cs de farine
½ cc de sel	15 cl de vin blanc sec
2 pincées de poivre noir du moulin	5 cl de marsala (mi-sec)

Préparation :

1.

Aplatissez les escalopes avec un maillet, posez une tranche de jambon et une feuille de sauge sur chacune. Pliez-les (ou roulez-les) en les faisant tenir avec un cure-dents. Salez, poivrez.

2.

Mettez le beurre à chauffer dans une poêle et faites dorer les escalopes sur chaque face. Saupoudrez-les de farine, mouillez avec le marsala puis laissez cuire à couvert une dizaine de minutes, jusqu'à ce que la viande soit tendre.

3.

Disposez-les sur un plat de service chaud. Réchauffez la sauce et versez-la sur la viande.

Brochettes de la mer et riz safrané

Un plat très faible en calories puisqu'il ne contient, pour toute graisse, que quelques gouttes d'huile d'olive indispensables pour relever les saveurs. Pour le réaliser vous choisirez des filets de poisson blanc à chair ferme, par exemple du flétan.

Pour 4 personnes :

400 g de filets de poisson blanc à chair ferme	**½ oignon jaune**
8 gambas ou écrevisses	**1 carotte**
persil plat	**100 g de pois gourmands**
1 citron	**40 cl de bouillon de légumes**
huile d'olive	**¼ g de safran**
180 g de riz	**sel, poivre blanc**

Préparation :

1.

Lavez le citron et prélevez le zeste en lamelles. Pressez-le. Dans un bol, préparez une marinade avec l'huile d'olive, le zeste et le jus du citron. Coupez le poisson en cubes de 3 cm. Si vos gambas sont surgelées, décongelez et séchez-les. Enfilez les cubes de poisson et les gambas sur des piques de bois en les alternant et en glissant quelques feuilles de persil entre. Arrosez de marinade et laissez macérer au réfrigérateur 1 à 2 heures, en les retournant plusieurs fois.

2.

Hachez l'oignon, épluchez les carottes et coupez-les en lamelles ainsi que les pois gourmands. Faites cuire le riz à feu doux dans le bouillon additionné de safran et d'oignon. Ajoutez-lui les carottes et les pois lorsqu'il est presque cuit.

3.

Au moment de passer à table, faites griller les brochettes dans une poêle chaude, 2 à 3 minutes sur chaque face. Salez, poivrez. Servez accompagné du riz aux légumes.

Champignons farcis à la viande et sauce au vin

Un plat aux saveurs originales composé de beaux champignons de Paris et de viande de veau, de porc ou d'agneau, ou même d'un mélange, suivant votre goût. Vous l'accompagnerez de bon pain frais.

Pour 6 personnes :

900 g de champignons de Paris frais	**1 gousse d'ail**
3 cs de beurre	**1 cs de farine**
225 g de viande hachée fin	**1 cs de persil**
2 gousses d'ail	**1 cs ½ de pickles**
1 oignon jaune	**1 cc ½ de sel**
1 cs de persil haché fin	**1 cc ½ de poivre**
1 cc ½ de sel	**¼ cc de poudre de moutarde**
Sauce :	**1 cs ½ de jus de citron**
6 cs de beurre	**27,5 cl de crème fraîche**
1 oignon jaune	**15 cl de vin blanc sec**

Préparation :

1.

Préchauffez le four à 175 °C. Coupez les pieds des champignons et hachez-les. Épluchez et hachez l'oignon et l'ail, ciselez le persil. Faites revenir la viande, l'oignon et les pieds de champignons hachés. Ajoutez l'ail et poursuivez la cuisson. Mélangez constamment jusqu'à ce que tout soit doré. Ajoutez finalement le persil et salez.

2.

Disposez les chapeaux de champignons dans un plat à four. Remplissez-les de farce à la viande et faites-les cuire 20 à 25 minutes au milieu du four.

3.

Pour la sauce : Épluchez et hachez l'oignon et l'ail, hachez le persil et les pickles. Faites revenir l'oignon et l'ail dans le beurre, ajoutez la farine en remuant bien, puis le persil et les pickles hachés, le sel, le poivre, la poudre de moutarde, le citron, la crème et le vin. Mélangez bien et laissez chauffer. Versez dans un plat puis disposez les champignons dessus. Servez sans attendre.

Tajine d'agneau aux olives et au citron

Rien d'étonnant à ce qu'un pays producteur d'agrumes utilise beaucoup de citrons dans sa cuisine. Voici ici un tajine acidulé dans lequel la viande est cuite avec des quartiers de citron entiers.

Pour 4 personnes :

500 g d'agneau désossé	**1 cc de sel**
2 oignons jaunes	**1 pincée de poivre**
1 gousse d'ail	**2–3 cs de coriandre fraîche hachée**
1 citron	**30–40 cl d'eau**
2 cs d'huile d'olive	**15 olives noires**
¼ g de safran	**coriandre fraîche**
½ cc de gingembre	

Préparation :

1.

Lavez le citron sous l'eau chaude et coupez-le en 8 quartiers. Épluchez et hachez l'ail et les oignons.

2.

Coupez la viande en cubes de 3 cm. Mettez l'huile dans une casserole ou un plat à tajine et chauffez-la sur feu moyen. Faites revenir la viande jusqu'à ce qu'elle soit bien dorée de tous les côtés, puis ajoutez d'abord le gingembre, le sel et le poivre et ensuite l'oignon et l'ail. Poursuivez la cuisson 2–3 minutes. Ajoutez alors les quartiers de citron et la coriandre dans la casserole. Arrosez d'eau. Mélangez le safran, couvrez et faites cuire 40 à 50 minutes, jusqu'à ce que la viande soit fondante.

3.

Ajoutez les olives, laissez cuire encore 5 minutes et saupoudrez de coriandre fraîche.

Poisson au four
et sauce aux câpres

Une recette fort simple originaire de Panama et pour laquelle vous choisirez un poisson blanc comme le cabillaud, l'églefin ou le sandre. Servez ce plat avec un féculent et des légumes.

Pour 4 personnes :

1,250 kg de poisson en un
   seul morceau
2 cc de sel
½ cc de poivre blanc du moulin
2 cs de beurre ou de margarine
1 oignon jaune

1 gousse d'ail
2 belles tomates
1 poivron vert
3 cs de câpres
1 cs de farine
10 cl d'eau

Préparation :

1.

Rincez et nettoyez le poisson. Vous pouvez lui laisser la tête mais dans ce cas ôtez les ouïes. Salez et poivrez-le sur les deux faces ainsi qu'à l'intérieur. Préchauffez le four à 225 °C.

2.

Épluchez et hachez l'oignon. Pressez la gousse d'ail. Pelez les tomates à vif puis hachez-les. Hachez aussi le poivron après l'avoir rincé et épépiné. Mettez la moitié du beurre à fondre dans une poêle et faites-y revenir l'oignon et l'ail. Ajoutez les tomates et le poivron ainsi que les câpres. Saupoudrez de farine, mouillez avec l'eau et laissez frémir jusqu'à ce que la sauce épaississe.

3.

Disposez le poisson dans un plat à four et versez la sauce autour. Faites fondre le reste du beurre et versez-en un peu sur le poisson. Faites cuire 25 minutes au four. Au cours de la cuisson, arrosez de temps en temps le poisson avec le beurre restant.

Tourte à la viande hachée

C'est la farine de maïs qui fait l'originalité de cette recette. Sous une croûte à la saveur inhabituelle, on découvre une farce de viande savoureuse et relevée. Servez des haricots verts ou des petits pois en accompagnement.

Pour 4 personnes :

240 g de farine de maïs	**1 oignon jaune**
1 cc de sel	**1 cs de beurre**
½ l de lait	**½ cc de sel**
50 g de beurre	**½ cc de thym**
200 g de viande hachée	**1 pincée de poivre noir**
½ cc de coriandre hachée	

Préparation :

1.

Pâte au maïs : Dans un saladier, battez la farine avec la moitié du lait. Faites chauffer le lait restant dans une casserole avec le beurre. Versez dans le saladier et battez bien. Transvasez dans la casserole et faites chauffer à feu doux 1 minute, jusqu'à ce que le mélange épaississe. Salez.

2.

Préchauffez le four à 175 °C. Épluchez et hachez l'oignon. Mettez du beurre à fondre dans une poêle et faites revenir l'oignon sans qu'il prenne couleur. Lorsqu'il est translucide, ajoutez la viande dans la poêle et faites-la dorer 2–3 minutes à feu vif. Mélangez bien pour l'émietter. Salez, poivrez et ajoutez le thym et la coriandre.

3.

Beurrez un moule à tarte. Chemisez-le avec les 2/3 de la pâte. Garnissez de farce à la viande et couvrez avec le reste de pâte. Faites cuire 40 à 45 minutes dans le bas du four.

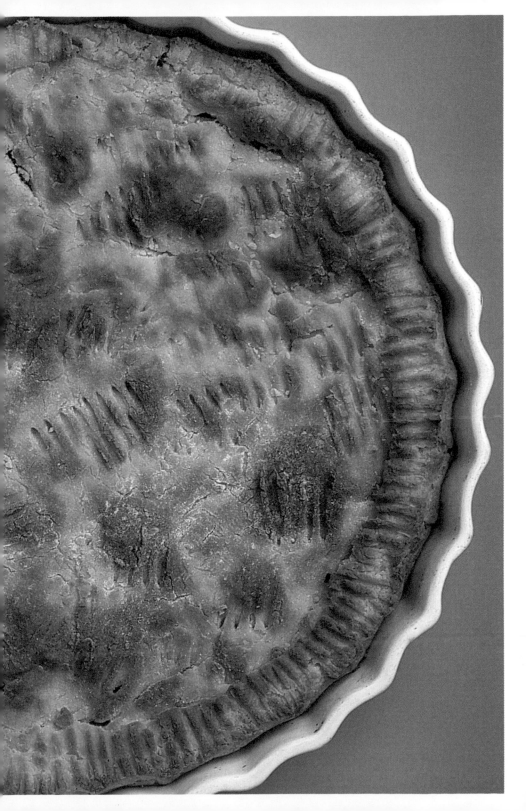

Dessert d'été

C'est la gousse de vanille qui donne à ce dessert son merveilleux parfum. Pensez à le préparer à l'avance car les pêches devront refroidir dans leur jus. Pour le coulis de framboises, aidez-vous simplement d'un mixeur ou d'un robot de cuisine.

Pour 4 personnes :

4 pêches bien mûres
1 gousse de vanille
40 cl d'eau
90 g de sucre

½ citron pressé
1 grosse barquette de framboises
30 g de sucre glace
1 cs de jus de citron

Préparation :

1.

Fendez la vanille. Dans une casserole, mélangez l'eau, le sucre et le jus de citron. Ajoutez la vanille. Faites chauffer 10 minutes environ. La gousse de vanille doit devenir tendre. Pratiquez quelques petites incisions en forme de croix sur les pêches, ébouillantez-les quelques secondes puis pelez-les.

2.

Plongez les pêches dans le sirop de sucre et laissez-les cuire 10 à 20 minutes, jusqu'à ce qu'elles soient tendres. Elles doivent baigner dans le sirop. Si ce n'est pas le cas, ajoutez de l'eau et du sucre mais conservez les proportions Laissez les pêches refroidir dans le sirop.

3.

Passez les framboises au mixeur avec le sucre glace et le jus de citron puis filtrez. Décorez chaque assiette d'un miroir de coulis sur lequel vous posez les pêches. Vous pouvez ajouter un brin de menthe ou de citronnelle.

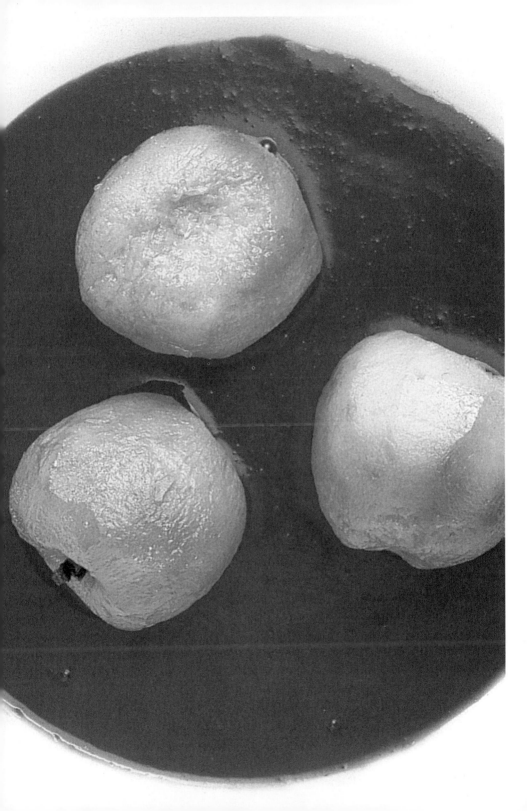

Tartine Monseigneur

Pour les petites faims des jours de fête.

Pour 4 personnes :

3 petits blancs de poulet
250 g d'épinards en branches
  surgelés
muscade
2 cs de beurre
2 cc de farine

20 cl de crème fleurette
sel, poivre blanc
jus de citron
4 tranches de pain blanc
8 tranches d'emmental

Préparation :

1.

Poulet en sauce blanche : Détaillez les blancs de poulet en dés. Faites-les revenir dans du beurre sans qu'ils prennent couleur, saupoudrez-les d'un peu de farine et mélangez bien. Versez dessus la crème, mélangez et laissez épaissir. Salez, poivrez. Ajoutez quelques gouttes de jus de citron.

2.

Préchauffez votre four à 250 °C. Décongelez les épinards, égouttez-les complètement et hachez-les grossièrement. Faites-les revenir dans du beurre. Salez, poivrez et saupoudrez d'un peu de muscade râpée.

3.

Dans une poêle, faites dorer les tranches de pain dans un peu de beurre. Garnissez chaque tranche d'une couche d'épinards et répartissez le poulet en sauce dessus. Posez une tranche de fromage sur la sauce au poulet puis faites gratiner au four 5–6 minutes, jusqu'à ce que le fromage dore.

Crème de champignons au xérès

Voici un potage assez riche qui pourra précéder un plat léger, par exemple du poisson. Avec un bouillon de veau maison, votre plat sera bien meilleur.

Pour 4 personnes :

200 g de champignons
  de Paris frais
1 l de bouillon clair
50 cl de bouillon de légumes
30 cl de crème fleurette
3 cl de xérès sec
sel, poivre blanc

Bouillon de veau :
1 os de veau d'1 kg
1½ oignon jaune
⅓ de céleri-rave
1 poireau
2 petites carottes
1 feuille de laurier
5 grains de poivre blanc

Préparation :

1.

Bouillon de veau : Commencez par faire cuire l'os de veau dans de l'eau. Lorsque de l'écume se forme à la surface, sortez-le, rincez-le à l'eau froide et jetez l'eau pleine d'écume. Remplissez la casserole d'eau fraîche. Plongez-y l'os, ajoutez les légumes épluchés et coupés en morceaux. Ajoutez aussi le laurier et les grains de poivre. Laissez frémir doucement pendant 3 heures. Écumez si besoin.

2.

Chauffez le bouillon clair et le bouillon de légumes dans une grande casserole jusqu'à ce que le volume de liquide ait réduit de moitié. Ajoutez ensuite la crème et laissez chauffer à nouveau jusqu'à ce qu'il ne vous reste plus que les ¾ de ce bouillon crémeux. Nettoyez les champignons et coupez-les en deux. Réservez-en quelques-uns pour la décoration. Passez les autres 20 à 30 secondes à vitesse maximum dans votre mixeur pour obtenir une purée.

3.

Mélangez la purée de champignons au bouillon. Faites chauffer 10 minutes. Ajoutez alors le xérès, salez et poivrez. Faites revenir les champignons que vous avez gardés dans du beurre. Décorez le velouté de champignons poêlés et de fines herbes.

Parfait au café

Un dessert au bon goût de café, léger et très facile à réaliser. La crème est préparée au bain-marie.

Pour 4 personnes :
5 jaunes d'œufs
2 cs de sucre glace
50 cl de crème fleurette

100 g de chocolat blanc
1 cs de café soluble

Préparation :

1.

Fouettez les jaunes d'œufs et le sucre dans un récipient inoxydable. Faites chauffer ce mélange au bain-marie en fouettant constamment, jusqu'à ce qu'il épaississe. Retirez alors votre récipient du feu et continuez de fouetter jusqu'à ce que le mélange ait refroidi.

2.

Faites fondre le chocolat blanc au bain-marie. Délayez le café soluble dans 2 cuillers à soupe d'eau bouillante et ajoutez-le au chocolat, remuez puis versez sur les œufs au sucre. Mélangez bien pour obtenir une sauce homogène.

3.

Battez la crème en chantilly. Lorsqu'elle est très prise, ajoutez-la au mélange précédent. Versez dans un moule à gâteau et mettez au congélateur 2 à 3 heures, jusqu'à ce que le parfait ait pris. Si vous avez une sorbetière, utilisez-la !

Croquettes de viande à la feta et aux olives

Ou comment relever un bon steak haché…

Pour 4 personnes :

400 g de steak haché
4 cs de chapelure
10 cl de lait
½ oignon jaune
sel, poivre noir du moulin
1 œuf
5 cs de tomates séchées

5 cs d'olives noires
1 tomate
30 g de feta
beurre ou margarine
Pour accompagner :
pommes de terre à l'eau
brocolis cuits

Préparation :

1.

Laissez la chapelure s'imbiber de lait pendant 10 minutes. Hachez l'oignon et faites-le revenir. Salez la viande. Hachez les olives et les tomates séchées. Mélangez la viande avec la chapelure, le lait, l'œuf, l'oignon et les tomates séchées. Pour finir, ajoutez les olives.

2.

Préchauffez votre four à 275 °C. Formez des croquettes de viande de taille égale et faites-les griller à feu moyen dans une poêle. Mettez-les dans un plat à four.

3.

Coupez la tomate en tranches. Posez-les sur les croquettes, saupoudrez de feta émiettée et faites gratiner au four 15 minutes. Servez avec des pommes de terre chaudes et des brocolis.

Moules en persillade

Des moules tachetées de persil qui sentent bon l'ail et le vin blanc…
Vous présenterez cette belle entrée sur un lit de gros sel et si vous ne
trouvez pas de moules fraîches, les surgelées feront très bien l'affaire.

Pour 4 personnes :

30 moules bleues entières	**2 gousses d'ail**
4 échalotes	**1 beau bouquet de persil plat**
10 cl de vin blanc sec	**4 tranches de pain de la veille**
10 cl de bouillon de poisson	**gros sel pour gratiner**
200 g de beurre	

Préparation :

1.

Coupez les tiges du persil. Hachez les feuilles et mélangez-les au
beurre et à l'ail écrasé. Grattez les moules soigneusement, jetez celles
qui ne se ferment pas lorsque vous les cognez légèrement contre le
bord de la table. Pelez et hachez les oignons. Mettez le vin à chauffer
avec le bouillon de poisson, l'oignon et les tiges du persil. Ajoutez- y
les moules et laissez cuire 4 à 5 minutes à feu fort, jusqu'à ce qu'elles
s'ouvrent. Retirez-les du feu et laissez-les refroidir.

2.

Préchauffez le four à 250 ° C. Coupez la croûte du pain et détaillez
chaque tranche en morceaux que vous hachez grossièrement. Sortez
les moules de leurs coquilles, ébarbez soigneusement les coquilles,
et replacez les moules dedans, garnies de beurre d'ail et de miettes de
pain.

3.

Placez les moules ainsi rhabillées sur un lit de gros sel dans un plat à
four. Passez au four 5 à 6 minutes, jusqu'à ce que le beurre fonde.
Conseil : gardez le bouillon de cuisson des moules, vous en ferez une
soupe ou une sauce.

Marmite hongroise

Une spécialité hongroise qui doit son nom aux « galushka », des petites boulettes de farine revenues dans le beurre. Vous pourrez aussi l'accompagner de riz ou de pâtes et d'un bol de crème fraîche.

Pour 6 personnes :
1 kg de jarret de veau désossé
2 oignons jaunes
100 g de saindoux ou de beurre doux
1 cs de paprika

1 poivron vert
1 belle tomate
1 cc de sel

Préparation :

1.

Coupez la viande en cubes de 2 cm. Épluchez et hachez les oignons. Coupez le poivron en deux et épépinez-le.

2.

Mettez le beurre ou le saindoux à chauffer dans un faitout. Faites dorer les oignons. Ajoutez la viande et le paprika. Mouillez d'un peu d'eau. Ajoutez le poivron coupé en deux et la tomate entière. Salez puis couvrez.

3.

Laissez cuire 30 minutes. Ajoutez un peu d'eau de temps en temps pour que la sauce ne se dessèche pas. Enlevez la tomate et le poivron avant de servir.

Amandine scandinave

Une tarte norvégienne qui sent bon la cardamome et qui pourra être servie telle quelle, avec une glace vanille ou une crème anglaise. Pour la cuire, utilisez un moule à fond amovible de 24 cm de diamètre.

Pour 10 à 12 personnes :

Pour la pâte :
100 g de beurre mou
90 g de sucre
1 jaune d'œuf
2 cs d'eau
200 g de farine
1 cs ½ de levure

Garniture :
150 g d'amandes en poudre
150 g de sucre glace
1 orange
½ cc de sucre vanillé
2 cc de cardamome en poudre
½ cc de levure
3 blancs d'œufs + 1 jaune

Préparation :

1.

Pour la pâte : Mélangez le beurre mou et le sucre. Ajoutez le jaune d'œuf et l'eau puis la farine et la levure. Mélangez bien. Étalez les 2/3 de cette pâte dans le moule, en la faisant bien remonter contre les bords (2 cm environ). Placez le moule au réfrigérateur. Préchauffez le four à 175 °C.

2.

Pour la garniture : Mélangez les amandes et le sucre glace, ajoutez le zeste d'orange, le sucre vanillé, la cardamome et la levure. Battez les blancs en neige et ajoutez-les délicatement au reste.

3.

Étalez le reste de la pâte et découpez-la en bandes d'1,5 cm de large environ. Sortez le moule du réfrigérateur. Versez le mélange aux amandes sur la pâte et couvrez d'une grille faite avec les bandes de pâte. Dorez au jaune d'œuf. Placez dans le bas du four et faites cuire 40 à 50 minutes.

Steak haché à la suédoise

Il existe mille et une façons d'accommoder le bœuf haché. Voici une recette nordique à la betterave et aux câpres. Habituellement, ces steaks sont servis avec des pommes de terre à l'eau et une sauce au vin.

Pour 4 personnes :
400 g de steak haché
sel, poivre blanc du moulin
2 cs de chapelure
2–3 cs de lait
½ oignon jaune
1 pomme de terre cuite, froide

1 verre de betteraves en morceaux
1 cs de câpres
beurre pour la poêle
Pour accompagner :
pommes de terre à l'eau
sauce du commerce (au vin ou madère)

Préparation :

1.

Faites tremper la chapelure dans le lait pendant au moins 10 minutes. Hachez l'oignon et faites-le revenir. Coupez la pomme de terre cuite et la betterave en dés, hachez les câpres. Mélangez la pomme de terre et les câpres à la viande et salez en malaxant bien. Ajoutez les betteraves en dernier.

2.

Façonnez 4 steaks hachés avec ce mélange. Faites-les cuire à feu moyen dans la poêle. Ils doivent rester rosés, c'est-à-dire que leur température ne doit pas dépasser 70 °C.

Bruschetta aux écrevisses et au guacamole fruité

En Italie, on appelle « bruschetta » une tartine de pain grillée couverte de petits morceaux de légumes. Elles se servent en entrée ou à l'apéritif.

Pour 4 personnes :
16 queues d'écrevisses
4 tranches de pain de campagne
Guacamole fruité :
80 g d'avocat
80 g de mangue
½ citron vert
½ oignon rouge
cerfeuil frais
½ cs d'huile d'olive

sel, poivre noir du moulin
Vinaigrette :
1 cc de vinaigre
2 cc d'huile d'olive
1 cc de sauce chili
Pour décorer :
4 quartiers de citron jaune ou vert
4 feuilles de salade
1 tomate

Préparation :

1.

Pour le guacamole : Hachez la mangue, l'avocat, l'oignon rouge et le cerfeuil. Pressez le jus du citron vert. Mélangez tous ces ingrédients. Ajoutez l'huile d'olive. Salez, poivrez.

2.

Mélangez le vinaigre, l'huile et la sauce chili pour faire une vinaigrette. Détaillez les queues d'écrevisses en petits morceaux et ajoutez-les à la vinaigrette. Versez dans le guacamole et mélangez juste avant de servir.

3.

Faites griller les tranches de pain. Tartinez-les de sauce verte aux écrevisses. Décorez chaque tranche avec une feuille de salade, une rondelle de tomate et un quartier de citron.

Croustades méditerranéennes

Voilà une entrée légère et savoureuse. Si vous êtes végétarien, vous l'apprécierez aussi au déjeuner, comme plat unique, avec une salade.

Pour 4 personnes :
1 oignon rouge
12 tomates cerises
200 g de feta marinée
aux herbes
20 g d'olives noires

10 cl de crème fraîche
2 cs de basilic frais haché
sel, poivre blanc du moulin
2 pâtes feuilletées du commerce
beurre pour la poêle

Préparation :

1.

Épluchez l'oignon, coupez-le en deux dans le sens de la longueur et tranchez-le. Faites-le revenir dans le beurre. Coupez les tomates cerises et les olives en tranches et hachez le basilic.

2.

Déroulez les pâtes feuilletées, étalez-les un peu plus avec votre rouleau et découpez chacune en 4 triangles. Repliez les coins de chaque triangle, déposez un peu d'oignon au centre et garnissez de tomates cerises, de feta émiettée, d'olives, de crème fraîche et de basilic.

3.

Faites cuire au four à 220 °C pendant 15 à 20 minutes.

Quiche lorraine

Retour à l'authentique ! Faites-la vous même, vous verrez qu'elle sera bien meilleure que celle du commerce. Vous pouvez aussi utiliser cette recette comme base pour d'autres tartes salées. Dans tous les cas, n'oubliez pas de proposer une salade avec.

Pour 6 à 8 personnes :

100 g de beurre	**120 g d'emmental râpé**
150 g de farine	**3 œufs**
1 pincée de sel	**30 cl de crème fleurette**
2 cs d'eau	**1 bonne pincée de sel**
125 g de lardons fumés	**1 petite pincée de poivre noir**

Préparation :

1.

Pâte brisée : Travaillez ensemble le beurre, la farine et le sel. Ajoutez l'eau et malaxez bien. Chemisez un moule à tarte avec cette pâte et placez-le 30 minutes au réfrigérateur.

2.

Préchauffez le four à 225 °C. Faites revenir les lardons rapidement et laissez-les refroidir. Éparpillez-les sur la pâte et couvrez de fromage râpé.

3.

Battez les œufs avec la crème. Salez, poivrez. Versez le mélange dans le moule et faites cuire dans le bas du four 30 minutes environ, jusqu'à ce que la garniture soit bien prise.

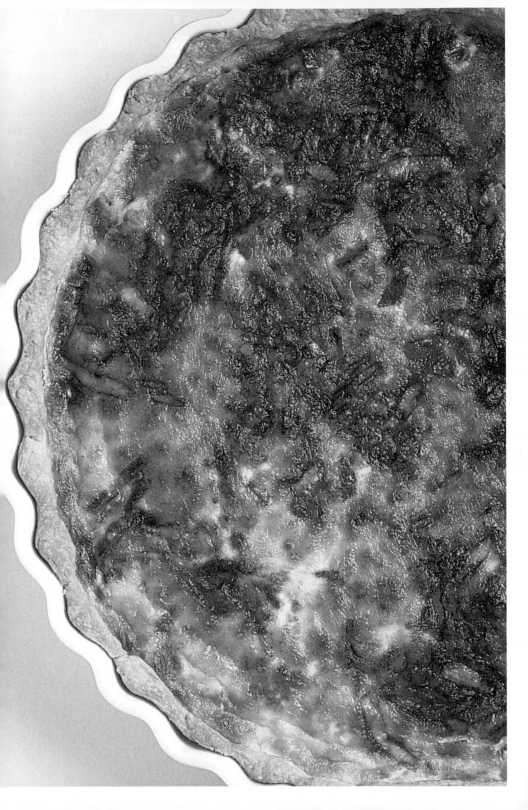

Omelette soufflée

Plus simple à réussir qu'un soufflé habituel, ce dessert doit tout de même être servi dès sa sortie du four.

Pour 4 personnes :
6 jaunes d'œufs
110 g de sucre
2 cs de liqueur, par ex.
du Grand Marnier
6 jaunes

sucre
sucre glace
Pour accompagner :
fruits rouges frais ou confiture

Préparation :

1.

Préchauffez le four à 200 °C. Battez les jaunes d'œufs avec le sucre et ajoutez-les à la liqueur. Battez les blancs en neige ferme et mélangez-les délicatement aux jaunes.

2.

Beurrez un plat à four long et saupoudrez-le de sucre. Versez l'omelette dedans et aidez-vous d'une spatule pour lui donner une forme de bulle ovale.

3.

Saupoudrez de sucre et enfournez à la deuxième hauteur du four. Laissez cuire 15 minutes environ en surveillant pour que le dessus ne brûle pas. Saupoudrez de sucre glace et servez immédiatement.

Mousse de yaourt aux fraises

Le mélange de fraises très sucré et la mousse acidulée se complètent à merveille. Vous servirez ce dessert raffiné après un repas copieux.

Pour 4 personnes :

10 feuilles de gélatine	**2 cs d'eau**
40 cl de yaourt nature	**20 cl de crème fleurette**
1 gousse de vanille	**10 fraises**
1 citron	**4 kiwis**
1 cs de miel liquide	**feuilles de menthe**

Préparation :

1.

Plongez les feuilles de gélatine dans l'eau froide pendant 5 minutes environ. Versez le yaourt dans un saladier. Plongez la gousse de vanille quelques instants dans l'eau chaude pour la ramollir. Fendez-la en deux et raclez la pulpe. Mélangez-la au yaourt. Pressez le citron, mélangez le jus avec le miel et versez sur le yaourt.

2.

Essorez les feuilles de gélatine et délayez-les dans l'eau bouillante. En vous aidant d'un mixeur si besoin, mélangez la gélatine bien délayée au yaourt. Battez la crème en chantilly et versez-la sur le yaourt. Mélangez.

3.

Versez la mousse dans des ramequins et garnissez-la de fraises, de kiwis et de feuilles de menthe.

Mousse au citron vert et mûres

Légère et rafraîchissante, cette mousse au bon goût de citron vert sera parfaite après un dîner copieux.

Pour 4 personnes :

4 feuilles de gélatine	**10 cl de crème fleurette**
2 œufs	**1 cs d'eau**
70 g de sucre	*Pour décorer :*
1 citron vert	**mûres**
10 cl de crème fraîche	**feuilles de menthe**

Préparation :

1.

Faites tremper les feuilles de gélatine 10 minutes dans l'eau froide. Séparez les blancs d'œufs des jaunes et réservez les blancs. Battez les jaunes avec le sucre jusqu'à ce que le mélange blanchisse, puis ajoutez le jus du citron pressé.

2.

Essorez soigneusement les feuilles de gélatine et faites-les fondre dans 1 cs d'eau bouillante. Fouettez la crème en chantilly. Mélangez la gélatine aux jaunes d'œufs puis ajoutez la chantilly et la crème fraîche. Montez les blancs en neige et incorporez-les délicatement au mélange crémeux.

3.

Versez la mousse dans 4 ramequins et gardez-la au frais pendant 4 heures. Servez dans les ramequins ou démoulez sur des assiettes. Décorez de mûres et de feuilles de menthe

Cocktail de crevettes à la coriandre

Une entrée fraîche qui vous ramènera quelques années en arrière, à l'époque où l'on servait souvent les salades dans des coupes, sur un lit de glace pilée. Réactualisée avec la coriandre, celle-ci est toujours aussi délicate.

Pour 4 personnes :
1 cœur de romaine
½ concombre
1 avocat
2 cc de jus de citron
300 g de crevettes décortiquées
Sauce salade :
10 cl de crème liquide
1 cs de concentré de tomate

1 cs de jus de citron
2 cs d'huile d'olive
1 cs de coriandre fraîche hachée
Pour décorer :
coriandre fraîche
citron vert

Préparation :

1.

Sauce salade : Hachez la coriandre et pressez le citron. Mélangez le yaourt, le concentré de tomate, le jus de citron, la coriandre hachée et l'huile d'olive.

2.

Partagez l'avocat en deux, retirez le noyau et détaillez la chair en petits dés. Pour éviter qu'elle noircisse, faites-la mariner dans le jus de citron. Disposez les feuilles de romaine, le concombre, l'avocat et les crevettes dans des coupes et arrosez de sauce au yaourt. Décorez avec la coriandre et le citron vert. Servez sans attendre.

Œufs pochés et bresaola sur canapés

Une entrée sur canapé fait toujours beaucoup d'effet. Voici une recette très appréciée de toast aux œufs pochés et à la bresaola. Servez avec des choux de Bruxelles, des pois gourmands et des haricots verts.

Pour 4 personnes :
200 g de choux de Bruxelles
100 g de haricots verts
175 g de pois gourmands
4 tranches de pain de mie
beurre allégé
Sauce salade :
4 cs d'huile d'olive
4 cs de sauce chili

Œufs pochés :
4 œufs
1 l d'eau
1 cc de sel
1 cs de vinaigre d'alcool (12%)
Garniture :
un cœur de frisée
4 tranches de bresaola

Préparation :

1.

Faites blanchir les choux de Bruxelles, les haricots verts et les pois gourmands dans de l'eau salée puis passez-les à l'eau froide.

2.

Œufs pochés : Versez l'eau dans une sauteuse. Portez à ébullition puis ajoutez le sel et le vinaigre. Baissez le feu et laissez frémir. Cassez un œuf dans une tasse et versez-le avec précaution dans la casserole. L'eau doit être juste à la bonne température. L'œuf est prêt après environ 3 minutes, lorsque le blanc est pris. Sortez-le avec une écumoire et laissez-le égoutter.

3.

Préparez la sauce salade en mélangeant l'huile d'olive et la sauce chili. Faites griller le pain puis coupez-en les croûtes. Beurrez chaque tranche et posez-la sur une assiette. Garnissez-la de feuilles de salade, puis d'un œuf poché et couvrez pour finir d'une tranche de bresaola. Arrosez de sauce et servez avec les légumes.

Roulés de poisson marinés au citron et salade de pommes de terre

Au printemps, les légumes frais sont un vrai régal ! Accompagnez par exemple vos filets de poisson de carottes et de pommes de terre nouvelles, vous aurez alors un plat diététique et savoureux.

Pour 4 personnes :

600 g de filets de poisson
1 citron
20 cl d'huile de colza
2 cc de graines de coriandre
ficelle
Salade de pommes de terre :
100 g de pommes de terre nouvelles

4 bottes d'oignons nouveaux
4 carottes nouvelles
1 bouquet d'aneth
2 cs de beurre
sel, poivre blanc du moulin

Préparation :

1.

Nettoyez et roulez les filets de poisson en les attachant avec de la ficelle. Pilez les graines de coriandre. Lavez le citron et râpez le zeste très fin. Mélangez le zeste de citron, la coriandre et l'huile de colza, puis marinez le poisson environ 1 heure dans cette préparation. Préchauffez le four à 125 °C et faites cuire les pommes de terre dans une eau additionnée d'un beau bouquet d'aneth.

2.

Sortez le poisson de la marinade et faites-le dorer à la poêle. Disposez-le dans un plat et faites-le cuire au four environ 20 minutes, jusqu'à ce que la température de la chair soit de 60 °C.

3.

Frottez les carottes et nettoyez les oignons puis émincez le tout. Coupez les pommes de terre et faites-les revenir avec les carottes, l'oignon et l'aneth dans du beurre. Retirez-les du feu et arrosez de citron pressé. Répartissez les légumes sur 4 assiettes et disposez le poisson dessus.

Pleurotes sur lit d'épinards

Et pourquoi pas une entrée végétarienne ? Voici une recette à base de champignons et d'épinards frais dont vous pourrez doubler les proportions si vous souhaitez la servir en plat principal ou dans un buffet.

Pour 4 personnes :

200 g de pleurotes	**3 cs de bouillon de légumes**
2 gousses d'ail	**sel, poivre blanc du moulin**
2 échalotes	**2 cs de persil plat haché**
1 carotte	**1 botte d'oignons grelots**
1 panais	**100 g d'épinards frais**
1 cs d'huile d'olive	**1 cs de beurre**
1 cs de concentré de tomate	

Préparation :

1.

Préchauffez le four à 175 °C. Nettoyez les pleurotes. Coupez puis hachez les pieds. Épluchez et hachez l'ail, les échalotes, la carotte et le panais. Réservez un peu d'ail pour les épinards.

2.

Faites revenir tous les ingrédients hachés dans l'huile d'olive jusqu'à ce qu'ils soient tendres. Ajoutez le concentré de tomate et le bouillon. Assaisonnez avec le sel, le poivre puis le persil. Répartissez la crème de légumes sur les champignons et laissez cuire au four, 10 minutes environ.

3.

Faites blanchir les oignons. Triez et rincez les épinards puis faites-les revenir dans le beurre avec le reste de l'ail. Répartissez-les ensuite sur 4 assiettes et versez les pleurotes aux légumes dessus. Décorez avec les oignons cuits.

Cassolette de poisson aux épinards et arachides

Un plat de poisson relevé et onctueux qui mérite d'être essayé. Il a l'avantage d'être prêt rapidement car le poisson cuit vite. Servez accompagné de riz blanc.

Pour 4 personnes :

500 g de filets de poisson surgelés	**3 cs d'huile d'arachide**
1 oignon jaune	**1 cc ½ de sel**
1 à 2 piments verts d'Espagne	**30 cl d'eau**
250 g d'épinards frais	**3 à 4 cs de pâte d'arachide**

Préparation :

1.

Laissez le poisson décongeler à moitié. Détaillez-le en morceaux de 2 cm environ. Pelez et hachez l'oignon. Fendez les piments dans le sens de la longueur, épépinez-les et détaillez-les en fines lamelles. Coupez les épinards en lanières.

2.

Dans un faitout, faites chauffer l'huile à feu moyen. Faites-y revenir l'oignon et le piment pendant 3 minutes environ. Recouvrez d'eau et portez à ébullition. Ajoutez le poisson et laissez mijoter 3 minutes.

3.

Diluez le beurre d'arachide dans un peu d'eau et versez-le dans le faitout. Ajoutez les épinards et laissez cuire encore 2 minutes.

Gratin de fruits de mer

Un plat des grands jours qui sera meilleur si vous évitez de lui ajouter trop de crème ou de fromage râpé. Préférez au contraire une version moins calorique avec davantage de poisson et de fruits de mer.

Pour 4 personnes :
600 g de filets de poisson
200 g de crevettes, moules
  ou crabe
1 cc de sel
½ oignon jaune
30 g de fromage râpé
Sauce blanche :
40 cl de lait

2 cs de maïzena
1 cube de bouillon de poisson
poivre
fines herbes
Pour accompagner :
pommes de terre cuites à l'eau (pour 4)
lamelles de poivrons
persil

Préparation :

1.

Préchauffez le four à 225–250 °C. Décongelez presque entièrement les filets de poisson. Salez-les légèrement. Pelez et hachez l'oignon puis couvrez-en le fond d'un plat à four. Disposez dessus les filets de poisson puis les fruits de mer.

2.

Sauce : Dans une casserole, mélangez le lait, la maïzena, le cube de bouillon, le poivre et les fines herbes. Portez à ébullition sans cesser de remuer. Laissez épaissir puis retirez du feu et faites légèrement refroidir.

3.

Versez la sauce sur le poisson et les fruits de mer puis saupoudrez de fromage râpé. Faites gratiner au milieu du four environ 20 minutes (tout dépend de l'épaisseur des filets de poisson). Écrasez les pommes de terre à la fourchette et garnissez-les de lamelles de poivron et de persil haché. Servez avec le gratin.

Salade de fonds d'artichauts

Pour préparer cette entrée légère, utilisez des fonds d'artichauts en conserve et faites-les simplement mariner toute une nuit dans une huile à l'ail et au citron.

Pour 6 personnes :

2 bocaux de fonds d'artichauts	**1 gousse d'ail**
feuilles de mesclun	**4 cs d'huile d'olive**
1 tomate	**1 cs de jus de citron**
Marinade :	**sel, poivre blanc du moulin**
½ cs d'oignon râpé	**1 bouquet de persil**

Préparation :

1.

Laissez égoutter les fonds d'artichauts dans une passoire. Râpez l'oignon, pressez le citron et épluchez l'ail. Mélangez l'oignon râpé, le jus de citron et l'ail écrasé. Arrosez d'huile puis salez et poivrez.

2.

Mettez les fonds d'artichauts bien égouttés dans un bol et arrosez-les de marinade. Couvrez le bol d'une feuille de papier aluminium et placez-le au réfrigérateur jusqu'au lendemain.

3.

Rincez la salade et détachez les feuilles. Détaillez les tomates en quartiers puis hachez le persil. Répartissez les feuilles de salade et les quartiers de tomates sur 6 assiettes. Disposez dessus les fonds d'artichauts marinés et saupoudrez de persil haché.

Saumon sauce verte

Un plat délicieux et rapide à préparer, idéal lorsqu'on reçoit à dîner. Faites la sauce à l'avance et prévoyez le temps nécessaire pour cuire les pommes de terre. Cela vous évitera de rester en cuisine lorsque vos invités seront là.

Pour 4 personnes :
4 darnes de saumon
1 cs d'huile
sel, poivre blanc du moulin
4 quartiers de citron
4 brins d'aneth
Sauce verte :
50 g de mayonnaise

3 cs de crème liquide
200 g de cornichons à la russe
50 g d'oignon jaune haché
Pour accompagner :
pommes de terre à l'eau (pour 4)
persil haché
lamelles de poivron

Préparation :

1.
Sauce verte : Coupez les cornichons en jolis dés. Mélangez la mayonnaise, le yaourt, l'oignon et le cornichon.

2.
Salez et poivrez légèrement le saumon. Chauffez l'huile dans une poêle et faites-y griller les morceaux de saumon à feu vif, sur les deux faces. Disposez une darne de saumon sur chaque assiette et décorez de brins d'aneth et de citron.

3.
Écrasez une pomme de terre à côté de chaque darne et décorez-la de lamelles de poivron et de persil ciselé. Servez avec la sauce verte.

Salade de gambas

Rien de mieux qu'une salade fraîche et croquante pour accompagner les gambas. Mais vous pouvez aussi la servir avec des queues d'écrevisses, des noix de Saint-Jacques ou des crevettes. À déguster avec un bon pain de campagne.

Pour 6 personnes :
24 belles gambas
sel, poivre blanc moulu
1 grosse cs de beurre
feuilles de laitue
Vinaigrette :
3 cs d'huile d'olive

1 cs de vinaigre de vin rouge
1 gousse d'ail
1 cc de moutarde
1 pincée de sel
poivre blanc du moulin

Préparation :

1.

Préparez une vinaigrette en mélangeant le vinaigre, la moutarde, le sel et le poivre. Ajoutez-y l'ail écrasé et l'huile. Lavez la salade et détachez les feuilles avec précaution, pour ne pas les déchirer. Essorez-les et mettez-les entières dans un saladier. Arrosez de vinaigrette et tournez la salade avec soin. Répartissez-la ensuite sur les assiettes.

2.

Faites revenir les gambas dans le beurre 2 à 3 minutes sur chaque face, salez et poivrez légèrement. Retirez-les de la poêle et laissez-les égoutter sur du papier absorbant.

3.

Disposez les gambas sur les feuilles de salade et servez chaud. *À noter :* si vous utilisez des crevettes ou des queues d'écrevisses, faites-les griller rapidement à feu vif. Ne salez pas mais ajoutez volontiers de l'aneth haché.

Gigot d'agneau aux herbes et gratin de pommes de terre

Le gigot d'agneau est ici préparé avec son assaisonnement classique – ail, thym et persil. Pour aller plus vite, faites cuire le gratin et le gigot au four en une seule fois.

Pour 4 personnes :

1 gigot d'agneau de 2 kg
sel, poivre blanc du moulin
1 pincée de thym déshydraté
1 gousse d'ail
Gratin :
1 kg de pommes terre
20 cl de crème liquide
20 cl de lait

sel, poivre blanc du moulin
Sauce aux herbes :
1 bouquet de thym frais
8 cs de beurre
1 bouquet de persil plat
2 gousses d'ail
40 cl de bouillon de légumes

Préparation :

1.

Gigot d'agneau : Préchauffez le four à 175 °C. Fendez la gousse d'ail en deux. Frottez la viande avec l'ail, le thym déshydraté, le sel et le poivre. Piquez un thermomètre à viande dans le gigot et faites-le griller au four environ 1 heure, jusqu'à ce que la température indiquée soit de 70 °C. La chair doit rester rose. Retirez le gigot du four et enveloppez-le dans du papier aluminium.

2.

Gratin : Épluchez et tranchez les pommes de terre puis disposez-les dans un plat à gratin beurré. Salez et poivrez entre les différentes couches. Arrosez de crème et de lait puis laissez gratiner à 175 °C pendant 50 minutes environ.

3.

Sauce aux herbes : Le beurre doit être à température ambiante. Débarrassez le persil et le thym de leurs tiges puis hachez-les. Mélangez le beurre et les herbes à la fourchette (ou au mixeur) et ajoutez un peu de bouillon si cette préparation vous semble trop épaisse. Salez et poivrez. Ajoutez l'ail écrasé. Portez le bouillon à ébullition puis ajoutez-lui le beurre aux herbes.

Timbales de betterave

Ces petites timbales ont si belle allure que vous aurez plaisir à les servir. Leur saveur inattendue, mi-sucrée, mi-acide aura beaucoup de succès.

Pour 8 personnes :
500 g de betteraves rouges crues
25 cl de crème fleurette
2 œufs
sel, poivre blanc du moulin
beurre pour les ramequins
Sauce au beurre :
½ verre de vin blanc

le jus d'1 citron
1 cs d'échalote hachée
4 cs de crème fleurette
100 g de beurre froid
10 morilles en conserve
2 cs de ciboulette ciselée

Préparation :

1.

Préchauffez le four à 125 °C. Épluchez les betteraves et coupez-les en quatre. Faites-les ramollir à feu doux dans la crème et mixez le tout au robot de cuisine ou au pied mixeur, pour obtenir une purée homogène. Ajoutez les œufs et mélangez bien. Salez et poivrez.

2.

Répartissez la purée dans de petits ramequins beurrés. Faites cuire dans un bain-marie au four, 45 minutes environ, jusqu'à ce que les timbales soient bien prises.

3.

Sauce au beurre : Hachez l'échalote et coupez les morilles en deux. Dans une casserole, faites chauffer le vin blanc, le jus de citron et l'échalote et laissez réduire. Ajoutez la crème et les champignons et poursuivez la cuisson jusqu'à ce que la sauce épaississe. Retirez les champignons de la sauce et réservez-les au chaud. Coupez le beurre froid en morceaux et incorporez-le à la sauce tout en battant. Pour finir, laissez mijoter sans bouillir. Salez, poivrez et ajoutez la ciboulette ciselée. Servez comme sur la photo.

Crêpes fourrées aux fraises

Faire des crêpes est toujours amusant même si ce n'est pas de tout repos. Nous vous proposons de les garnir de fraises à la liqueur pour en faire un dessert de fête.

Pour 12 crepes :
Pâte à crêpes :
2 œufs
2 jaunes d'œufs
3 cs de sucre en poudre
½ cc de sucre vanillé
150 g de farine
25 g de beurre
3 cs de crème liquide
15 cl de lait

3 cs d'eau
1 pincée de sel
Garniture :
½ barquette de fraises
3 cs de Grand Marnier
Pour accompagner :
2 cs de sucre en poudre
25 g de beurre fondu
glace vanille

Préparation :

1.

Crêpes : Mélangez les œufs, les jaunes d'œufs, le sucre, une partie du lait et la farine. Faites fondre le beurre et incorporez-le à la préparation. Ajoutez ensuite la crème, l'eau, le reste du lait et le sel. Laissez la pâte reposer pendant deux heures. Chauffez une poêle et faites-y sauter les crêpes. Elles doivent être aussi fines que possible. Déposez-les sur une assiette en intercalant des feuilles de papier sulfurisé, pour éviter qu'elles attachent entre elles.

2.

Rincez et équeutez les fraises puis coupez-les en tranches. Mettez-les dans un bol et arrosez-les de liqueur. Mélangez-les avec précaution pour bien toutes les imbiber puis laissez macérer 2 heures.

3.

Juste avant de servir, garnissez les crêpes de fraises à la liqueur. Versez dessus le beurre fondu et saupoudrez de sucre en poudre. Servez accompagné de glace vanille.

Filets de loup au vin blanc

Parfois, pour qu'un plat simple devienne un plat de fête, il suffit de l'accompagner d'une sauce savoureuse et d'une belle garniture. Servez ces filets de poisson avec des pommes dauphine ou des pommes de terre en purée.

Pour 4 personnes :
600 g de filets de loup (ou de bar)
1 l de bouillon de poisson
1 gousse d'ail
1½ oignon jaune
1 poireau
1 cc de thym
1 feuille de laurier
1 cc ½ de sel
2 grains de poivre blanc

Garniture :
40 g d'œufs de truite
8 oignons nouveaux
1 poivron rouge
Sauce au vin :
20 cl de bouillon de poisson
10 cl de crème liquide
20 cl de vin blanc
1 cs de beurre
1 cs de farine
sel, poivre blanc du moulin

Préparation :

1.

Épluchez l'ail et l'oignon. Coupez l'oignon en rondelles. Nettoyez le poireau et émincez-le. Portez le bouillon à ébullition avec l'ail, l'oignon, le poireau, le thym, le laurier, le sel et les grains de poivre. Faites mijoter le poisson dans ce court-bouillon puis retirez-le et réservez-le au chaud.

2.

Sauce au vin : Faites réduire le bouillon du poisson jusqu'à ce qu'il n'en reste plus que 20 cl environ. Filtrez-le. Ajoutez la crème et le vin blanc. Faites un roux avec le beurre et la farine et versez-le dans la sauce pour la lier. Laissez cuire encore quelques minutes puis salez et poivrez.

3.

Pour la garniture, nettoyez les oignons et faites-les blanchir dans une eau légèrement salée. Coupez le poivron en lamelles Décorez 4 assiettes chaudes d'un miroir de sauce au vin. Disposez dessus le poisson, les œufs de truite, l'oignon et le poivron. Servez sans attendre.

Jardinière d'agneau

Ce plat à base d'agneau est relevé par le piment et les légumes. Utilisez des pommes de terre pour lier et épaissir la sauce. Servez avec du riz blanc.

Pour 4 personnes :

500 g d'agneau désossé
1 oignon jaune
1 piment rouge d'Espagne
2 cs d'huile
1 cc de sel

1 cs de sucre
30 cl d'eau
6 pommes de terre à chair ferme
250 g de haricots verts

Préparation :

1.

Découpez la viande en morceaux de 3 cm environ. Épluchez et hachez l'oignon. Coupez le piment en deux dans le sens de la longueur, épépinez-le puis coupez-le en fines rondelles.

2.

Dans un faitout, chauffez l'huile à feu moyen. Faites-y dorer la viande sur toutes ses faces puis ajoutez l'oignon et faites-le revenir 1 minute environ. Ajoutez ensuite le piment, le sel, le sucre et l'eau. Couvrez et laissez mijoter à feu doux pendant 30 minutes.

3.

Pendant ce temps, épluchez les pommes de terre et coupez-les d'abord en tranches d'environ 1 cm d'épaisseur puis en petits morceaux. Ajoutez-les à la viande et laissez cuire 10 minutes supplémentaires. Terminez en ajoutant les haricots et poursuivez la cuisson 5 minutes. Salez et poivrez à votre goût.

Filet mignon sauce porto

Le porc peut, lui aussi, être une viande des grandes occasions. Nous vous proposons ici de choisir un filet mignon et de l'accompagner d'une sauce au porto, d'une purée de pommes de terre et de légumes sautés.

Pour 4 personnes :

600 g de filet mignon de porc
Marinade :
3 cs d'huile neutre
1 cc de thym
½ cc de poivre noir concassé
1 cc de gingembre frais
Sauce au porto :
1 échalote
2 cs de beurre

2 cs de farine
5 cs de porto
40 cl de bouillon de viande
½ cc de sel
1 pincée de poivre blanc du moulin
Pour accompagner :
légumes au beurre
purée de pommes de terre à l'emmental

Préparation :

1.

Filet mignon : Préchauffez le four à 180 °C. Mélangez l'huile, le thym, le poivre et le gingembre. Laissez mariner la viande 1 heure environ dans ce mélange puis faites-la revenir à la poêle jusqu'à ce qu'elle soit bien dorée. Terminez la cuisson au four, 8 à 10 minutes. Enveloppez alors la viande dans une feuille de papier aluminium et gardez-la au chaud. Découpez-la juste avant de servir.

2.

Sauce au porto : Hachez l'échalote. Mettez le beurre à fondre dans une casserole et faites-y revenir l'échalote sans qu'elle prenne couleur. Retirez du feu et ajoutez la farine. Dans une autre casserole, chauffez le vin et le bouillon. Replacez la première casserole sur le feu et versez-y le bouillon au vin, petit à petit, en remuant. Salez et poivrez puis laissez mijoter 10 minutes à feu doux, sans couvrir et en remuant de temps en temps. Pour finir, filtrez la sauce.

3.

Servez la viande avec la sauce au porto, des légumes croquants et une purée de pommes de terre. *Conseil :* Ajoutez un peu d'emmental râpé à la purée pour lui donner davantage de goût.

Chou farci à l'agneau

Cette recette de chou farci à la viande, cuit dans une sauce tomate nous vient du Yémen. Servez avec du riz blanc et du pain.

Pour 4 personnes :

1 chou blanc de taille moyenne	**1 gousse d'ail**
2 cc de sel par litre d'eau	**1 cc de sel**
450 g de viande hachée	**1 pincée de poivre**
(agneau ou bœuf)	**1 boîte de tomates concassées**
220 g de riz cuit	**2 cs de jus de citron**

Préparation :

1.

Préchauffez le four à 175 °C. Coupez la base du chou puis faites-le cuire, la base vers le haut, dans une grande casserole d'eau bouillante salée. Détachez et retirez les feuilles une par une, lorsqu'elles commencent à se ramollir. Laissez-les égoutter puis refroidir. Habillez le fond d'un grand plat à four (25 × 35 cm) avec les feuilles extérieures qui sont les plus dures. Elles serviront à humidifier les farcis durant la cuisson.

2.

Épluchez et hachez l'ail. Mélangez la viande hachée, le riz cuit refroidi et l'ail, puis salez et poivrez. Déposez 2 cs de farce sur chaque feuille de chou et roulez-les. Disposez ces roulés dans le plat, sur le lit de feuilles de chou, en prenant soin de placer l'ouverture dessous.

3.

Mélangez les tomates concassées et le jus de citron puis versez sur les feuilles de chou roulées. Couvrez de papier aluminium et laissez cuire au four environ 1 heure.

Mousse au chocolat

Une mousse au chocolat légère et raffinée. Ce dessert reste un grand classique car il est facile à réaliser et peut être préparé à l'avance. Servez-le toujours très frais !

Pour 4 personnes :
100 g de chocolat noir   **3 œufs**
30 cl de crème fleurette

Préparation :

1.

Faites fondre le chocolat au bain-marie. Évitez de laisser bouillir l'eau car le chocolat, en fondant, deviendrait granuleux.

2.

Séparez les jaunes d'œufs des blancs. Une méthode simple est de laisser couler le blanc entre vos doigts pour que seul le jaune entier reste dans votre main. Battez la moitié des blancs en neige très ferme. Pour savoir s'ils sont assez fermes, retournez le bol : les blancs ne doivent pas couler.

3.

Battez la crème en chantilly. Elle aussi doit être bien prise. Fouettez ensuite les jaunes d'œufs et ajoutez-les au chocolat fondu. Versez le mélange de chocolat dans la crème chantilly puis incorporez délicatement les blancs en neige. Réservez au frais une heure au moins avant de servir.

Carré d'agneau et timbale de légumes

Vous pouvez détailler l'agneau en côtelettes avant ou après la cuisson. Nous vous proposons de l'accompagner de petites timbales de légumes et d'une sauce au thym.

Pour 4 personnes :

800 g de carré d'agneau
80 g de pois gourmands
1 poivron rouge
Marinade :
3 cs d'huile d'olive
1 cc de thym
1 cc de sauge
1 cc de romarin
½ cc de poivre blanc du moulin
1 gousse d'ail

Timbales de légumes :
8–10 pommes de terre
2 poireaux
Sauce au thym :
2 cs de beurre
3 échalotes
¾ l de bouillon
1 cs de thym
sel, poivre blanc du moulin

Préparation :

1.

Préchauffez le four à 180 °C. Mélangez l'huile, le thym, la sauge, le romarin, le poivre et l'ail écrasé puis arrosez-en la viande. Laissez macérer 1 heure environ. Faites ensuite dorer l'agneau au four pendant 20 minutes. Enveloppez-le dans du papier aluminium pour le garder chaud puis détaillez-le en côtelettes juste avant de servir.

2.

Timbales de légumes : Épluchez les pommes de terre puis coupez-les en lamelles et rincez-les. Laissez-les égoutter. Nettoyez et rincez le poireau puis coupez-le en julienne. Dans une sauteuse, faites dorer les pommes de terre à feu vif, ajoutez les lamelles de poireau et laissez cuire quelques minutes. Salez et poivrez puis beurrez quatre ramequins et garnissez-les avec le mélange de pommes de terre et de poireau. Gardez-les au chaud et démoulez-les juste avant de servir.

3.

Sauce au thym : Hachez les échalotes et faites-les revenir dans le beurre. Versez dessus le bouillon, portez à ébullition et laissez réduire de moitié. Passez le mélange au chinois, ajoutez le thym, salez et poivrez. Faites cuire rapidement les pois gourmands dans une eau légèrement salée et détaillez le poivron en lamelles. Servez les légumes avec la viande et la timbale. La sauce, elle, sera présentée séparément.

Paupiettes de veau à la tomate

Le goût discret de la viande de veau est généreusement complété par une farce au jambon et au poivron. Servez ce plat avec des pâtes et une salade.

Pour 4 personnes :

8 fines escalopes de veau	2 cs de concentré de tomate
½ cc de sel	2 cs de farine
1 pincée de poivre noir du moulin	25 cl de bouillon de bœuf
2 cs de beurre	50 g de beurre
1 verre d'oignon jaune haché	1 cc de paprika
2 cs de chapelure	sel, poivre blanc du moulin
100 g de jambon fumé	

Préparation :

1.

Préchauffez le four à 175 °C. Hachez le jambon. Épluchez et hachez l'oignon puis faites-le dorer à la poêle. Ajoutez la chapelure, le jambon haché et le concentré de tomate. Mélangez bien. Salez et poivrez les escalopes puis déposez 1cs de farce sur chacune d'elles, roulez-les et fixez-les avec un cure-dent. Faites revenir les paupiettes dans la moitié du beurre jusqu'à ce qu'elles soient bien dorées.

2.

Versez le reste de la farce dans un plat à four avec un couvercle. Saupoudrez de farine, remuez et mouillez avec le bouillon. Salez et poivrez. Disposez les paupiettes dans le plat de sauce.

3.

Parsemez les paupiettes de noix de beurre, puis saupoudrez-les de paprika. Couvrez et placez le plat dans le bas du four. Faites cuire 45 minutes et arrosez de bouillon en cours de cuisson si nécessaire.

Salade de tomates et chips de parmesan

Agrémentez votre salade de tomates de chips de parmesan légères et croustillantes.

Pour 4 personnes :

8 tomates	**sel**
8 feuilles de basilic	**20 g de parmesan**
3 cs d'huile d'olive	**100 g de feuilles de laitue**
1 oignon rouge	

Préparation :

1.

Chips au parmesan : Préchauffez le four à 200 °C. Dessinez 8 cercles d'environ 5 cm de diamètre sur une feuille de papier sulfurisé. Râpez le parmesan et mettez-en 2 cc dans chaque cercle. Aplatissez et faites cuire 4 à 5 minutes dans la partie basse du four. Laissez refroidir et détachez les chips.

2.

Salade de tomates : Coupez les tomates en tranches. Hachez l'oignon rouge et le basilic parsemez-en les tomates. Salez et arrosez la salade d'un filet d'huile d'olive.

3.

Répartissez les feuilles de laitue sur quatre assiettes. Disposez dessus les tomates et décorez de chips de parmesan.

Parfait au miel
et coulis de framboise

On a tendance à l'oublier, mais le miel est un ingrédient essentiel en cuisine. Depuis des siècles, il est utilisé pour agrémenter les plats les plus divers. Essayez ce parfait au miel, avec son coulis de framboise au goût frais et acidulé. C'est un dessert estival qui combine deux saveurs complémentaires. Prévoyez simplement le temps nécessaire car le parfait doit rester environ trois heures au congélateur avant d'être dégusté.

Pour 4 personnes :
4 cs de miel
6 jaunes d'œufs

40 cl de crème fleurette
250 g de framboises congelées

Préparation :

1.

Versez le miel et les jaunes d'œufs dans un récipient supportant la chaleur. Si le miel est dur, faites-le d'abord légèrement chauffer pour qu'il se liquéfie.

2.

Placez le récipient dans un bain-marie et battez, si possible au fouet électrique, jusqu'à ce que les jaunes épaississent. Le récipient ne doit pas trop chauffer pour éviter que les jaunes ne coagulent. Retirez-le du bain-marie et continuez de battre jusqu'à ce que le mélange refroidisse.

3.

Battez la crème en chantilly et ajoutez-la aux jaunes d'œufs. Versez ensuite la préparation dans un moule à gâteau et laissez prendre 2 à 3 heures au congélateur.

4.

Coulis : Il s'agit tout simplement d'une purée de framboises. Mixez les framboises dans un robot de cuisine ou à l'aide d'un fouet électrique, si elles sont complètement décongelées. Ajoutez éventuellement un peu de sucre.

Flan au chocolat

Un flan 100% maison qui changera des préparations toutes faites !
Servez-le en dessert ou au goûter.

Pour 6 personnes :

½ l de lait
75 g de chocolat noir
2 cs d'eau
1 cs de cacao
5 feuilles de gélatine
2 jaunes d'œufs

2 blancs d'œufs
4 cs de sucre
Pour accompagner :
30 cl de crème fleurette
10 fraises
feuilles de menthe

Préparation :

1.

Cassez le chocolat en morceaux et faites-le fondre au bain-marie avec l'eau. Ajoutez le cacao et remuez bien pour obtenir un mélange liquide et homogène. Incorporez le lait et portez à ébullition.

2.

Battez 10 cl de crème en chantilly légère. Montez les œufs en neige très ferme (vous devez pouvoir retourner le récipient sans que les blancs coulent). Faites tremper les feuilles de gélatine 10 minutes dans l'eau froide. Battez les jaunes d'œufs avec le sucre et ajoutez-les au chocolat chaud. Essorez les feuilles de gélatine et faites-les fondre dans la sauce au chocolat encore chaude.

3.

Fouettez le chocolat jusqu'à ce qu'il refroidisse. Incorporez la crème et les blancs d'œufs puis versez la préparation dans des ramequins. Mettez les flans au frais pour qu'ils prennent. Décorez de feuilles de menthe et saupoudrez de cacao, avant de servir accompagné de crème chantilly et de fraises, si vous en avez.

Tarte au chocolat et noisettes

Voici un dessert qui a tout pour plaire : il peut être préparé à l'avance, conservé à température ambiante et la taille des portions peut être adaptée à l'appétit de vos invités. Et surtout c'est un vrai délice !

Pour 12 portions :

125 g de beurre	**2 cc de sucre vanillé**
150 g de farine	**100 g de chocolat à pâtisser**
3 cs de sucre	**150 g de noisettes**
2 cs d'eau froide	*Pour décorer :*
Garniture :	**20 cl de crème fleurette**
4 œufs	**10 fraises**
90 g de sucre	**1 carambole**
20 cl de miel liquide	**feuilles de menthe**

Préparation :

1.

Pâte : Préchauffez le four à 175 °C. Coupez le beurre en petits morceaux et mélangez-le à la farine. Vous devez obtenir un mélange sableux. Ajoutez le sucre et l'eau et travaillez soigneusement la pâte.

2.

Étendez la pâte et chemisez un moule à fond amovible. Recouvrez les bords de bandes de papier aluminium. Piquez la pâte avec une fourchette. Placez le moule un quart d'heure au frais. Cuisez la pâte à blanc, 10 minutes environ. Retirez les bandes de papier aluminium et laissez refroidir. Réglez le thermostat du four sur 200 °C.

3.

Garniture : Écrasez les noisettes au mortier et hachez grossièrement le chocolat. Battez les œufs avec le sucre. Ajoutez le miel liquide et le sucre vanillé et fouettez pour obtenir une pâte homogène. Ajoutez ensuite le chocolat et les noisettes. Versez la garniture sur la pâte puis faites cuire 40 à 45 minutes au four. Décorez la tarte de fraises, de feuilles de menthe et de caramboles. Servez avec une chantilly.

Rôti de porc sauce au bleu

Le rôti de porc a l'avantage de pouvoir être cuit au four entier et coupé en tranches au moment de servir. Il s'accompagne d'une sauce bien relevée et de pommes de terre cuites à l'eau.

Pour 4 personnes :

1 rôti de porc de 600 g	**20 cl de crème liquide**
2 cs de beurre	**40 g de fromage bleu**
sel, poivre blanc du moulin	**1 cs de Maïzena**
Sauce au bleu:	
20 cl de bouillon de poule	

Préparation :

1.

Viande : Préchauffez le four à 175 °C. Faites dorer le rôti dans une poêle. Retirez-le et placez-le dans un plat à four beurré. Faites cuire au four 1 heure environ, jusqu'à ce que la température intérieure de la viande atteigne 80 °C. Sortez le rôti du four, enveloppez-le dans du papier aluminium et laissez-le reposer 10 minutes. Découpez-le en tranches fines.

2.

Sauce : Faites chauffer le bouillon avec la crème et ajoutez le fromage. Diluez la sauceline Maïzena dans un peu d'eau et ajoutez-la à la sauce pour la lier.

3.

Servez la viande accompagnée de la sauce et de pommes de terre cuites à l'eau.

Tarte amandine aux fraises

Les fraises et la crème aux amandes forment un mariage parfait pour le plus grand plaisir des yeux et des papilles. Vous pouvez aussi remplacer la pâte feuilletée par une pâte brisée. Pour la crème d'amandes, aidez-vous si possible d'un robot de cuisine. Vous pouvez préparer le fond de tarte à l'avance mais la crème d'amandes doit être faite au dernier moment.

Pour 4 personnes :

1 pâte feuilletée du commerce	50 g de beurre
1 jaune d'œuf pour badigeonner	1 œuf
1 belle barquette de fraises	1 cs de cognac
125 g de sucre	3 cs de gelée de groseilles
125 g d'amandes en poudre	menthe pour décorer

Préparation :

1.

Étendez la pâte feuilletée et chemisez un moule à fond amovible. Badigeonnez les bords de jaune d'œuf et piquez le fond avec une fourchette. Faites cuire au four à 200 °C 15 minutes environ. Laissez refroidir.

2.

Crème d'amandes : Préparez une pâte d'amandes en mélangeant les amandes en poudre, le sucre et un peu d'eau que vous ajoutez peu à peu pour que la pâte ne soit pas trop liquide. Mettez la pâte d'amandes, le beurre en petits morceaux, les œufs et le cognac dans votre robot de cuisine et faites tourner 45 secondes environ à grande vitesse, jusqu'à ce que la pâte soit blanche et légère.

3.

Dans une petite casserole, faites fondre la gelée de groseilles à feu doux. Juste avant de servir, garnissez le fond de pâte feuilletée de crème d'amandes. Disposez les fraises bien serré sur la crème et badigeonnez de coulis de groseilles. Pour finir, décorez avec la menthe.

Mousse aux framboises

Même avec des framboises congelées ce dessert aura un délicieux parfum d'été. Servez la mousse dans des coupes, avec des tuiles aux amandes. Placez-la deux heures au réfrigérateur avant de la déguster.

Pour 4 personnes :
200 g de framboises surgelées
1 cs de jus de citron
1 feuille de gélatine
sucre (facultatif)

30 cl de crème fleurette
Pour décorer :
menthe

Préparation :

1.

Faites décongeler les framboises. Réservez-en quelques-unes pour la décoration et mixez le reste au robot de cuisine. Passez la purée ainsi obtenue au tamis, pour éliminer les pépins, et versez-la dans un bol.

2.

Laissez tremper la feuille de gélatine dans l'eau froide pendant 10 minutes environ. Faites-la fondre à feu doux dans 3 cs d'eau puis ajoutez-la à la purée de framboises. Battez la crème en chantilly légère. Ajoutez-lui le jus de citron puis incorporez-la aux framboises. Sucrez légèrement si besoin.

3.

Versez la mousse dans des assiettes à entremets ou dans des coupes que vous aurez fait refroidir au congélateur. Placez 2 heures au frais. Décorez de framboises et de feuilles de menthe.

Perche aux olives et pâtes à l'ail

La perche et les pâtes manquant un peu de couleur, nous les servons avec des tomates au four. N'oublions pas qu'un plat se déguste d'abord avec les yeux...

Pour 4 personnes :

500 g de filets de perche sans arêtes
700 g de pâtes
Crème d'olive :
20 g de beurre
4 cs d'olives noires dénoyautées
2 cs de câpres
60 g de feta
Sauce à l'ail :
2 gousses d'ail

20 g de beurre
10 cl de bouillon de poule
15 cl de crème fraîche
sel, poivre blanc du moulin
Tomates au four :
2 tomates
1 cs de sucre
1 cs d'origan déshydraté
½ cc de sel
1 cc de beurre

Préparation :

1.

Préchauffez le four à 175 °C. Coupez les tomates en deux et placez-les dans un plat à four, côté chair vers le haut. Parsemez-les de quelques noix de beurre, saupoudrez de sucre, de sel et d'origan. Faites cuire au four 20 minutes.

2.

Disposez les filets de perche dans un plat à four beurré. Mixez les olives, les câpres et le beurre. Ajoutez-y la feta et répartissez cette crème sur le poisson. Faites-le cuire au four 15 minutes environ. Le poisson est cuit lorsque sa chair est uniformément blanche.

3.

Faites cuire les pâtes. Égouttez-les et épluchez l'ail. Mettez le beurre à fondre dans une casserole et ajoutez-y l'ail écrasé. Retirez la casserole du feu et versez-y petit à petit le bouillon. Laissez mijoter 10 à 15 minutes à couvert puis incorporez la crème fraîche tout en fouettant. Salez et poivrez. Mélangez cette sauce aux pâtes. Servez le poisson accompagné de ces pâtes et des tomates.

Goulasch

Ce plat hivernal sera particulièrement apprécié après une journée de ski. Pour qu'il soit encore plus copieux on lui ajoute traditionnellement de petites boulettes de pâte aux œufs.

Pour 8 personnes :

2 cs de beurre doux
2 oignons jaunes moyens
1 cs de paprika
½ cc de graines de cumin
   entières
1 kg de bœuf à braiser
1 pomme de terre crue râpée
1 cs de concentré de tomate

2,25 l de bouillon de bœuf
500 g de pommes de terre épluchées
1 poivron vert
Boulettes :
180 g de farine
1 pincée de sel
1 œuf

Préparation :

1.

Épluchez et hachez l'oignon. Coupez la viande en dés. Dans un faitout, faites revenir l'oignon dans le beurre jusqu'à ce qu'il prenne couleur. Ajoutez le paprika, le cumin, la viande puis la pomme de terre râpée. Laissez mijoter 10 minutes à couvert. Remuez fréquemment.

2.

Ajoutez le concentré de tomate et 30 cl de bouillon. Laissez mijoter encore 1 heure environ, jusqu'à ce que la viande soit bien tendre. Détaillez les pommes de terre et le poivron épépiné en morceaux. Ajoutez-les à la viande avec le reste du bouillon. Laissez frémir la soupe jusqu'à ce que les pommes de terre soient cuites.

3.

Boulettes : Mélangez les œufs et la farine. Ajoutez du sel et travaillez cette pâte à la main pour qu'elle soit parfaitement homogène.

4.

Lorsque le goulasch est prêt, ajoutez-lui quelques boulettes de pâtes et faites-le mijoter encore 10 minutes. Servez fumant.

Gratin de poisson du Ghana

Un plat de poisson haut en couleur aux saveurs d'oignon, d'aubergine et d'orange. Il se déguste simplement avec du riz blanc, des pommes de terre ou du pain. Pour le préparer, choisissez du lieu, du cabillaud ou du maquereau.

Pour 4 personnes :
500 g de filets de poisson
1 cc de sel
¼–½ cc de poivre de Cayenne
2 oignons rouges
2 oignons jaunes
4 tomates
2 aubergines

20 cl de bouillon de poisson
3 cs d'huile
10 olives entières
1 orange
Pour décorer :
noix de coco râpée

Préparation :

1.

Préchauffez le four à 225 °C. Épluchez les oignons et détaillez-les, ainsi que les tomates, en quartiers. Pelez les aubergines et coupez-les en deux, dans la longueur. Épépinez-les à l'aide d'une cuiller puis coupez-les en tranches.

2.

Salez les filets de poisson et saupoudrez-les de poivre de Cayenne. Coupez-les en morceaux puis mélangez-les, dans un plat à four, à l'oignon, aux tomates et aux aubergines. Arrosez de bouillon et d'huile. Couvrez avec un couvercle ou une feuille de papier aluminium. Laissez cuire 20 à 25 minutes dans le bas du four.

3.

Coupez les deux extrémités de l'orange. Pelez-la à vif et coupez les quartiers en dés. Cinq minutes avant la fin de la cuisson, ajoutez les olives et les dés d'orange au poisson. Décorez de noix de coco râpée juste avant de servir.

Penne sauce bolognaise

La bolognaise est sans doute la sauce de pâtes la plus connue. Préparée traditionnellement avec du bœuf haché, vous pouvez aussi l'essayer avec de l'agneau ou du porc.

Pour 4 personnes :

300 g de bœuf haché
1 oignon jaune
1 carotte
50 g de céleri-rave
1 bouquet de persil
2 cs d'huile d'olive
1 gousse d'ail

sel, poivre noir
1 pincée de noix de muscade râpée
1 boîte de tomates concassées
20 à 30 cl de bouillon de viande
2 cs de concentré de tomate
herbes de Provence

Préparation :

1.

Épluchez l'oignon, la carotte et le céleri. Coupez la carotte et le céleri en lamelles. Versez 1 cs d'huile dans une casserole puis faites revenir l'oignon sans qu'il prenne couleur. Ajoutez les légumes puis l'ail écrasé. Faites cuire quelques minutes.

2.

Chauffez 1 cs d'huile dans une poêle et faites-y dorer la viande hachée. Salez, poivrez et saupoudrez de muscade fraîchement râpée. Mélangez la viande aux légumes sautés. Ajoutez les tomates concassées, le bouillon et le concentré de tomate.

3.

Laissez cuire 30 minutes à couvert, sur feu doux. Remuez de temps en temps et arrosez de bouillon si nécessaire. Hachez le persil. Saupoudrez la sauce d'herbes de Provence et mélangez. Pour finir, ajoutez 3 cs de persil haché.

Ciabatta au saumon fumé et au fromage frais

Le fameux « cream cheese » américain s'utilise souvent pour garnir des bagels. Nous le combinons ici à du saumon fumé pour réaliser ce délicieux sandwich prêt en un clin d'œil ! Dégustez-le en entrée ou comme dîner léger.

Pour 4 personnes :

4 tranches de saumon fumé	**1 cc de raifort râpé**
2 ciabatta	**feuilles de roquette**
8 cs de fromage frais	**1 tomate**
(type Saint-Moret)	**½ oignon rouge**

Préparation :

1.

Coupez les ciabatta en deux, d'abord horizontalement puis verticalement. Réservez les moitiés du dessus. Répartissez les feuilles de roquettes sur les moitiés du dessous et posez dessus une tranche de saumon. Mélangez le raifort au fromage frais puis versez-en 2 cs sur chaque tranche.

2.

Détaillez la tomate en 4 quartiers et coupez l'oignon en fines rondelles. Disposez un quartier de tomate et quelques rondelles d'oignon sur chaque morceau de pain. Recouvrez avec la moitié supérieure de la ciabatta.

Flétan grillé, tzatziki et tomates farcies au poivron

Le flétan a un goût si noble qu'il se déguste de la façon la plus simple possible – coupé en tranches et grillé au beurre. Pour l'accompagner, nous vous suggérons des tomates farcies, un tzatziki et quelques pommes dauphine.

Pour 4 personnes :
600 g de flétan en tranches
2 tomates
1 poivron jaune
sel, poivre blanc du moulin
beurre pour la poêle

Tzatziki :
1 concombre
1 cc de sel
1 gousse d'ail
20 cl de yaourt brassé
½ cc d'huile d'olive

Préparation :

1.

Tzatziki : Coupez le concombre en deux dans le sens de la longueur, épluchez-le et épépinez-le à l'aide d'une cuiller à café. Râpez-le grossièrement avec une râpe à trous larges. Faites-le dégorger dans le sel environ 20 minutes puis essorez-le dans une passoire. Pressez l'ail et mélangez-le au yaourt et à l'huile d'olive. Ajoutez le concombre.

2.

Coupez les tomates en deux et videz-les de leur pulpe. Coupez le poivron en dés et poêlez-le. Farcissez les tomates avec les dés de poivron.

3.

Essuyez les tranches de flétan avec du papier absorbant. Faites-les revenir à feu moyen dans une poêle jusqu'à ce que la chair soit bien blanche. Salez, poivrez puis servez avec les tomates et le tzatziki.

Sabayon aux fruits

Le sabayon (ou zabaione en italien) est une crème aux œufs à base de vin ou de liqueur. En général, il est servi avec des fruits de saison.

Pour 4 personnes :
1 poire
2 fruits de la passion
1 pêche
1 petite banane
100 g de fraises
½ mangue
½ verre de vin blanc sec

Sabayon :
90 g de sucre
4 cs de marsala
5 jaunes d'œufs
Sirop :
15 cl d'eau
1 cs de sucre en poudre

Préparation :

1.

Préchauffez le four à 275 °C. Mélangez le sucre et l'eau pour faire un sirop de sucre. Pelez les poires, retirez leurs cœurs puis coupez-les en quartiers. Faites-les cuire dans le sirop de sucre. Videz les fruits de la passion de leur pulpe, coupez la pêche en tranches. Pelez et coupez la banane et la mangue en tranches. Coupez les fraises en deux. Laissez macérer les fruits dans le vin blanc pendant 15 à 20 minutes.

2.

Sabayon : Mélangez les jaunes d'œufs, le sucre et le marsala dans un grand saladier résistant à la chaleur. Faites cuire au bain-marie, en veillant à ce que le fond du saladier ne trempe pas dans l'eau. Battez au fouet jusqu'à ce que vous obteniez une crème mousseuse et homogène. Le mélange doit tripler de volume. Fouettez constamment et ne laissez pas le saladier devenir trop chaud pour éviter que les œufs prennent. Le sabayon doit être crémeux, jaune pâle et de consistance mousseuse.

3.

Répartissez les fruits dans des coupes ou dans des assiettes creuses allant au four. Versez le sabayon dessus et laissez gratiner au four environ 5 minutes.

Cheesecake glacé

Un cheesecake sens dessus dessous puisque le fond de biscuits est placé sur le dessus du gâteau ! Pour qu'il soit encore plus délicieux, placez la crème une nuit au congélateur.

Pour 8 personnes :
20 cl de crème fleurette
3 œufs
125 g de fromage frais
   (type St-Moret)
50 g de sucre en poudre

1 cc de sucre vanillé
Garniture :
5 à 6 biscuits (type petits-beurre)
grains de raisin
kiwis

Préparation :

1.

Fouettez la crème en chantilly. Séparez les jaunes d'œufs des blancs. Montez les blancs en neige très fermes. Battez le fromage frais pour le ramollir et ajoutez-lui les jaunes d'œufs un par un ainsi que le sucre et le sucre vanillé. Ajoutez aussi la crème. Pour finir, incorporez les blancs en neige.

2.

Versez le mélange dans un moule rond à fond amovible, couvrez et placez au congélateur 4 heures au moins ou jusqu'au lendemain. Sortez du congélateur au moins 30 minutes avant de servir

3.

Écrasez les biscuits au mortier ou au mixeur et couvrez-en la crème. Coupez le cheesecake en portions et garnissez-le de fruits.

Marmite de poisson aux crevettes

Avec un peu de savoir-faire et d'imagination, de simples filets de poisson surgelés peuvent devenir un mets raffiné. Voici une marmite de poisson qui en surprendra plus d'un par sa saveur. Vous pouvez remplacer le vin blanc par un court-bouillon de poisson.

Pour 4 personnes :

500 g de crevettes non décortiquées
1 cs d'huile d'olive
2 cs de sauce chili
1 goutte de Tabasco
20 cl de vin blanc
un peu d'eau
1 oignon jaune
4 pommes de terre
1 poivron jaune

1 poivron rouge
1 bulbe de fenouil
4 tomates
¼ g de safran
1 citron
2 oranges
400 g de filets de poisson surgelés
Pour accompagner :
4 tranches de pain blanc
aneth

Préparation :

1.

Faites décongeler les filets de poisson à moitié. Si besoin, décongelez aussi les crevettes puis décortiquez-les. Faites revenir leurs carapaces à la casserole, dans un peu d'huile d'olive. Ajoutez la sauce chili, le tabasco et couvrez de vin blanc et d'eau. Laissez cuire 10 à 15 minutes.

2.

Épluchez et coupez l'oignon et les pommes de terre en rondelles. Épépinez et coupez les poivrons en lamelles. Nettoyez et détaillez le fenouil et les tomates en tranches. Passez le court-bouillon des crevettes au tamis.

3.

Portez le bouillon à ébullition et faites cuire les pommes de terre, le fenouil, le safran, le jus du citron et des oranges dedans. Laissez mijoter 8 à 10 minutes. Pendant ce temps, coupez le poisson en morceaux puis ajoutez-le au bouillon, avec les tomates et les lamelles de poivron. Laissez mijoter 7 à 8 minutes supplémentaires. Au moment de servir, ajoutez les crevettes. Décorez de quelques brins d'aneth. Servez avec des tranches de pain grillé.

Brownies

Voici un gâteau très chocolaté, inspiré du brownie américain. Servi en tranches, avec un peu de chantilly ou de glace vanille il fera un dessert idéal.

Pour 4 personnes :

250 g de chocolat à pâtisser	**20 cl de crème liquide**
1 verre de noisettes	**2 cs de beurre mou**
240 g de farine	**3 cs de chapelure pour le moule**
1 cc de levure chimique	*Pour accompagner :*
4 œufs	**chantilly ou glace vanille**
360 g de sucre en poudre	

Préparation :

1.

Beurrez avec soin un grand moule à cake et saupoudrez-le de chapelure. Faites fondre le chocolat à feu doux et hachez les noisettes.

2.

Mélangez la farine et la levure. Dans un saladier, battez les œufs avec le sucre. Ajoutez le chocolat fondu, le mélange de farine, le yaourt et les noisettes. Remuez pour obtenir une pâte homogène puis versez dans le moule.

3.

Faites cuire au four 25 minutes à 225 °C. Laissez refroidir puis placez le gâteau au frais une à deux heures avant de le déguster. Décollez les bords avec la pointe d'un couteau puis démoulez et coupez en tranches.

Avocats au bacon et champignons

Il y a mille et une façons de garnir un avocat. Voici une recette toute simple, à base de bacon et de champignons de Paris. Ouvrez l'avocat juste avant de servir pour éviter qu'il ne brunisse.

Pour 4 personnes :
2 avocats bien mûrs
200 g de champignons de Paris
½ oignon jaune
1 petit bouquet de persil
2 tranches de bacon
Vinaigrette :
1 cs ½ de vinaigre de vin rouge

1 cs ½ d'eau
2 pincées de sel
poivre blanc du moulin
3 cs d'huile d'olive
Pour décorer :
1 bouquet de persil plat

Préparation :

1.

Vinaigrette : Mélangez le vinaigre, l'eau, le sel et le poivre blanc. Versez l'huile en minces filets, tandis que vous battez.

2.

Nettoyez et frottez les champignons puis émincez-les. Pelez et hachez l'oignon puis ciselez le persil très fin. Arrosez le tout de vinaigrette.

3.

Coupez le bacon en fines lanières, faites-le dorer à la poêle jusqu'à ce qu'il soit croustillant. Égouttez-le sur du papier absorbant. Ouvrez les avocats et retirez les noyaux. Garnissez-les de champignons en vinaigrette et de lanières de bacon. Décorez avec le persil plat.

Moules gremolata

Selon la tradition, la gremolata est un mélange de citron, de persil et de chapelure. Dans cette recette, nous lui apportons une touche de nouveauté en remplaçant le citron par de l'orange. Servez ces moules en entrée ou dans un buffet.

Pour 4 personnes :
40–50 moules entières
½ bouteille de vin blanc (env. 35 cl)
1 oignon jaune
2 gousses d'ail
2 cs de persil plat haché
2 cs d'huile d'olive
sel

Gremolata :
3 oranges
3 à 4 gousses d'ail
persil plat
3 tranches de pain blanc frais
3 cs d'huile d'olive

Préparation :

1.

Nettoyez et grattez les moules sous l'eau froide. Jetez celles qui sont déjà ouvertes et qui ne se referment pas lorsque vous tapotez la coquille. Pelez et hachez l'oignon et l'ail. Chauffez l'huile dans un faitout et faites-y revenir l'ail et l'oignon. Ajoutez le vin blanc, les moules, le persil et le sel puis laissez cuire jusqu'à ce que les moules s'ouvrent. Laissez refroidir et préchauffez le four à 175 °C.

2.

Gremolata : Lavez les oranges, râpez-en le zeste puis pressez le jus. Hachez très fin l'ail et le persil, râpez le pain frais et mélangez-le au jus et aux zestes d'orange. Ajoutez l'huile.

3.

Ouvrez les coquilles de moules et placez un peu de gremolata sur chacune d'elle. Gratinez 5 à 6 minutes au four. Laissez refroidir un peu avant de servir.

Petit salé aux lentilles

Un plat un peu long à préparer mais simple et toujours apprécié.

Pour 4 personnes :

700 g de petit salé
250 g de lentilles
1 gros oignon jaune

1 côte de céleri blanc
3 gousses d'ail
sel, poivre blanc du moulin

Préparation :

1.

Pelez et hachez grossièrement l'oignon et l'ail. Détaillez le céleri en petits morceaux.

2.

Placez la viande, les lentilles, l'oignon, l'ail et le céleri dans un faitout et recouvrez d'eau. Portez à ébullition puis couvrez et laissez mijoter environ 1 heure à feu doux, jusqu'à ce que la viande soit tendre. Retirez le rôti du faitout et enveloppez-la dans du papier aluminium pour le maintenir chaud.

3.

Vous pouvez mixer les lentilles et les servir en purée, ou les proposer entières. Faites-les simplement réchauffer dans une casserole puis salez et poivrez. Découpez la viande en tranches épaisses et servez-la accompagnée des lentilles.

Tarte aux fruits caramélisés

Un dessert préparé en un tournemain mais qui doit rester au frais au moins 24 h avant d'être dégusté. Ajoutez un peu de vanille ou de liqueur pour parfumer et accompagnez de fruits de saison.

Pour 10 personnes :

200 g de speculoos
200 g de biscuits (type petits beurre)
100 g de beurre mou
1 l de crème fraîche
7 jaunes d'œufs
160 g de sucre

cardamome entière pilée
Fruits caramélisés :
2 poires
2 pommes
50 g de beurre
160 g de sucre

Préparation :

1.

Émiettez les speculoos et les biscuits puis mélangez-les au beurre. Garnissez-en un moule à fond amovible d'environ 23 cm de diamètre. Laissez durcir au réfrigérateur ou au congélateur.

2.

Battez la crème fraîche avec le sucre et les jaunes d'œufs. Versez cette préparation dans le moule et faites cuire au four 30 minutes environ à 120 °C. Laissez refroidir puis placez au frais si possible 24 h. Écrasez la cardamome au mortier. Ôtez les bords du moule et saupoudrez la tarte de cardamome juste avant de la découper.

3.

Pelez et épépinez les poires et les pommes puis coupez-les en quartiers. Dans une poêle, faites dorer le sucre et le beurre à feu doux. Ajoutez les morceaux de fruits et mélangez délicatement pour bien les napper. Retirez du feu. Découpez la tarte et disposez les parts sur des assiettes à dessert garnies de fruits et nappées de caramel.

Poires menthe-chocolat

Si vos poires sont petites, comptez trois moitiés par personne. Dans le cas contraire, une ou deux devraient suffire.

Pour 4 personnes :

6 petites poires
6 carrés de chocolat à la menthe
25 g d'amandes en poudre
25 g de sucre en poudre
Sirop :
270 g de sucre
0,5 l d'eau

Coulis de framboise :
1 barquette de framboises
3 cs de sucre glace
1 cs de jus de citron
Pour décorer :
4 physalis

Préparation :

1.

Coulis de framboise : Passez les framboises, le sucre et le jus de citron au robot de cuisine ou au mixeur. Passez au tamis pour éliminer les pépins.

2.

Préchauffez le four à 250 °C. Pelez les poires, coupez-les en deux dans le sens de la longueur et retirez-en le cœur à l'aide d'une cuiller. Portez à ébullition l'eau et le sucre 5 minutes environ pour obtenir un sirop. Retirez du feu lorsque le sucre est entièrement dissous. Faites cuire les poires dans ce sirop jusqu'à ce qu'elles soient bien tendres.

3.

Égouttez les demi-poires et disposez-les dans un plat à four. Préparez une pâte d'amandes en mélangeant la poudre d'amandes à 25 g de sucre. Ajoutez un peu d'eau et malaxez pour obtenir une belle boule homogène. Émiettez la pâte d'amandes sur les demi-poires et garnissez de chocolat à la menthe. Faites cuire au four 7 à 10 minutes, jusqu'à ce que le chocolat ait fondu.

Salade fraîcheur au jambon de Parme et melon

Une entrée rafraîchissante pour l'été. Doublez les proportions si vous souhaitez servir cette salade comme plat unique à midi ou le soir.

Pour 4 personnes :
4 tranches de jambon
de Parme
½ melon bien sucré
(honeydew ou cantaloup)
1 côte de céleri blanc
250 g de mesclun
12 tomates cerises

24 olives noires
12 cerneaux de noix
10 g de fromage bleu
Vinaigrette :
3 cs d'huile de noix
1 cs ½ de vinaigre à l'estragon
1 cc de sel

Préparation :

1.

Vinaigrette : Mélangez le sel et le vinaigre puis ajoutez l'huile tout en fouettant, d'abord goutte à goutte puis en filet.

2.

Formez des boules de melon à l'aide d'une cuiller parisienne et coupez la côte de céleri en rondelles. Répartissez les feuilles de salade sur quatre assiettes et parsemez-les de céleri. Ajoutez les tranches de jambon roulées en couronnes puis les cerneaux de noix et, pour terminer, les boules de melon. Décorez de tomates coupées en deux et d'olives.

3.

Émiettez le fromage sur la salade. Arrosez de vinaigrette au moment de servir.

Saumon au pesto

Un plat préparé en toute sérénité puisqu'une fois le saumon au four, vous aurez tout le temps de cuire votre accompagnement. Choisissez une garniture simple, du riz, des pommes de terre ou des pâtes par exemple.

Pour 4 personnes :
4 pavés de saumon
Pesto à la roquette :
1 verre ½ de roquette grossièrement hachée
1 bouquet de basilic frais
3 cs de parmesan râpé
3 cs de pignons
15 cl d'huile d'olive ou de colza
2 gousses d'ail

1 cc de jus de citron pressé
sel, poivre blanc du moulin
Légumes :
½ concombre
2 pommes
1½ oignon rouge
sel, poivre blanc du moulin
beurre pour la poêle

Préparation :

1.

Pesto : Pelez l'ail et passez-le au mixeur avec la roquette, le basilic, le parmesan et les pignons. Ajoutez l'huile, le sel, le poivre et le jus de citron.

2.

Préchauffez le four à 150 °C. Disposez les pavés de saumon dans un plat à four beurré. Répartissez le pesto dessus et laissez cuire au four 15 minutes environ, jusqu'à ce que la température du poisson atteigne 50 à 55 °C.

3.

Légumes : Épluchez et coupez le concombre en deux dans le sens de la longueur. Épépinez-le et coupez-le en morceaux. Retirez le cœur des pommes et coupez-les en quartiers. Pelez l'oignon et coupez-le en quatre. Faites revenir le concombre et l'oignon dans un morceau de beurre et ajoutez les quartiers de pommes après quelques minutes. Ne les laissez pas cuire trop longtemps car elles doivent rester croquantes. Salez, poivrez et servez sans attendre avec le saumon.

Gâteau aux cacahuètes

Ce gâteau au délicieux goût de cacahuète sera parfait à l'heure du thé. Vous le cuirez dans un bain-marie, au four, en plaçant simplement le moule dans un plat rempli d'eau. Pour la pâte, vous vous aiderez d'un mixeur.

Pour 12 portions :

150 g de cacahuètes grillées non salées
140 g de sucre en poudre
20 cl de lait
1 œuf

60 g de farine de maïs
60 g de farine de blé
1 cc de levure chimique
huile pour le moule

Préparation :

1.

Préchauffez le four à 200 °C. Passez les cacahuètes au mixeur jusqu'à ce qu'elles soient finement moulues. Ajoutez le sucre, le lait et l'œuf. Mixez pour obtenir une pâte homogène.

2.

Dans un saladier, mélangez la farine de maïs, la farine de blé et la levure chimique. Ajoutez la pâte de cacahuète et remuez bien.

3.

Beurrez un moule et versez la préparation dedans. Couvrez-le de papier aluminium et faites cuire le gâteau 40 à 50 minutes au bain-marie, dans la partie basse du four. Laissez-le refroidir avant de le démouler. Servez-le saupoudré de sucre glace.

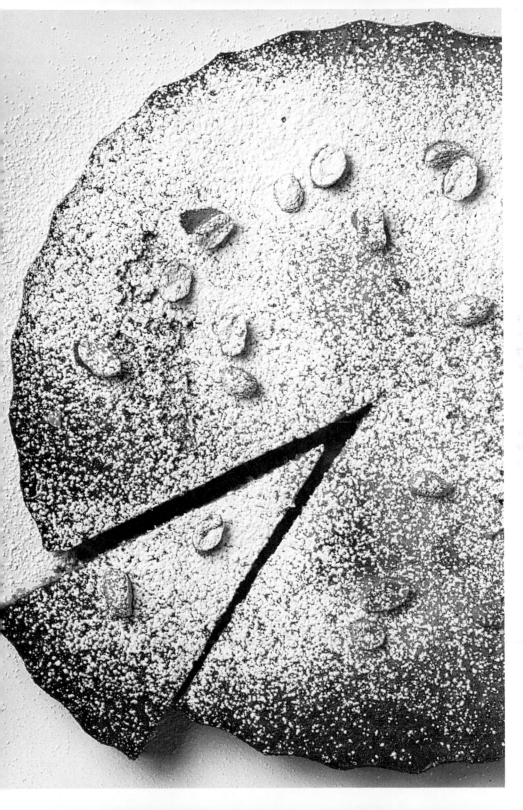

Bouchées de saumon sauce tartare

Servez ces délicieuses bouchées de saumon en apéritif, comme entrée ou dans un buffet.

Pour 6 personnes :

600 g de filet de saumon avec la peau
2 gousses d'ail
100 g de beurre
sel, poivre noir du moulin
Sauce tartare:
10 cl de mayonnaise
3 cs de crème liquide
1 cc de vinaigre de vin blanc
2 cs de cornichons à la russe hachés

1 cc de moutarde
1 cc de jus de citron
1 cs d'oignon jaune haché
1 cc de câpres
1 cc de persil haché
1 cc d'aneth haché
½ cc de sucre
1 pincée de poivre de Cayenne
½ cc de sel
Pour décorer :
aneth

Préparation :

1.

Sauce tartare : Mélangez le yaourt, la mayonnaise, le vinaigre, les cornichons, la moutarde et le jus de citron. Pelez et émincez l'oignon. Hachez les câpres, le persil et l'aneth. Ajoutez-les au mélange crémeux ainsi que le sucre, le poivre de Cayenne et le sel. Battez bien.

2.

Préchauffez le four à 200 °C et couvrez une plaque de papier aluminium. Détaillez le saumon en dés de 2 cm. Disposez-les sur la plaque, côté peau vers le bas.

3.

Faites fondre le beurre dans une casserole, ajoutez l'ail écrasé. Badigeonnez les morceaux de saumon de beurre à l'ail. Salez et poivrez. Faites cuire le saumon au four 20 minutes environ. Posez une cuiller de sauce tartare sur chaque bouchée et décorez de brins d'aneth.

Travers de porc sauce barbecue

Pour cette recette, les travers de porc doivent être le plus petit possible. Si le « liquid smoke » est introuvable, remplacez-le par du sel et du poivre.

Pour 4 personnes :

1 kg de travers de porc	**2 cs d'huile**
liquid smoke (essence	**2 cc de cassonade**
d'arôme fumé)	**2 cs de liquid smoke**
Sauce barbecue :	**½ cc d'ail déshydraté**
4 cs de sauce chili	**½ cc de piment en poudre**
15 cl de ketchup	**½ cc de poivre noir**
2 cs de moutarde (type savora)	**1 pincée de poivre de Cayenne**

Préparation :

1.

Sauce barbecue : Mélangez le ketchup, la sauce chili, la moutarde et l'huile pour obtenir une sauce homogène. Ajoutez la cassonade et le liquid smoke. Assaisonnez avec l'ail déshydraté, le piment en poudre, le poivre noir et le poivre de Cayenne.

2.

Faites cuire les travers de porc dans de l'eau parfumée au liquid smoke pendant 30 minutes.

3.

Préchauffez le four à 175 °C. Placez les travers de porc cuits dans un plat. Badigeonnez-les de sauce barbecue et faites-les griller au four 10 minutes environ.

Crabes farcis aux légumes

Une entrée luxueuse et originale qui fera grande impression. Les coquilles sont garnies de chair de crabe, de fines herbes et d'une julienne de légumes.

Pour 4 personnes :

4 crabes cuits	**1 bouquet d'aneth**
100 g de petits pois	**1 bouquet de ciboulette**
100 g de champignons de Paris	**10 cl de mayonnaise**
1 carotte d'env. 100 g	**12 cl de crème fraîche légère**
100 g de céleri-rave	**sel, poivre blanc du moulin**

Préparation :

1.

Ouvrez les crabes. Retirez le corail et réservez-le pour la garniture. Nettoyez et triez soigneusement les chairs puis mettez-les dans un bol.

2.

Nettoyez les champignons et coupez-les en tranches fines. Épluchez et rincez la carotte et le céleri puis coupez-les en julienne. Faites-les cuire quelques minutes dans une eau légèrement salée.

3.

Réservez un peu de ciboulette pour la décoration. Hachez l'aneth et le reste de la ciboulette. Ajoutez la mayonnaise et la crème fraîche. Mélangez bien.

4.

Ajoutez la chair de crabe, les petits pois que vous aurez fait cuire, les champignons et la julienne de légumes à la mayonnaise. Salez et poivrez.

5.

Répartissez le mélange dans les coquilles des crabes. Garnissez de petits morceaux de corail et de ciboulette ciselée.

Soupe légère à la tomate et au basilic

Rien de plus facile que de préparer une soupe lorsqu'on possède un mixeur. Voici une recette simple et délicieuse aux parfums d'été.

Pour 4 personnes :
2 grosses boîtes de tomates
    en purée
30–40 cl de bouillon de légumes
    froid
1 beau bouquet de basilic
sel, poivre blanc du moulin

Croûtons :
4 tranches de pain de la veille
2 cs d'huile d'olive
sel, poivre blanc du moulin
ail déshydraté

Préparation :

1.

Débarrassez le pain de sa croûte et coupez-le en dés. Mettez l'huile à chauffer dans une poêle et faites-y dorer le pain de tous les côtés. Salez, poivrez et ajoutez l'ail déshydraté (vous pouvez aussi utiliser de l'ail frais écrasé). Retirez les croûtons de la poêle et laissez-les égoutter sur une feuille de papier absorbant pliée en deux.

2.

Mixez les tomates et arrosez-les de bouillon jusqu'à ce que vous obteniez une soupe fluide. Chauffez puis salez et poivrez.

3.

Coupez les feuilles de basilic en lamelles et décorez-en la soupe juste avant de servir. Garnissez de croûtons.

Saumon vapeur aux petits légumes

Le poisson, lorsqu'il est cuit à la vapeur, libère davantage ses saveurs. Accompagnez-le alors de légumes de saison comme des asperges, des pois gourmands, des poireaux et des oignons nouveaux.

Pour 4 personnes :

400 g de filets de saumon
 sans peau
500 g de moules entières
8 gambas
500 g de crevettes fraîches
 entières

20 g de beurre
300 g de légumes de saison
 mélangés
1 morceau de parmesan de 100 g
2 citrons verts pour décorer

Préparation :

1.

Rincez les filets de saumon et coupez-les en 4. Lavez et grattez soigneusement les moules puis jetez celles qui ne se referment pas quand vous les tapotez légèrement. Nettoyez et détaillez les légumes en morceaux réguliers. Si vous utilisez des asperges blanches, épluchez-les. Coupez le parmesan en tranches.

2.

Branchez votre cuit-vapeur et vérifiez que l'eau bout. Mettez-y le poisson, les gambas et les asperges si vous en utilisez. Après 3 minutes de cuisson, ajoutez les moules, les crevettes entières et les autres légumes. Poursuivez la cuisson 5 minutes, jusqu'à ce que les moules soient bien ouvertes. Pendant ce temps, faites fondre le beurre.

3.

Disposez le tout sur un grand plat de service ou sur des assiettes. Garnissez de tranches de parmesan, arrosez de beurre fondu et décorez avec des quartiers de citron vert. Servez sans attendre.

Salade de fruits frais

Une salade de fruits est toujours la bienvenue en fin de repas. Parfumez-la volontiers avec une bonne liqueur de fruit et décorez-la de noix ou d'amandes.

Pour 4 personnes :

2 oranges	**fraises ou fraises des bois (facultatif)**
1 pomme	*Sirop :*
1 poire	**15 cl d'eau**
150 g de grains de raisin	**1 cs de sucre**
1 banane	

Préparation :

1.

Portez le sucre et l'eau à ébullition pour obtenir un sirop. Laissez refroidir.

2.

Pelez la pomme et la poire et coupez-les en quartiers. Épépinez-les et coupez-les en tranches d'½ cm d'épaisseur. Trempez les morceaux de fruits dans le sirop pour éviter qu'ils brunissent.

3.

Détaillez la banane en rondelles, puis coupez les grains de raisins en deux et épépinez-les. Pelez les oranges à vif et détachez les quartiers. Trempez tous ces fruits dans le sirop de sucre contenant déjà la pomme et la banane. Mélangez avec précaution. Garnissez éventuellement de fraises.

Langoustines gratinées au beurre de fenouil

Langoustines et beurre de fenouil – une rencontre entre terre et mer pour charmer nos papilles. Servez les langoustines dès leur sortie du four, le beurre de fenouil encore frémissant.

Pour 4 personnes :

16 langoustines, crues de préférence
50 g de fenouil
100 g de persil (plat de préférence)

4 gousses d'ail
200 g de beurre mou
½ citron pressé
sel, poivre blanc

Préparation :

1.

Rincez soigneusement les langoustines et mettez-les à égoutter sur un linge. Coupez-les en deux dans le sens de la longueur, retirez les intestins et le boyau noir. Disposez-les sur un plat à four, côté chair vers le haut.

2.

Nettoyez le fenouil, détaillez-le en petits morceaux et faites-le ramollir dans de l'eau légèrement salée. Égouttez et laissez refroidir. Hachez l'ail et le persil. Mélangez-les, ainsi que le jus de citron, au beurre mou. Salez et poivrez.

3.

Badigeonnez les langoustines d'une grande quantité de beurre au fenouil. Faites gratiner 5 à 10 minutes au four à 225 °C, jusqu'à ce que le beurre frémisse et que les langoustines soient légèrement dorées. Servez sans attendre.

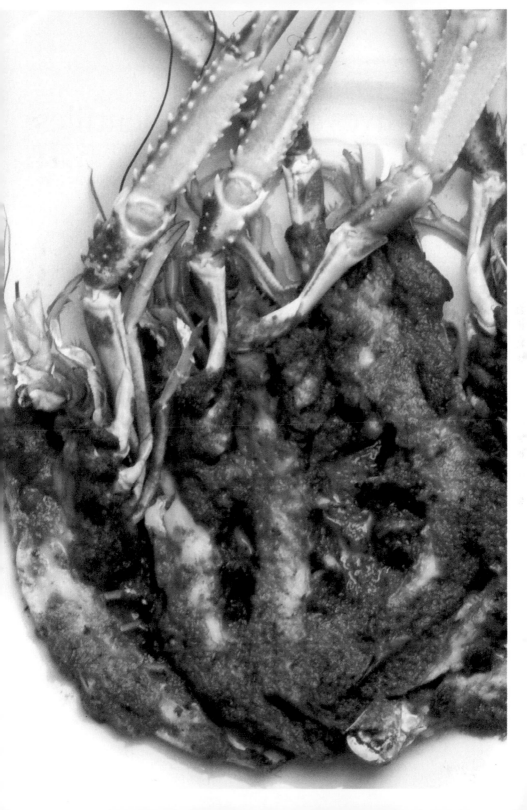

Endives glacées aux lentilles

Les lentilles se mangent aussi bien froides que chaudes. Cette petite salade, entièrement végétarienne, peut aussi être servie comme plat unique, il suffit de doubler les quantités.

Pour 4 personnes :

100 g de lentilles vertes	le zeste d'½ citron
1 petit oignon jaune	6 cl de vermouth sec
1 clou de girofle	1 bouquet de persil
4 endives	sel, poivre blanc du moulin
1 poivron rouge	3 cs d'huile d'olive
½ cs d'huile d'olive	1 cs de vinaigre balsamique
½ pincée de sucre	

Préparation :

1.

Pelez l'oignon et piquez le clou de girofle dedans. Rincez bien les lentilles et faites-les cuire avec l'oignon dans 60 cl d'eau environ pendant 5 minutes. Rincez, séchez et nettoyez les légumes. Coupez les endives en 4 dans le sens de la longueur. Détaillez le poivron en dés. Lavez le citron et râpez finement son zeste puis ciselez le persil.

2.

Dans un faitout, chauffez ½ cs d'huile et faites revenir le poivron et les endives jusqu'à ce qu'ils soient à peine dorés. Ajoutez le sucre et le zeste de citron et laissez légèrement caraméliser. Mouillez avec le vermouth et donnez un tour de bouillon. Couvrez et laissez mijoter environ 10 minutes, jusqu'à ce que les endives soient bien tendres. Ajoutez un peu d'eau si nécessaire.

3.

Laissez égoutter les lentilles et répartissez-les sur 4 assiettes. Disposez les endives et le poivron au centre puis parsemez de persil ciselé. Dans un bol, versez le vinaigre, salez et poivrez puis ajoutez l'huile. Arrosez les lentilles de cette vinaigrette.

Mousse de citron aux fruits rouges

Un dessert léger et rafraîchissant pour grandes et petites occasions.
Préparez-le à l'avance car la mousse doit rester une nuit au frais !
Si vous n'avez pas de fruits rouges frais, utilisez-en des surgelés.

Pour 4 personnes :

5 feuilles de gélatine	**1½ citron, zeste et jus**
3 jaunes d'œufs	**10 cl de crème fleurette**
3 blancs d'œufs	**fruits rouges frais ou autres fruits**
90 g de sucre	

Préparation :

1.

Faites tremper les feuilles de gélatine dans l'eau froide. Dans un bol,
battez les jaunes d'œufs et le sucre pour obtenir un mélange blanc
et mousseux. Ajoutez le jus et le zeste de citron. Battez les blancs en
neige très ferme. Fouettez la crème en chantilly.

2.

Essorez les feuilles de gélatine. Faites les fondre à feu doux, dans une
casserole contenant 3 cs d'eau. Ajoutez la gélatine aux jaunes d'œufs et
battez. Incorporez délicatement la crème et les blancs en neige, à l'aide
d'une cuiller en bois.

3.

Versez dans des ramequins humidifiés ou dans un moule à manqué.
Placez au frais jusqu'à ce que la mousse prenne. Démoulez sur des
assiettes et garnissez par exemple de fruits rouges frais.

Melon à l'italienne

Le melon et le jambon de Parme forment une entrée sucrée-salée idéale pour l'été.

Pour 4 personnes :
½ melon (type galia ou honeydew)   **4 quartiers de mandarine**
2 tomates cerises   **1 cœur de lollo rosso**
8 tranches de jambon de Parme   **feuilles de basilic**

Préparation :

1.
Coupez le melon en quatre. Avec un couteau séparez la chair de la peau sans la détacher complètement, pour qu'elle soit plus facile à manger.

2.
Répartissez les feuilles de salade sur 4 assiettes. Disposez joliment les tranches de melon dessus. Garnissez de demi-tomates et de quartiers de mandarine coupés en deux.

3.
Déposez les tranches de jambon sur le melon et décorez de feuilles de basilic.

Mignons sauce madère

Une recette simple et traditionnelle, très rapide à réaliser. Le filet de porc, qui est une viande plutôt douce, est ici savamment relevé par une sauce au madère.

Pour 4 personnes :
600 g de filet mignon de porc
sel, poivre blanc du moulin
150 g de choux de Bruxelles
1 carotte
Sauce madère :
1 échalote
2 cs de beurre

2 cs de farine
6 cs de madère mi-sec
40 cl de bouillon de viande
½ cc de sel
1 pincée de poivre blanc du moulin
beurre pour la poêle

Préparation :

1.

Sauce madère : Émincez l'échalote. Faites fondre le beurre dans une casserole et faites-y revenir l'échalote, en évitant qu'elle prenne couleur. Retirez du feu et ajoutez la farine. Dans une autre casserole, portez le madère et le bouillon à ébullition. Remettez la première casserole sur le feu. Versez le roux à l'échalote dans le bouillon au madère, petit à petit, sans cesser de remuer. Salez et poivrez puis laissez mijoter à feu doux, sans couvrir, pendant 10 minutes. Mélangez de temps en temps puis passez au chinois.

2.

Nettoyez les choux de Bruxelles. Enlevez les feuilles du dessus et celles qui sont flétries puis ôtez la base. Épluchez la carotte et coupez-la en julienne. Faites cuire les choux et les morceaux de carotte dans l'eau bouillante.

3.

Dégraissez et dénervez la viande, si besoin. Coupez-la en tranches. Aplatissez chacune à l'aide d'un maillet de cuisine puis salez et poivrez. Faites griller à la poêle ou au four environ 1 minute ½ sur chaque face. Faites revenir les légumes au beurre puis salez et poivrez.

Tuiles aux amandes avec sorbet et fruits

Les tuiles impressionnent toujours et pourtant elles sont si simples à préparer ! Nous vous proposons ici de les garnir du sorbet de votre choix.

Pour 4 personnes :

Tuiles aux amandes :
110 g de sucre
100 g de beurre
100 g d'amandes effilées
1 cs ½ de farine
2 cs de crème fleurette
1 cs de miel liquide

Garniture :
8 boules de sorbet
Pour décorer :
4 fraises
2 figues fraîches
8 mûres

Préparation :

1.

Tuiles aux amandes : Préchauffez le four à 175 °C. Mélangez le sucre, le beurre, les amandes, la farine, la crème et le miel dans une casserole à fond épais. Portez le mélange à ébullition sans cesser de remuer. Recouvrez une plaque à four de papier sulfurisé et déposez dessus des cuillers à soupe de pâte assez espacées. Faites cuire au four jusqu'à ce que les tuiles soient bien dorées. Laissez légèrement refroidir et détachez-les avec précaution. Donnez-leur la forme de tuiles en les déposant sur un rouleau à pâtisserie ou un petit bol retourné. Laissez-les complètement refroidir.

2.

Coupez les figues et les fraises en tranches et répartissez-les sur quatre assiettes. Placez une tuile sur chaque assiette.

3.

Juste avant de servir, déposez deux boules de sorbet sur chaque tuile.

Nids de saumon aux crevettes et champignons

Le saumon et les crevettes sont toujours très appréciés en entrée. Ces élégants nids de saumon fumé garnis de crevettes et de champignons sont très légers et s'accompagnent d'une sauce elle-même faible en calories.

Pour 4 personnes :

120 g de saumon fumé (en tranches fines)
100 g de crevettes décortiquées
25 g de champignons de Paris émincés
laitue coupée en lamelles
1 citron
¼ de concombre
1 tomate
100 g de mayonnaise allégée
5 cl de crème liquide légère
10 cl de sauce chili
2 cl de xérès sec
poivre noir ou mélangé

Préparation :

1.

Pour faire la sauce, fouettez la mayonnaise, le yaourt brassé, la sauce chili et le xérès, puis poivrez.

2.

Prenez 4 assiettes et disposez un lit de laitue sur chacune. Entortillez les tranches de saumon une par une autour de votre doigt pour former des nids. Placez-en un sur chaque assiette de salade.

3.

Fourrez les nids de saumon de champignons hachés. Arrosez de sauce puis, juste avant de servir, décorez les assiettes de tranches de concombre, de citron et de quartiers de tomate.

Glace vanille et sauce chocolat

La glace vanille et le chocolat chaud font toujours bon ménage. Voici une recette de sauce au chocolat toute simple, pour vrais amateurs de cacao.

Pour 4 personnes :
6 cs de cacao
90 g de sucre
10 cl d'eau

½ litre de glace vanille
Pour accompagner :
fruits rouges et biscuits

Préparation :

1.

Mélangez le cacao, le sucre et l'eau et portez à ébullition. Laissez ensuite mijoter à feu doux environ cinq minutes, en remuant de temps en temps. Le chocolat doit être noir et brillant.

2.

Déposez la glace vanille dans des coupes et arrosez de chocolat chaud. Décorez avec des fruits rouges frais et des biscuits.

Salade de fenouil au bleu

Les salades les plus simples sont souvent les meilleures. Le secret de cette délicieuse salade est le mariage subtil du fromage bleu et du fenouil.

Pour 4 personnes :
400 g de fenouil
75 g de bleu
sel, poivre blanc du moulin

4 cs d'huile d'olive
1 cs ½ de vinaigre de vin rouge

Préparation :

1.

Rincez, fendez en deux les bulbes de fenouil et ôtez l'extrémité des tiges. Coupez les moitiés en tranches et faites-les blanchir à feu vif au maximum 1 minute ½. Laissez-les égoutter dans une passoire.

2.

Mélangez le vinaigre avec ½ cc de sel et un peu de poivre fraîchement moulu. Ajoutez l'huile et fouettez vigoureusement.

3.

Arrosez le fenouil de vinaigrette et mélangez avec précaution. Pour finir, émiettez le fromage dessus.

Crêpes de poivron farcies aux écrevisses

Le poivron ajouté à la pâte donne aux crêpes une jolie couleur et un goût relevé. Servez-les en entrée, garnies de champignons et de queues d'écrevisses.

Pour 4 personnes :
Crêpes:
4 œufs
4 jaunes d'œufs
120 g de sucre
15 cl d'eau
½ pincée de sel
180 g de farine
25 g de beurre
10 cl de crème fleurette
env. ⅓ de l de lait

1 poivron rouge
Garniture :
100 g de champignons de Paris frais
200 g de queues d'écrevisses décortiquées
2 cs de vermouth
3 cs de crème fraîche
Pour accompagner :
quelques feuilles de laitue
lamelles de poivron

Préparation :

1.

Crêpes: Rincez et épépinez le poivron. Mixez-le et passez-le au tamis pour éliminer les restes de peau. Battez les jaunes d'œufs, les œufs entiers, le sucre, l'eau, une petite partie du lait et la farine pour obtenir une pâte homogène. Ajoutez la purée de poivron, le beurre fondu, la crème et le reste du lait. Salez et mélangez bien. Faites sauter les crêpes en les faisant aussi minces que possible.

2.

Garniture : Frottez les champignons, coupez-les en deux et faites-les cuire dans le vermouth jusqu'à complète évaporation du liquide. Laissez refroidir. Mélangez les champignons à la crème fraîche et aux queues d'écrevisses puis garnissez-en les crêpes. Disposez-les sur des assiettes et décorez de salade et de lamelles de poivron.

Soupe de poulet à la citronnelle et au gingembre

La citronnelle et le gingembre donnent au poulet un irrésistible parfum d'Asie. Servez cette soupe en entrée ou comme dîner léger.

Pour 4 personnes :

1 litre de bouillon de volaille	**50 g de beurre**
1 tige de citronnelle	**60 g de farine**
1 cs de gingembre frais, haché	**150 g d'émincé de blanc de poulet**
25 cl de crème liquide	**½ cc de curry**
1 poireau	**noix de muscade râpée**
50 g de céleri-rave	**sel, poivre blanc du moulin**

Préparation :

1.

Coupez la tige de citronnelle en lamelles. Faites-la revenir avec le gingembre dans un peu de beurre, en évitant qu'elle prenne couleur. Mouillez avec le bouillon de volaille, laissez bouillonner 10 minutes et passez au tamis.

2.

Nettoyez, rincez et coupez le poireau en julienne. Coupez-le en julienne. Épluchez le céleri-rave et coupez-le en lamelles. Faites revenir les légumes au beurre et saupoudrez-les de farine. Laissez-les cuire un moment puis faites-les refroidir. Ajoutez le bouillon au gingembre, portez à ébullition et laissez mijoter environ 20 minutes à feu doux.

3.

Ajoutez la crème et portez de nouveau à ébullition. Salez, poivrez et saupoudrez de muscade râpée. Passez au tamis et ajoutez les morceaux de poulet. Faites cuire encore un peu et servez la soupe fumante dans des bols chauds. Saupoudrez de curry avant de servir.

Terrine de chèvre et pommes caramel

Voici une recette assez complexe pour ceux qui aiment se surpasser en cuisine. Cette terrine combine avec subtilité l'âpreté du fromage de chèvre, le goût salé du jambon de Parme et la douceur de la pomme.

Pour 4 personnes :
2 poivrons, 1 jaune + 1 rouge
50 g de jambon de Parme
  en tranches
250 g de fromage de chèvre
1 feuille de gélatine
10 cl de crème fraîche

5 cs de crème fleurette
Pommes caramel :
2 pommes
2 cs de miel liquide
2 cc de beurre

Préparation :

1.

Préchauffez le four à 275 °C. Coupez les poivrons en quatre et faites-les griller environ 10 minutes au four, côté peau en haut. Laissez reposer les poivrons dans un sachet en plastique puis pelez-les. Habillez un moule à cake de film plastique. Recouvrez-le de tranches de jambon. Elles doivent légèrement dépasser sur les bords pour être ensuite rabattues sur la terrine.

2.

Débarrassez le fromage de sa croûte et râpez-le grossièrement. Mélangez-le à la crème. Faites tremper les feuilles de gélatine dans l'eau froide puis essorez-les et faites-les fondre à feu doux. Versez la gélatine dans le mélange de fromage, en remuant bien pour éviter la formation de grumeaux. Étalez alternativement une couche de fromage et une couche de poivron dans le moule jusqu'à ce qu'il soit plein. Rabattez les tranches de jambon sur la terrine puis couvrez-la de film plastique. Laissez prendre au frais jusqu'au lendemain puis tranchez.

3.

Pommes caramel : Pelez les pommes et coupez-les en quartiers. Faites-les revenir à la poêle, dans du beurre. Versez dessus le miel et éteignez le feu. Conservez les pommes au chaud dans la poêle jusqu'à ce qu'elles soient tendres. Servez-les avec les tranches de terrine.

Salade de tomate, mozzarella et chèvre

Vous cherchez une entrée rapide à faire ? Achetez deux sortes de fromages et composez cette salade simple, élégante et délicieuse.

Pour 4 personnes :

2 tomates	**½ poivron**
150 g de mozzarella	**basilic frais**
150 g de fromage de chèvre	**huile d'olive**
1 oignon rouge	**feuilles de laitue**

Préparation :

1.
Coupez les tomates et disposez-les joliment sur une assiette, avec la salade verte.

2.
Répartissez la mozzarella coupée en tranches et le fromage de chèvre sur les tomates et aspergez d'un filet d'huile d'olive.

3.
Pelez et tranchez l'oignon puis coupez le poivron en lamelles. Garnissez-en la salade et décorez de feuilles de basilic frais.

Cabillaud bardé et pommes de terre au pesto

Ce plat a l'air très élaboré mais il est plutôt facile à réaliser. Il suffit de barder le poisson de lard fumé. Le cerfeuil pourra être remplacé ou complété par de l'estragon ou du thym.

Pour 4 personnes :

1 kg de pommes de terre	**2 cs de pesto italien**
600 g de filets de cabillaud	**1 cs de cerfeuil frais haché**
4 tranches de lard	**sel, poivre blanc du moulin**
1 cs de moutarde	**beurre pour la poêle**

Préparation :

1.

Préchauffez le four à 125 °C. Coupez les pommes de terre en dés et faites-les cuire à l'eau. Séchez le poisson et coupez-le en portions que vous salez et badigeonnez, sur un côté seulement, d'un peu de moutarde. Bardez chaque portion de lard.

2.

Poêlez les filets bardés jusqu'à ce que le lard soit bien cuit et que le poisson ait une couleur dorée. Terminez la cuisson au four pendant 15 minutes environ.

3.

Faites dorer les pommes de terre dans un peu de beurre avec les herbes et le pesto puis servez-les avec le poisson.

Soupe de poisson sauce mexicaine

Une soupe de poisson est un plat vraiment complet lorsqu'elle est servie avec des croûtons. Pour cette recette, choisissez des filets de perche, de cabillaud ou de saumon. La sauce salsa est là pour colorer votre soupe et la relever.

Pour 4 personnes :
500 g de filets de poisson à chair ferme
½ cc de sel
1 bulbe de fenouil
5–6 oignons nouveaux ou 2 poireaux
1 cs d'huile neutre
20 cl de vin blanc
70 cl d'eau
4 cs de bisque de homard
10 cl de crème fleurette

Sauce salsa :
1 pamplemousse
2 avocats
1 gousse d'ail
½ cc de sambal oelek
2 cs de persil haché
Croûtons :
2 tranches de pain blanc
½ cc de sel
1 gousse d'ail
2 cs d'huile d'olive

Préparation :

1.

Coupez le poisson en dés et salez-le. Détaillez le fenouil et les oignons en morceaux.

2.

Sauce salsa : Pelez le pamplemousse à vif et coupez-le en quartiers à l'aide d'un couteau bien aiguisé. Ouvrez les avocats, retirez les noyaux et prélevez la chair à l'aide d'une cuiller. Coupez le pamplemousse et les avocats en petits morceaux. Ajoutez l'ail écrasé, le sambal oelek et le persil.

3.

Dans un faitout, faites rapidement revenir l'oignon et le fenouil à l'huile. Mouillez avec le vin, l'eau, la bisque de homard et la crème. Portez à ébullition, ajoutez les morceaux de poisson puis laissez mijoter 4 à 5 minutes à feu doux. Servez la soupe dans des bols, après avoir déposé une cuiller de sauce mexicaine dessus.

Salade de poulet aux fruits

Cette petite salade sucrée-salée permet de commencer le repas sur une note orientale.

Pour 4 personnes :
2 belles escalopes de poulet
sel et poivre noir du moulin
20 olives noires
1 orange
1 avocat
½ oignon rouge
feuilles de laitue

Sauce salade :
4 cs de jus de citron vert pressé
2 gouttes de tabasco
2 cc de miel
3 cl de xérès sec
10 cl d'huile d'olive
2 cs de persil haché
sel, poivre blanc du moulin

Préparation :

1.

Sauce salade : Mélangez l'huile, le xérès et le miel. Ajoutez le jus de citron vert, deux gouttes de tabasco et le persil haché.

2.

Aplatissez les escalopes de poulet avec un maillet de cuisine et faites-les griller environ 3 minutes sur chaque face. Salez et poivrez. Coupez l'oignon rouge en lamelles, pelez l'orange et coupez-la en tranches. Pelez l'avocat, retirez le noyau et coupez la chair en lamelles.

3.

Répartissez les feuilles de salade sur quatre petites assiettes. Disposez les olives, les tranches d'orange et l'avocat au milieu. Coupez les blancs de poulet en tranches et garnissez-en les assiettes. Décorez avec des lamelles d'oignon puis arrosez de sauce.

Tuiles de parmesan César

Ces petites croustades au parmesan sont garnies d'une salade César aux saveurs nouvelles. En plus du parmesan, des anchois et du vinaigre blanc nous avons ajouté de l'avocat et des pignons.

Pour 6 personnes :
1 morceau de parmesan de 140 g
1 avocat
25 g de pignons
mesclun
tomates cerises
Croûtons :
2 tranches de pain blanc
3 filets d'anchois
2 cs d'huile d'olive
1 gousse d'ail

Vinaigrette :
2 cc de graines de moutarde
grossièrement moulues
(épiceries fines)
1 cc de sucre
1 cs de vinaigre de vin blanc
3 cs d'huile d'olive
2 gouttes de sauce Worcester
(rayon étranger)
1 cs de crème fraîche
poivre blanc du moulin

Préparation :

1.

Préchauffcz le four à 200 °C et couvrez une plaque de papier sulfurisé. Râpez le parmesan très fin, déposez-le sur la plaque en 6 petits tas assez espacés que vous aplatissez. Faites cuire au four 8 minutes environ, jusqu'à ce que les galettes de parmesan soient dorées. Laissez légèrement refroidir (environ 30 secondes) puis placez les galettes sur un bol retourné pour leur donner la forme de corbeilles. Laissez-les refroidir complètement.

2.

Hachez les anchois et écrasez-les avec une fourchette. Mélangez cette purée à 2 cs d'huile d'olive et à l'ail écrasé. Étalez cette crème sur les tranches de pain et faites-les griller au four 20 minutes environ, jusqu'à ce que les toasts soient croustillants. Coupez-les en morceaux de 2 cm et laissez-les refroidir.

3.

Mélangez les graines de moutarde, le sucre et le vinaigre. Ajoutez petit à petit l'huile d'olive, puis la crème fraîche, la sauce Worcester et le poivre. Pelez l'avocat et coupez-le en dés. Coupez les feuilles de salade en fines lamelles et mélangez-les à la sauce et aux morceaux d'avocat. Garnissez les tuiles de parmesan de cette salade et répartissez les croûtons aux anchois et les pignons dessus. Décorez de tomates cerises coupées en deux.

Poires au vin et glace à la cannelle

Déguster une glace maison est toujours un vrai plaisir ! Mais si vous manquez de temps, vous pouvez toujours servir ces poires au vin avec une glace vanille banale et un peu de cannelle en poudre.

Pour 4 personnes :
4 poires
1 verre ½ de vin rouge
130 g de sucre
½ gousse de vanille
Glace :
8 jaunes d'œufs

1 l de crème fleurette
200 g de sucre
1 bâton de cannelle
Pour décorer :
cannelle moulue
feuilles de menthe

Préparation :

1.

Glace à la cannelle : Battez les jaunes d'œufs avec le sucre jusqu'à obtenir un mélange blanc et mousseux. Cassez le bâton de cannelle, mettez-le dans la crème et faites chauffer. Ajoutez la crème chaude aux jaunes d'œufs puis laissez frémir au bain-marie en remuant constamment. Trempez une cuiller dans la crème. Retirez-la et soufflez dessus. Si la crème « plisse » et forme un motif de rose, cela signifie qu'elle est prête. Passez-la alors au tamis. Fouettez-la jusqu'à ce qu'elle refroidisse et versez-la pour finir dans un récipient creux. Faites prendre la crème au congélateur 24 h environ. Remuez de temps en temps. Vous pouvez aussi utiliser une sorbetière.

2.

Poires au vin : Pelez et épépinez les poires. Fendez la gousse de vanille en deux et récupérez la pulpe. Mélangez-la au vin rouge et au sucre. Laissez macérer les poires dedans pendant 1 heure.

3.

Disposez les poires et la glace sur des petites assiettes. Saupoudrez de cannelle en poudre et décorez de feuilles de menthe.

Tarte aux pruneaux et amandes

Cette tarte est très facile à réaliser surtout si vous disposez d'un robot de cuisine. Vous pouvez la servir froide ou tiède, selon votre goût. Accompagnez-la d'une chantilly.

Pour 6 à 8 personnes :

Pâte :
100 g de beurre
50 g de sucre
1 jaune d'œuf
1–2 cs d'eau
210 g de farine
Garniture :
250 g de pruneaux
5+5 cl d'armagnac

175 g de pâte d'amandes du commerce
50 g de sucre
85 g de beurre
2 cs de farine
2 œufs
2+3 cs de confiture d'abricot
Pour accompagner :
crème chantilly

Préparation :

1.

Pâte : Préchauffez le four à 200 °C. Mélangez la farine et le beurre au robot de cuisine jusqu'à ce que vous obteniez une pâte granuleuse. Ajoutez le sucre, mixez brièvement, ajoutez encore le jaune d'œuf et l'eau, mixez à nouveau. Étalez cette pâte dans un moule à bords amovibles. Placez 30 minutes au frais. Faites-la cuire à blanc 10 à 15 minutes.

2.

Hachez les pruneaux et faites-les tremper dans 5 cl d'armagnac. Découpez la pâte d'amandes en petits morceaux et passez-la au mixeur. Ajoutez le sucre, le beurre, la farine et les œufs un par un. Mélangez avec soin.

3.

Étalez 2 cs de confiture sur le fond de pâte. Versez la crème d'amandes dessus et garnissez-la de pruneaux à l'armagnac. Ajoutez le jus des pruneaux. Faites cuire 30 à 35 minutes, jusqu'à ce que la pâte soit dorée. Laissez refroidir. Faites chauffer le reste de la confiture et de l'armagnac, portez à ébullition puis laissez épaissir. Versez le sirop ainsi obtenu sur la tarte.

Flan au chocolat à la polenta

Tout n'a pas encore été dit sur le flan au chocolat. Essayez celui-ci à base de polenta ! Servez-le chaud.

Pour 6 personnes :

140 g de beurre	**25 g de polenta**
140 g de chocolat noir	**1 cs de farine**
90 g de sucre	**cacao**
3 œufs	**beurre pour les ramequins**
3 jaunes d'œufs	

Préparation :

1.

Beurrcz 6 ramequins, saupoudrez-les de cacao puis placez-les au frais. Préchauffez le four à 160 °C.

2.

Faits fondre le beurre avec le chocolat en remuant bien. Mettez le sucre dans un grand saladier. Ajoutez les œufs et les jaunes d'œufs. Battez au mixeur jusqu'à ce que le mélange blanchisse. Incorporez alors petit à petit le chocolat, sans cesser de battre. Dans un bol, mélangez la polenta à la farine puis ajoutez-la au mélange chocolaté.

3.

Remplissez les ramequins de pâte jusqu'à mi-hauteur. Faites cuire au four 12 à 14 minutes environ. Le flan doit être onctueux à l'intérieur et ferme en surface. Détachez les bords avec un couteau bien tranchant et démoulez.

Osso-buco à l'aubergine

Une recette qui nous vient du nord de l'Italie. L'osso-buco se prépare traditionnellement avec des tranches de jarret de veau non désossé. On le sert avec un risotto au safran. Vous trouverez la recette du risotto en page 314.

Pour 4 personnes :

1,2 kg de rouelles de veau	1 verre de vin rouge
½ carotte	20 cl de bouillon de veau
½ petite aubergine	sel, poivre blanc du moulin
100 g de céleri-rave	2 cs de persil haché
1 gros oignon jaune	beurre pour la cuisson
farine	

Préparation :

1.

Nettoyez et pelez la carotte, l'aubergine, le céleri et l'oignon puis coupez-les en dés. Farinez les tranches de viande et faites-les dorer au beurre dans un faitout. Ajoutez l'oignon et les légumes. Faites légèrement dorer le tout.

2.

Mouillez avec le vin et le bouillon. Salez et poivrez. Laissez mijoter 1 heure, jusqu'à ce que la viande se détache de l'os.

3.

Saupoudrez de persil avant de servir.

Risotto safrané

Le risotto au safran accompagne généralement l'osso-buco. Vous trouverez la recette de l'osso-buco en page 312.

Pour 4 personnes :

360 g de riz	1 petit oignon jaune
20 cl de vin blanc	3 cs de parmesan râpé
env. ¾ l de bouillon de veau	2 cs de beurre
¼ g de safran	sel, poivre noir du moulin

Préparation :

1.

Pelez et émincez l'oignon. Mettez le beurre à fondre dans un faitout et faites revenir l'oignon dedans jusqu'à ce qu'il soit tendre. Il ne doit pas prendre couleur. Ajoutez le riz et mélangez avec soin. Salez.

2.

Versez le bouillon. Remuez et couvrez. Laissez cuire le risotto à feu doux. Après 10 minutes, ajoutez le safran et poursuivez la cuisson 10 minutes supplémentaires. Assaisonnez avec un peu de poivre fraîchement moulu.

3.

Retirez le faitout du feu et saupoudrez le riz de parmesan râpé.

Riz sauté au porc

Vous aussi vous voulez vous lancer dans la cuisine thaïe ? Essayez alors cette recette simple à base de porc et de lait de noix de coco. Pour qu'elle soit plus diététique, utilisez du lait de coco allégé.

Pour 4 personnes :
400 g de filet de porc
1 poireau
1 gousse d'ail
½ cs de sambal oelek
½ cs de gingembre
25 cl de yaourt brassé
25 cl de lait de noix de coco
1 cs ½ de bouillon de viande
beurre pour la poêle
sel, poivre blanc du moulin

Riz sauté :
riz cuit froid (pour 4)
½ verre de poireau en lamelles
½ verre de dés de poivron de différentes couleurs
2 cc de gingembre râpé fin
2 cc d'ail haché
½ cc de sauce soja
sel, poivre blanc du moulin

Préparation :

1.

Découpez la viande en tranches de 2 cm d'épaisseur. Nettoyez, rincez et coupez le poireau en julienne. Pelez et hachez l'ail puis râpez le gingembre.

2.

Faites dorer la viande dans une poêle chaude. Mettez un peu de beurre à fondre dans une sauteuse et faites revenir l'ail, le gingembre et le poireau dedans. Mouillez avec le lait de coco, le yaourt, le sambal oelek et le bouillon puis portez à ébullition. Ajoutez la viande et laissez mijoter quelques minutes. Salez et poivrez.

3.

Riz : Nettoyez, rincez et coupez le poireau en julienne. Détaillez le poivron en petits dés et hachez l'ail et le gingembre. Faites revenir à la poêle le poireau, le poivron, l'ail et le gingembre. Ajoutez le riz et faites cuire jusqu'à ce qu'il soit chaud. Arrosez de sauce soja puis salez et poivrez.

Filets de poisson grillés et purée de tomates

Pour cette recette, nous avons utilisé des filets de loup mais vous pourrez choisir tout poisson à chair blanche et ferme.

Pour 4 personnes :

500 g de filets de loup (ou de bar)	**2 cs d'huile d'olive**
2 cs d'huile d'olive	**20 cl de vin blanc**
1 cc de sel	**estragon frais**
Purée de tomates :	*Pour accompagner :*
400 g de tomates concassées	**pommes de terre cuites à l'eau**
2 cs d'échalotes émincées	**quartiers de citron**

Préparation :

1.

Pelez et émincez l'échalote. Faites rissoler l'oignon dans l'huile d'olive. Ajoutez les tomates et le vin blanc. Laissez frémir 10 minutes environ. Assaisonnez avec le sel, le poivre et un peu d'estragon ciselé. Gardez la sauce au chaud jusqu'au moment de servir.

2.

Badigeonnez les filets de poisson d'huile d'olive et salez-les. Chauffez une poêle et faites griller le poisson 2 minutes environ sur chaque face.

3.

Servez sans attendre accompagné de la purée de tomate et de pommes de terre cuites à l'eau.

Tresse de poissons sauce poivron

Voici une façon originale de servir le poisson. Vous accompagnerez cette tresse d'une julienne de légumes et d'une sauce au poivron.

Pour 6 personnes :

600 g de filets de sandre/perche
400 g de filets de saumon
1 cs d'échalote émincée
3 cs de vin blanc
3 cs de fumet de poisson
sel, poivre blanc du moulin
Sauce au poivron :
2 poivrons rouges
50 g de beurre
50 cl de bouillon de poisson

30 cl de crème liquide
sel, poivre blanc du moulin
Julienne de légumes :
1 carotte
½ panais
½ navet
1 poireau
noix de muscade râpée
beurre pour la poêle

Préparation :

1.

Tresse de poisson : Coupez les filets de poisson en lanières. Salez et poivrez. Faites revenir l'échalote dans une casserole. Ajoutez le fumet de poisson et le vin blanc et portez à ébullition. Laissez mijoter le poisson dans cette sauce jusqu'à ce que sa chair soit tendre. Retirez-le de la casserole à l'aide d'une écumoire. Tressez les lanières de poisson.

2.

Sauce au poivron : Coupez les poivrons en deux, épépinez-les. Faites-les ramollir dans le beurre et le bouillon de poisson, à couvert. Mixez pour obtenir une purée fluide. Passez au tamis et versez dans une casserole. Ajoutez la crème et portez à ébullition. Salez et poivrez.

3.

Julienne de légumes : Pelez et nettoyez les légumes puis coupez-les en lamelles. Nettoyez et rincez le poireau puis coupez le blanc en julienne. Faites cuire le tout dans l'eau bouillante, puis refroidissez sous l'eau froide. Poêlez ensuite dans du beurre, salez, poivrez et ajoutez un peu de noix de muscade râpée.

Salade de homard, sauce Rhode Island

Il est difficile de résister à une envie de fruits de mer frais. Si vous optez pour du homard, rien de mieux qu'une sauce Rhode Island pour l'accommoder. Doublez les proportions et servez cette salade comme plat unique.

Pour 4 personnes :

1 homard
250 g de feuilles de mesclun
8 champignons de Paris
2 œufs durs
Sauce Rhode Island :
40 cl de mayonnaise
1 cs de ketchup

1 cs de sauce chili
½ cc de jus de citron
sel, poivre blanc
1 cs de cognac ou madère (facultatif)
Pour décorer :
quelques brins d'aneth

Préparation :

1.

Sauce Rhode Island : Mélangez la mayonnaise, le ketchup et la sauce chili. Ajoutez le jus de citron, salez et poivrez puis relevez avec un peu de cognac ou de madère. Réservez au frais jusqu'au moment de servir.

2.

Lavez les feuilles de salade. Coupez le homard en deux dans la longueur et fendez les pinces à l'aide d'un casse-noix. Récupérez la chair et détaillez-la en beaux morceaux. Nettoyez et coupez les champignons en tranches. Disposez les feuilles de salade sur quatre assiettes. Garnissez de champignons et de homard. Écalez les œufs durs et séparez les blancs des jaunes. Hachez les blancs et les jaunes sans les mélanger et parsemez-en les champignons farcis. Décorez d'aneth et servez avec la sauce Rhode Island.

Saint-Jacques et gambas grillées aux deux sauces

Pour ceux qui veulent se surpasser, voici une entrée qui nécessite un certain savoir-faire. Mais rassurez-vous, tout peut être préparé à l'avance, vous ne risquez donc pas d'être pris par le temps.

Pour 4 personnes :

4 noix de Saint-Jacques
4 gambas
½ pomme
3 cs de vin blanc
1 cc de persil plat haché
½ gousse d'ail
huile d'olive et beurre pour la poêle
Sauce au raifort :
1 tomate
1 échalote
1 cs de beurre
raifort râpé

1 petite pincée de sucre
sel, poivre blanc du moulin
Sauce salade à la pomme :
½ pomme
3 cs de crème liquide
Pour décorer :
½ oignon rouge
1 cs de ciboulette ciselée
quelques feuilles de laitue
Vinaigrette :
3 cs d'huile
½ cc de vinaigre
sel, poivre blanc du moulin

Préparation :

1.

Faites mariner les gambas dans le vin blanc, le persil et l'ail. *Sauce au raifort :* Coupez la tomate en gros morceaux puis pelez et hachez l'échalote. Faites-les revenir dans un peu de beurre jusqu'à ce qu'elles soient tendres puis laissez cuire à feu doux. Mixez puis passez au chinois. Assaisonnez avec le raifort râpé, le sucre et le poivre blanc.

2.

Sauce salade à la pomme : Pelez et détaillez une moitié de pomme en petits morceaux que vous faites cuire dans la crème. Mixez pour obtenir une sauce lisse et réservez au frais. Mélangez l'huile, le vinaigre, le sel et le poivre et tournez les feuilles de laitue dans cette vinaigrette.

3.

Grillez les gambas et les noix de Saint-Jacques ou faites-les revenir à la poêle, dans de l'huile d'olive. Salez et poivrez. Pelez la deuxième moitié de pomme, coupez-la en quartiers et faites-la dorer dans du beurre. Épluchez et hachez l'oignon rouge puis ciselez la ciboulette. Répartissez les feuilles de laitue sur quatre assiettes et garnissez d'oignon, de quartiers de pommes, de Saint-Jacques et de gambas. Parsemez de ciboulette ciselée et arrosez la salade des deux sauces.

Gâteau au chocolat et mousse de poire

Les mousses sont souvent à base de fruits rouges. Pour changer, nous vous proposons une recette à la poire dont la saveur se marie parfaitement à celle du chocolat.

Pour 4 personnes :

Sirop :
½ verre d'eau
3 cs de sucre
½ gousse de vanille
½ verre de vin blanc
5 poires
Gâteau au chocolat :
100 g de beurre
150 g de chocolat à pâtisser
1 cs de cognac

6 œufs
180 g de sucre
Mousse de poire :
1 poire cuite
2 cs de liqueur de poire
1 feuille de gélatine
1 jaune d'œuf
1 cc de sucre glace
30 cl de crème fleurette

Préparation :

1.

Préchauffez le four à 175 °C. Faites fondre le beurre dans une casserole et ajoutez-y le chocolat en morceaux. Remuez. Ajoutez le cognac. Séparez les blancs d'œufs des jaunes. Mélangez les jaunes avec la moitié du sucre et fouettez pour obtenir un mélange mousseux. Ajoutez-les au chocolat. Battez les blancs en neige avec le reste du sucre et incorporez-les à la pâte. Versez dans un moule rectangulaire beurré et faites cuire au four 25 minutes environ. Laissez refroidir le gâteau.

2.

Portez le sucre et l'eau à ébullition. Fendez la gousse de vanille, recueillez la pulpe et ajoutez-la au sirop de sucre. Versez ensuite le vin. Pelez la poire, ôtez-en le cœur et faites-la cuire dans le sirop au vin. Lorsqu'elle est bien tendre laissez-la refroidir dans le sirop.

3.

Faites tremper les feuilles de gélatine dans l'eau froide. Chauffez la liqueur de poire et faites fondre les feuilles de gélatine dedans. Passez l'une des poires au mixeur. Fouettez le jaune d'œuf avec le sucre glace. Battez la crème en chantilly et ajoutez-la, ainsi que la purée de poire et la gélatine au jaune d'œuf. Réservez au froid. Disposez des parts de gâteau au chocolat sur des assiettes et nappez-les de mousse. Décorez de tranches de poire cuite.

Cornets glacés à l'amaretto

Un parfait glacé à l'amaretto à la présentation très recherchée. Nous vous suggérons, pour former les cornets, d'utiliser des feuilles de plastique semi-rigides comme celles utilisées pour les rétroprojecteurs.

Pour 6 personnes :
4 œufs
5 cs de sucre
40 cl de crème fleurette
2 cs d'amaretto
Macaron aux noix :
3 cs de sirop de miel liquide
90 g de sucre
½ verre de noix (ou noisettes)

4 cs de margarine liquide (en flacon)
3 cs de farine
4 cs de crème liquide
¾ cc de levure chimique
Pour accompagner :
4 gaufrettes
coulis de framboises

Préparation :

1.

Macaron aux noix : Préchauffez le four à 180 °C. Passez les noix au mixeur. Mélangez le miel, le sucre, la poudre de noix, la margarine, la farine, la crème et la levure chimique. Étendez la pâte ainsi obtenue sur une plaque à four couverte de papier sulfurisé. Faites cuire 8 à 10 minutes. Détachez le macaron du papier et émiettez-le.

2.

Formez des cornets avec les feuilles de plastique fixées à l'aide de ruban adhésif. Placez-les dans des verres pour qu'ils se tiennent droits dans le congélateur. Fouettez les jaunes d'œufs et le sucre jusqu'à ce que vous obteniez un mélange blanc et mousseux. Battez la crème en chantilly et incorporez-la aux jaunes d'œufs. Ajoutez l'amaretto et les morceaux de macaron. Garnissez les cornets de cette préparation et placez au congélateur.

3.

Sortez les cornets du congélateur 15 minutes environ avant de les servir. Retirez la feuille de plastique et disposez-les sur quatre petites assiettes. Servez avec des gaufrettes et du coulis de framboise.

Soupe au fenouil et flétan

Libérez le parfum des graines de fenouil en les faisant griller, ajoutez du basilic à la soupe pour parfumer puis versez-la sur les tranches de flétan.

Pour 4 personnes :

600 g de flétan en tranches
huile d'olive et beurre pour la poêle
sel, poivre blanc du moulin
2 oignons jaunes
1 gousse d'ail
1 carotte
1 panais

1 cc de graines de fenouil
2 feuilles de laurier
80 cl d'eau
2 tomates
2 oignons nouveaux
½ bouquet de basilic frais

Préparation :

1.

Faites griller les graines de fenouil dans une poêle sèche. Nettoyez et détaillez en morceaux l'oignon, l'ail, la carotte et le panais. Faites-les revenir au beurre dans un faitout et ajoutez les graines de fenouil, le laurier, le sel et le poivre. Couvrez d'eau puis portez à ébullition. Laissez bouillonner 30 minutes environ, en écumant si besoin.

2.

Mettez de l'eau à chauffer dans une casserole, ébouillantez les tomates, passez-les sous l'eau froide et pelez-les. Coupez-les en dés. Détaillez l'oignon nouveau en minces rondelles. Incorporez délicatement les tomates (non épépinées) à la soupe. Ajoutez l'oignon nouveau et le basilic ciselé.

3.

Faites griller les tranches de poisson dans l'huile d'olive, salez et poivrez. Déposez-les sur la soupe.

Pannacotta aux deux citrons

En italien, Panna cotta signifie petite crème renversée. Ce dessert onctueux est ici servi avec un sucre citronné qui vient raviver les saveurs.

Pour 4 personnes :
1 feuille ½ de gélatine
40 cl de crème fleurette
1 gousse de vanille
3 cs de sucre
Sucre citronné :
90 g de sucre

le zeste d'1 citron vert
le zeste d'1 citron jaune
Pour décorer :
fruits (rouges)

Préparation :

1.

Fendez la gousse de vanille en deux. Dans une casserole, chauffez la crème avec la gousse de vanille et le sucre. Portez à ébullition puis laissez mijoter à feu doux pendant 15 minutes. Faites tremper les feuilles de gélatine dans un grand bol d'eau froide. Lorsqu'elles se sont ramollies, essorez-les et ajoutez-les à la crème chaude, en remuant bien. Versez dans des ramequins ou des coupes. Gardez au frais environ 3 heures pour que la pannacotta prenne.

2.

Mélangez le zeste des deux citrons avec le sucre. Arrosez de jus de citron vert pressé. Versez sur la pannacotta.

3.

Servez sans attendre avec les fruits de votre choix (fraises, myrtilles, ou autres).

Filet de porc au poivre et raïta de concombre

Le poivre noir vient relever le porc cuit au four. Vous l'apprécierez arrosé d'une sauce au porto et à l'anis et accompagné d'un raïta de concombre rafraîchissant.

Pour 4 personnes :

600 g de filet de porc
2 cs de nuoc-mâm
1 cs de sambal oelek
1 cs de graines de sésame
1 cs de beurre
2 pincées de poivre noir
  concassé
Sauce :
1 grand verre de porto
2 étoiles d'anis (badiane)
2 échalotes

1 gousse d'ail
1 pincée de gingembre en poudre
20 cl de bouillon de viande
1 grand verre de vin rouge
1 cc de maïzena
Raïta de concombre :
½ concombre
1 pincée de sel
20 cl de yaourt brassé
5 feuilles de menthe
½ pincée de poivre noir moulu

Préparation :

1.

Raïta de concombre : Partagez le concombre dans sa longueur et épépinez-le à l'aide d'une cuiller à café. Détaillez-le en tranches fines, saupoudrez-le de sel et laissez-le dégorger un quart d'heure. Pressez-le et mélangez son jus au yaourt. Ajoutez la menthe ciselée et le poivre. Laissez reposer une heure avant de servir.

2.

Sauce : Hachez l'ail et l'échalote. Dans une casserole, chauffez le porto avec les étoiles d'anis, l'échalote, le gingembre et l'ail. Faites réduire de moitié. Mouillez avec le bouillon et le vin rouge et laissez mijoter 15 minutes environ. Passez la sauce au chinois, salez, poivrez et liez avec la maïzena diluée dans un peu d'eau froide.

3.

Préchauffez le four à 170 °C. Mélangez le nuoc-mâm, le sambal oelek et les graines de sésame pour faire la marinade. Faites dorer le filet de porc entier dans le beurre. Badigeonnez-le de marinade, assaisonnez-le avec le poivre noir et faites-le cuire 20 minutes au four jusqu'à ce que la température de la viande atteigne 65 °C (aidez-vous d'un thermomètre à viande). Laissez reposer cinq minutes et coupez le filet en tranches. Servez avec la sauce et le raïta.

Paupiettes de jambon aux pruneaux

Ces roulés farcis à la viande de porc et aux pruneaux, sont mijotés dans une délicieuse sauce, elle aussi aux pruneaux. Piquez les paupiettes avec des cure-dents pour bien enfermer la farce. Servez avec des pommes de terre en purée ou cuites à l'eau.

Pour 4 personnes :

500 g de lard maigre en tranches ou de jambon
200 g de viande de porc hachée
2 œufs
20 cl de lait
250 g de pruneaux dénoyautés

1 cs ½ de beurre
20 cl de bouillon de viande
40 cl de crème fleurette
sel, poivre blanc
cure-dents

Préparation :

1.

Hachez un tiers des pruneaux et mélangez-les à la viande de porc, aux œufs et au lait. Ajoutez ½ cc de sel et donnez quelques tours de moulin à poivre. Disposez les tranches de jambon ou de lard sur une planche à découper. Déposez un peu de farce sur chacune d'elle. Roulez-les et fixez-les à l'aide de cure-dents.

2.

Faites brunir le beurre dans un faitout. Déposez les paupiettes dedans et faites-les dorer sur toutes les faces. Salez et poivrez. Mouillez avec le bouillon, couvrez et laissez cuire 30 à 40 minutes à feu doux.

3.

Ajoutez le reste des pruneaux et la crème. Laissez épaissir la sauce. Retirez les cure-dents avant de servir.

Farcis de bœuf à la poêle

Si vous manquez d'idées pour accommoder le bœuf, voici une recette simple et originale. Grâce à la farce crémeuse et relevée vous n'avez besoin d'aucune sauce.

Pour 4 personnes :

4 biftecks minces de 120 g
½ verre de pickles
2 cs de moutarde
2 jaunes d'œufs

1 petit bouquet de persil
6 cm de raifort
600 g de pommes de terres
surgelées en quartiers

Préparation :

1.

Préchauffez le four à 225 °C et faites cuire les quartiers de pommes de terre pendant 20 minutes.

2.

Épluchez le raifort et râpez-en 2 cuillers à soupe. Hachez les pickles et le persil. Mélangez le raifort, le persil, les pickles, la moutarde et les jaunes d'œufs.

3.

Répartissez le mélange sur les biftecks. Repliez-les et faites-les dorer au beurre à peine 1 minute sur chaque face. Servez avec les pommes de terre en quartiers.

Fondant au chocolat

Voici de quoi satisfaire les amoureux du chocolat. Si le gâteau vous semble encore liquide à sa sortie du four, c'est normal. Il durcit en refroidissant et prend une consistance plus crémeuse.

Pour 10 personnes :

225 g de chocolat à pâtisser	**beurre pour le moule**
225 g de beurre	**chapelure pour le moule**
4 œufs	**20 cl de crème fleurette**
180 g de sucre	**100 g de framboises**
150 g de farine	**1 cc de sucre**
1 cc de levure chimique	**moule à bords amovibles**
½ verre de noisettes grillées	

Préparation :

1.

Préchauffez le four à 200 °C. Faites fondre le beurre et le chocolat dans une casserole. Battez les œufs et le sucre jusqu'à ce que le mélange blanchisse. Versez la farine dans un saladier puis ajoutez la levure. Incorporez ensuite le chocolat fondu et les œufs. Battez pour obtenir une pâte homogène. Ajoutez, pour finir, les noisettes grillées.

2.

Beurrez le moule et saupoudrez-le de chapelure. Versez la pâte dedans et faites cuire 25 minutes au four. Le gâteau doit être encore légèrement coulant à l'intérieur lorsque vous le sortez du four. Il durcit une fois refroidi.

3.

Dans une casserole, faites chauffer les framboises et le sucre. Battez la crème en chantilly. Servez le fondant avec les framboises et la chantilly.

Ratatouille

Une bonne ratatouille est parfaite pour accompagner des côtelettes de porc. Elle s'apprécie également comme plat principal, avec des pâtes, du riz ou de la semoule.

Pour 4 personnes :

300 g d'aubergines	**10 cl d'huile d'olive**
300 g de courgettes	**2 boîtes de tomates concassées**
1 poivron rouge	**1 cc de thym**
1 poivron vert	**1 cc de sel**
1 poivron jaune	**2 pincées de poivre noir du moulin**
2 beaux oignons jaunes	**1 feuille de laurier**
3–4 gousses d'ail	**2 cs de basilic frais haché**

Préparation :

1.

Nettoyez et coupez en dés l'aubergine, les courgettes, les poivrons et l'oignon. Hachez l'ail grossièrement.

2.

Poêlez les légumes dans l'huile, en plusieurs fois, puis versez-les dans un grand faitout. Ajoutez les tomates et les herbes. Salez et poivrez. Laissez mijoter 10 minutes à couvert, retirez le couvercle et laissez cuire encore 20 minutes en remuant de temps en temps.

3.

Retirez la feuille de laurier et parsemez de basilic.

Tartare de bœuf au sésame

Un plat du sud-est asiatique dans lequel la viande est servie crue. Pour le réaliser, choisissez des entrecôtes de première qualité que vous congelez pendant 24 heures. Faites-les ensuite décongeler à moitié pour les découper plus aisément en tranches fines. Si vous n'aimez pas la viande crue, faites revenir les entrecôtes à la poêle. Le plat sera alors différent mais tout aussi bon.

Pour 4 personnes :
400 g d'entrecôte
le blanc d'½ poireau
2 cs de graines de sésame
3 cs ½ d'huile de sésame

1 cs de sauce soja
salade verte de saison
4 jaunes d'œufs

Préparation :

1.

Découpez la viande à moitié décongelée en tranches très minces à l'aide d'un couteau à effiler bien aiguisé. Coupez ensuite les tranches en lamelles. Émincez le blanc de poireau puis rincez-le à l'eau froide. Mélangez la viande, le poireau, les graines et l'huile de sésame et arrosez de quelques gouttes de sauce soja.

2.

Lavez les feuilles de salade et disposez-les sur les assiettes. Répartissez dessus le mélange de viande et de poireau, en petits tas.

3.

Cassez les œufs un par un et réservez les jaunes. Creusez un petit puit au milieu de chaque assiette et déposez délicatement un jaune d'œuf dans chacun.

Filet mignon sauce poivre vert

Le filet de porc est accommodé d'une sauce au poivre vert relevée au cognac. Si vous n'avez pas de cognac, utilisez à la place un bouillon très corsé. Servez avec une galette de pomme de terre et des pois gourmands bien croquants.

Pour 4 personnes :

500 g de filet de porc entier, dégraissé et dénervé	**2 cs de poivre vert**
8 belles pommes de terre	**40 cl de crème fleurette**
4 cs de beurre	**2 cs de cognac**
1 échalote	**sel, poivre blanc du moulin**
	200 g de pois gourmands

Préparation :

1.

Galette de pomme de terre : Faites cuire les pommes de terre 10 à 15 minutes à l'eau, sans les éplucher. Elles doivent rester fermes. Laissez-les refroidir, épluchez-les puis râpez-les grossièrement. Faites brunir un peu de beurre dans une poêle en téflon puis versez-y les pommes de terre, en formant une grosse galette. Laissez cuire 5 minutes environ, sans secouer la poêle. Retournez la galette en vous aidant d'un couvercle de casserole ou d'une assiette puis faites dorer l'autre face 5 minutes environ.

2.

Sauce : Hachez l'échalote et faites-la rissoler 1 minute environ dans un peu de beurre, avec le poivre vert. Ajoutez la crème puis laissez réduire la sauce de moitié. Salez et poivrez puis relevez avec le cognac.

3.

Viande : Salez le filet mignon sans le découper puis donnez quelques tours de moulin à poivre. Faites brunir un peu de beurre dans une sauteuse. Posez le filet de porc dedans et laissez-le dorer 10 à 15 minutes, en fonction de sa taille. Servez-la avec la galette de pomme de terre, la sauce et des pois gourmands bien croquants.

Poires au coulis de cassis

Simple et délicieux ! La poire se teinte de mauve et en lui ajoutant une boule de glace vanille et quelques brins de menthe vous créez une véritable œuvre d'art. Ce dessert raffiné est prêt en un tournemain.

Pour 4 personnes :

4 poires	**glace**
1 pot de confiture ou de	**quelques feuilles de menthe ou autre**
gelée de cassis	**½ verre de noisettes pilées**

Préparation :

1.

Mélangez la confiture ou la gelée avec de l'eau pour obtenir un coulis. La confiture doit être passée au tamis mais pas la gelée.

2.

Pelez les poires et chauffez-les à feu doux dans le coulis jusqu'à ce qu'elles soient tendres. Cela peut prendre de 5 à 30 minutes suivant leur maturité.

3.

Servez les poires chaudes ou tièdes, avec le coulis, la glace et les noisettes. Décorez de feuilles de menthe.

Brochettes de bœuf marinées et wok de légumes

Pour accompagner des brochettes, rien de mieux qu'un wok de légumes. Laissez tremper la viande une heure dans une marinade pimentée, puis servez-la avec une sauce barbecue et du riz.

Pour 4 personnes :

600 g de bifteck
1 échalote
½ oignon rouge
1 carotte
1 panais
1 boîte de châtaignes d'eau
Marinade :
1 cs de gingembre frais haché
1 cs d'oignon haché
½ piment rouge d'Espagne
1 gousse d'ail
2 cs d'huile neutre
1 cc de curcuma

2 cc de sambal oelek
1 cs de sauce soja
Sauce barbecue :
½ verre de poivron en dés
1 cc de moutarde
1 gousse d'ail
20 cl de sauce chili
20 cl de bouillon
1 cc de gingembre frais haché
1 cc de sauce soja
beurre pour le wok
sel, poivre blanc du moulin

Préparation :

1.

Hachez le piment. Mélangez la sauce soja et l'huile. Ajoutez l'ail écrasé, le piment, le gingembre et l'oignon. Assaisonnez avec le curcuma et le sambal oelek. Détaillez la viande en petits morceaux et laissez-la macérer dans ce mélange 1 heure environ. Enfilez les morceaux de viande sur des piques.

2.

Sauce barbecue : Détaillez le poivron en dés et faites-le revenir au beurre. Dans une casserole, versez la sauce chili, le poivron, le bouillon et la sauce soja. Portez à ébullition. Pelez et hachez le gingembre puis écrasez l'ail. Ajoutez le tout à la sauce et relevez avec la moutarde. Laissez mijoter puis passez au chinois.

3.

Pelez et coupez l'échalote et l'oignon rouge en lamelles. Épluchez puis coupez la carotte et le panais en julienne. Faites-les sauter dans le wok puis ajoutez les châtaignes d'eau. Faites griller les brochettes 5 à 10 minutes au barbecue, salez et poivrez. Disposez les légumes sur les assiettes et déposez les brochettes dessus. Servez avec la sauce.

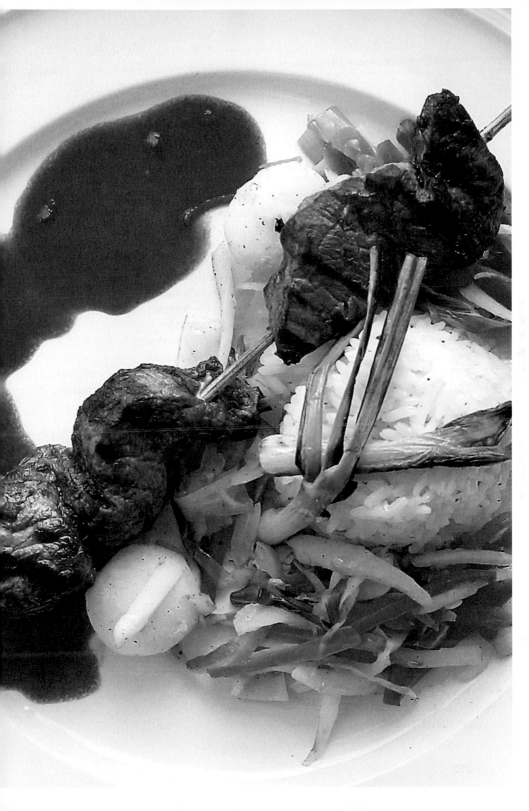

Bouillabaisse

Peu de plats sont aussi renommés que la bouillabaisse. En voici une recette simplifiée mais tout aussi bonne.

Pour 6 à 8 personnes :

½ l de court-bouillon de poisson	3 cs de crème fleurette
½ verre de vin blanc	250 g de fenouil
500 g de filets de poisson frais	½ g de safran
2 poireaux	2 poivrons
300 g de tomates concassées	250 g de moules
1 cc de thym	1 gousse d'ail
1 feuille de laurier	huile d'olive pour la cuisson
200 g de crevettes décortiquées	sel, poivre blanc du moulin

Préparation :

1.

Coupez les filets de poisson en cubes de 2 × 2 cm. Nettoyez et coupez le poireau et le poivron en dés. Épluchez le fenouil et détaillez-le lui aussi en dés.

2.

Dans un faitout, faites revenir les légumes dans un peu d'huile d'olive. Ajoutez l'ail écrasé puis couvrez de bouillon et de vin blanc. Ajoutez ensuite les tomates concassées, le safran, la feuille de laurier et le thym puis laissez mijoter 10 minutes.

3.

Ajoutez alors le poisson et poursuivez la cuisson 5 minutes. Incorporez ensuite la crème et les fruits de mer et laissez mijoter 5 minutes de plus. Salez et poivrez.

Soupe nigérienne

À l'origine, cette recette est à base de graines d'egusi (sorte de melon), très courantes dans la cuisine africaine. Nous les avons remplacées par des graines de tournesol, plus faciles à trouver. Vous utiliserez un robot de cuisine pour les moudre.

Pour 4 personnes :

400 g de bœuf à braiser	2 cc de sel
1 oignon jaune	¾–1 l d'eau
1–2 piments rouges d'Espagne	½ verre de graines de tournesol
3 tomates	250 g d'épinards en branches
2 cs d'huile	50 g de crevettes décortiquées

Préparation :

1.

Découpez la viande en morceaux d'1cm environ. Épluchez et émincez l'oignon. Coupez les piments en deux dans le sens de la longueur, épépinez-les et hachez leur chair très fin. Hachez aussi les tomates.

2.

Dans un faitout, chauffez l'huile un court instant puis faites dorer la viande 2 à 3 minutes. Ajoutez l'oignon et laissez-le rissoler 1 à 2 minutes. Versez ensuite le piment et les tomates hachées, salez et couvrez d'eau. Laissez mijoter 30 minutes à couvert, jusqu'à ce que la viande soit bien tendre.

3.

Mixez les graines de tournesol au robot ou au mixeur. Hachez les épinards puis les crevettes (vous pouvez aussi les passer au mixeur). Ajoutez le tout à la soupe et laissez mijoter 10 minutes de plus.

Bœuf braisé et beignets de pomme de terre

Un plat savoureux à déguster en toute simplicité, avec une julienne de légumes. Si vous voulez lui donner un petit air de fête, servez-le avec des beignets de pommes de terre maison.

Pour 4 personnes :

800 g de bœuf à braiser	**40 g de navet**
sel, poivre blanc du moulin	**2 panais**
1 cs de farine	*Beignets de pomme de terre :*
½ l de vin rouge	**10 pommes de terre cuites, refroidies**
½ l de bouillon	**2 œufs**
1 feuille de laurier	**120 g de farine**
½ cc de thym frais	**1 cc de sel**
4–5 baies de genièvre	**1 pincée de muscade râpée**
beurre pour la cuisson	**6 cs de chapelure**
1 carotte	**huile pour la friture**

Préparation :

1.

Découpez la viande en dés de 3 × 3 cm. Faites-la dorer puis mettez-la dans un faitout et saupoudrez-la de farine. Recouvrez de bouillon et de vin puis ajoutez la feuille de laurier, le thym et les baies de genièvre. Portez à ébullition puis laissez mijoter 45 minutes. Salez, poivrez puis retirez les baies juste avant de servir.

2.

Beignets de pomme de terre : Râpez les pommes de terre très fin et mélangez-les à la moitié de la farine. Ajoutez un œuf, salez et assaisonnez avec la noix de muscade. Donnez à la pâte la forme de petits cocons, panez-les en les roulant dans la farine, puis en les trempant dans l'œuf et la chapelure. Faites-les frire jusqu'à ce qu'ils soient bien dorés. Égouttez-les sur du papier absorbant.

3.

Épluchez et coupez les légumes en lamelles. Faites-les ramollir quelques minutes dans de l'eau bouillante légèrement salée. Pour servir, déposez quelques bâtonnets de légumes sur la viande et garnissez de beignets de pomme de terre.

Soupe de pois chiches et champignons au citron vert

Et pourquoi ne pas commencer le repas par une soupe ? Celle que nous vous proposons a un subtil parfum de cumin et s'accompagne de champignons marinés au citron vert. Servez-la avec des croûtons.

Pour 4 personnes :

320 g de pois chiches secs	**10 cl d'huile d'olive**
1 oignon jaune	**1 cs de coriandre fraîche hachée**
1 feuille de laurier	**½ pincée de piment en poudre**
15 cl d'eau	**1 citron vert**
25 cl de crème fraîche	*Croûtons :*
1 pincée de cumin moulu	**2 tranches de pain blanc**
Champignons marinés :	**1 cs de beurre**
240 g de champignons	**1 cc d'ail déshydraté**
de Paris frais	**sel, poivre blanc du moulin**

Préparation :

1.

Champignons marinés : Nettoyez et tranchez les champignons. Mélangez l'huile, la coriandre et le piment. Râpez le zeste et pressez le jus du citron vert. Ajoutez-les à la marinade. Salez et poivrez. Versez les champignons dans cette marinade et laissez-les macérer un moment.

2.

Soupe : Faites tremper les pois chiches dans l'eau froide. Pendant ce temps, épluchez et émincez l'oignon. Faites cuire les pois chiches et l'oignon avec le laurier dans l'eau bouillante. Retirez du feu lorsque les pois chiches sont suffisamment tendres. Mixez la soupe, ajoutez-lui la crème fraîche et assaisonnez avec le cumin, le sel et le poivre.

3.

Coupez les tranches de pain en deux et faites-les griller dans une poêle avec un peu de beurre. Salez et poivrez. Versez la soupe dans 4 assiettes creuses chaudes, déposez dessus les champignons marinés puis servez avec un croûton.

Tiramisu

En italien, Tiramisu signifie « donne-moi de l'énergie ». À l'origine, ce dessert était destiné à se donner du tonus les lendemains de fête. Il est préparé à base de mascarpone mais si vous n'en avez pas, vous pouvez aussi utiliser de la crème fraîche, le goût en sera toutefois plus acide.

Pour 4 personnes :

400 g de biscuits à la cuiller
2 tasses de café très fort
4 œufs
100 g de sucre

400 g de mascarpone
un peu de cacao
2 cl de liqueur de café (ou marsala)

Préparation :

1.

Imbibez les biscuits de café à la liqueur. Battez les œufs et le sucre jusqu'à ce que le mélange blanchisse. Ajoutez le mascarpone et mélangez bien.

2.

Couvrez un moule d'une couche de biscuits puis versez dessus la crème au mascarpone. Saupoudrez de cacao avant de servir.

3.

Vous pouvez aussi le servir comme sur l'image, en portions individuelles, dans des ramequins ou des coupes.

Bolito

Ce plat est à base de haricots blancs secs qui doivent tremper une nuit entière dans l'eau froide. Si vous manquez de temps, vous pouvez en acheter en conserve. Dans ce cas, ajoutez-les juste avant de servir, pour éviter qu'ils ne se réduisent en purée.

Pour 4 personnes :

1–1,5 kg de bœuf à braiser en morceaux (environ 35 cl)	1 bouquet de persil
	½ bouteille de vin blanc sec
4 oignons jaunes	1 cc ½ de romarin
350 g de carottes	1 cc ½ de sauge
½ côte de céleri blanc	½ l de bouillon
¾ de verre de haricots blancs	huile d'olive
3 gousses d'ail	sel, poivre blanc du moulin
	ficelle

Préparation :

1.

Laissez tremper les haricots une nuit dans l'eau froide. Hachez les feuilles de persil et réservez les tiges que vous ficelez en bouquet. Pelez et émincez grossièrement l'oignon, les carottes et le céleri. Épluchez l'ail. Détaillez la viande en dés de 2 cm ½. Chauffez l'huile dans un faitout et faites dorer la viande légèrement.

2.

Mouillez avec le vin et remuez. Laissez la viande mijoter dans le vin 10 minutes environ, jusqu'à ce que celui-ci se soit totalement évaporé. Ajoutez l'oignon, les carottes et le céleri. Mélangez bien et couvrez largement la viande de bouillon. Ajoutez encore le romarin, la sauge, les gousses d'ail entières et les tiges de persil ficelées en bouquet. Assaisonnez avec du poivre noir fraîchement moulu. Attendez avant de saler.

3.

Portez à ébullition, couvrez et laissez mijoter 20 minutes à feu doux. Pour finir, ajoutez les haricots blancs et laissez frémir encore une heure et 10 minutes, jusqu'à ce que la viande soit tendre. Salez et retirez les tiges de persil avant de servir.

Bœuf en cocotte et pappardelles persillées

Un plat mijoté à cuisson ultrarapide, ce qui est rare. Nous choisissons en effet de le préparer avec du bifteck et celui-ci n'a pas besoin de cuire plus de vingt minutes. Pour l'accompagner, optez volontiers pour une salade de chou avec des pois gourmands.

Pour 4 personnes :

400 g de pappardelles	1 cs de moutarde
400 g de bifteck	1 bouquet de persil
1 oignon jaune	1 cc de fenouil moulu
100 g de céleri-rave	2 feuilles de laurier
1 carotte	2 cs de beurre
1 verre de vin rouge	sel, poivre blanc du moulin
1,3 l de bouillon de viande	

Préparation :

1.

Pelez et émincez l'oignon. Détaillez le céleri et la carotte en jolis dés. Coupez les biftecks en cubes. Mettez le beurre à fondre dans une poêle et faites-y griller la viande. Salez et poivrez. Mouillez avec le vin et le bouillon de viande. Ajoutez le fenouil, le laurier et la moutarde. Laissez mijoter 10 minutes à feu doux.

2.

Ajoutez l'oignon, le céleri et la carotte. Laissez mijoter encore 10 minutes. Faites cuire les pâtes dans une grande casserole d'eau bouillante salée, en vous reportant aux indications données sur le paquet. Égouttez-les dans une passoire.

3.

Hachez le persil et saupoudrez-en les pâtes. Mélangez. Servez la viande avec les pâtes bien chaudes.

Marmite de veau à la tchèque

Il y a très longtemps, au bas de la Troisième avenue à Manhattan, se trouvait un petit restaurant tchèque où l'on pouvait déguster une cuisine de première classe. C'est de là que nous vient cette recette de veau. Utilisez du collier, de la poitrine ou de l'épaule. Servez avec des nouilles ou du riz.

Pour 4 personnes :

800 g de veau (poitrine, épaule ou collier)
200 g de champignons de Paris frais
½ litre de bouillon de viande
1 cs ½ de cumin

1 bel oignon jaune
1 cs de farine
2 cs de beurre
Pour accompagner :
tagliatelles (pour 4)

Préparation :

1.

Découpez la viande en dés de 2 × 2 cm. Pelez et hachez l'oignon. Nettoyez et émincez grossièrement les champignons. Mettez le beurre à fondre sur feu moyen dans un faitout. Faites revenir l'oignon quelques minutes sans qu'il prenne couleur. Ajoutez les champignons et laissez cuire encore quelques minutes.

2.

Mettez la viande dans le faitout et faites-la dorer quelques minutes sur toutes ses faces. Assaisonnez avec le cumin puis remuez. Couvrez et laissez mijoter 2 minutes, en mélangeant de temps en temps. Saupoudrez de farine et nappez la viande.

3.

Arrosez de bouillon et poivrez. Attendez avant de saler. Laissez mijoter 1 heure à feu doux. Donnez quelques tours de moulin à poivre puis ajoutez éventuellement du sel avant de servir.

Gâteau à la banane

Un gâteau moelleux et savoureux au bon goût de banane. Servez-le en dessert ou à l'heure du thé.

Pour 10 personnes :

4 bananes moyennes
180 g de sucre
100 g de beurre
3 œufs
300 g de farine

2 cc de levure chimique
½ cc de sel
10 cl de lait
1 moule de 23 cm de diamètre
beurre pour le moule

Préparation :

1.

Préchauffez le four à 175 °C. Dans un saladier, mélangez le beurre et le sucre pour obtenir un mélange sableux. Ajoutez les œufs. Écrasez les bananes et mélangez-les à la pâte.

2.

Mélangez la farine, la levure et le sel. Incorporez à la pâte à la banane puis ajoutez le lait.

3.

Beurrez le moule. Saupoudrez-le de farine en n'oubliant pas les bords. Versez la pâte dedans.

4.

Faites cuire le gâteau 40 à 45 minutes au four. Laissez-le refroidir avant de le couper.

Curry de viande à la tomate

C'est le concentré de tomate qui donne à la sauce cette belle couleur rouge. Ce plat est très simple à réaliser et son temps de préparation n'excède pas celui de la cuisson du riz. Dosez les piments selon votre goût. Vous pouvez remplacer l'agneau par du bœuf.

Pour 4 personnes :

800 g d'épaule d'agneau désossée
1½ oignon jaune
3 gousses d'ail
2 cm de gingembre frais
3 cs d'huile
1 cc de graines de cumin entières
4 feuilles de laurier
1 cs de piment rouge d'Espagne

2 piments verts d'Espagne
3 cs de concentré de tomate
½ verre d'eau
1 cc ½ de sel
coriandre fraîche
1 tomate
riz cuit

Préparation :

1.

Pelez l'oignon. Hachez-en la moitié et détaillez le reste en minces rondelles. Coupez les piments en deux dans leur longueur, épépinez-les et détaillez-les en fines lamelles. Épluchez et écrasez l'ail. Pelez et hachez le gingembre très fin, (la quantité obtenue devant être égale à celle de l'ail). Découpez la viande en dés d'1 cm environ.

2.

Dans un faitout, chauffez l'huile à feu moyen. Elle doit frétiller lorsque vous y jetez une graine de cumin. Lorsqu'elle est assez chaude, faites-y griller les graines de cumin quelques secondes. Ajoutez l'oignon haché et la viande. Faites dorer mais ne laissez pas attacher.

3.

Ajoutez les feuilles de laurier, les deux sortes de piments, le concentré de tomate, l'ail, le gingembre, le sel et l'eau. Remuez bien et laissez mijoter 10 à 15 minutes à feu doux, jusqu'à ce que la viande soit tendre. Faites dorer les rondelles d'oignon dans un peu d'huile et ajoutez-les à la viande. Garnissez de coriandre hachée et de tomates fraîches.

Gigot d'agneau au cumin et patates douces

Une recette parfumée pour laquelle il est essentiel d'utiliser du cumin blanc et non noir. Coupez les patates douces en quartiers et faites-les cuire au four, leur saveur sucrée se marie parfaitement avec celle du cumin.

Pour 4 personnes :

1 kg de gigot avec l'os	**1 cc de sel**
4 cs de cumin blanc moulu	**3 cs d'huile**
1 gousse d'ail écrasée	**5 belles patates douces**

Préparation :

1.

Mélangez le cumin, l'ail, le sel et l'huile pour faire une marinade. Incisez le gigot et malaxez-le avec la marinade. Roulez-le dans une feuille d'aluminium puis placez-le deux heures au réfrigérateur.

2.

Préchauffez le four à 175 °C. Versez un peu d'huile dans un plat à four, sortez le gigot de l'aluminium et déposez-le dans le plat. Faites-le cuire 45 minutes au four. Pendant ce temps, lavez les patates douces et coupez-les en quartiers. Sortez le plat du four. Disposez les quartiers de patates autour du gigot. Poursuivez la cuisson pendant 15 à 30 minutes, jusqu'à ce que la température du gigot ait atteint 65 à 70 °C. La viande est alors rosée. Si vous aimez le gigot plus cuit, laissez-le au four jusqu'à ce qu'il atteigne 75 °C.

3.

Sortez la viande du four, couvrez-la d'une feuille d'aluminium et laissez-la refroidir 15 minutes. Pendant ce temps, remettez les patates douces au four pour qu'elles finissent de cuire. Coupez le gigot et servez-le avec les patates.

Gougères à l'emmental

De petits choux gratinés au fromage à servir en apéritif. Aidez-vous d'un robot de cuisine et d'une poche à douille pour les préparer.

Pour 35 choux environ :
½ l d'eau
250 g de beurre
300 g de farine

8 ou 9 œufs suivant leur taille
35 tranches d'emmental (35 × 35 mm,
3 mm d'épaisseur)

Préparation :

1.
Préchauffez le four à 200 °C. Mettez l'eau à chauffer dans une casserole avec le beurre. Lorsque le beurre est fondu, ajoutez la farine et mélangez vivement avec une cuiller en bois. Laissez chauffer jusqu'à ce que vous obteniez une pâte épaisse qui se décolle du fond de la casserole.

2.
Versez la pâte à choux dans le bol de votre robot de cuisine. Faites tourner 10 secondes environ et ajoutez les œufs un par un pendant ce temps. Laissez tourner jusqu'à ce que la pâte soit souple et lisse.

3.
Garnissez une plaque à four d'une feuille de papier sulfurisé. Versez la pâte à choux dans une poche à douille à embout simple. Pressez sur la poche pour former de petits choux de la taille d'une noix et disposez-les assez espacés sur la plaque. Posez une tranche de fromage sur chaque chou. Faites cuire au four 10 minutes environ, jusqu'à ce que les petites gougères soient joliment gonflées et dorées.

Filet de porc aux champignons

Un plat rustique et familial que vous accompagnerez de pommes de terre et de légumes verts.

Pour 4 personnes :

600 g de filet mignon
sel, poivre blanc du moulin
beurre, pour la cuisson
1 sachet de sauce béarnaise
   du commerce
Béchamel :
25 + 25 g de beurre

200 g de champignons de Paris frais
50 g de farine
20 cl de lait
1 à 2 cs de crème liquide
sel, poivre blanc du moulin

Préparation :

1.

Préchauffez le four à 125 °C. Salez et poivrez le filet mignon et faites-le revenir à la poêle. Lorsqu'il est bien doré, posez-le sur un plat à four et poursuivez la cuisson 15 minutes au four. Sortez-le du four, emballez-le dans une feuille d'aluminium et réservez le jus de cuisson pour la suite.

2.

Béchamel aux champignons : Coupez les champignons en tranches. Faites fondre 25 g de beurre dans une casserole. Lorsque le beurre est fondu, sortez la casserole du feu et ajoutez la farine. Mélangez. Remettez la casserole sur le feu, ajoutez le lait et la crème liquide et mélangez sans arrêt jusqu'à ce que le mélange épaississe. Salez et poivrez à votre goût. Faites revenir les champignons dans le beurre restant et ajoutez-les à la béchamel.

3.

Préparez la sauce béarnaise en vous reportant aux indications données sur le paquet. Réglez le thermostat du four sur 275 °C. Coupez la viande en tranches sans les détacher les unes des autres et mettez un peu de béchamel aux champignons entre chaque tranche. Terminez en versant la sauce béarnaise sur la viande. Faites gratiner 10 minutes au four. Répartissez le jus de cuisson du filet mignon autour de la viande gratinée.

Mousse chocolat-café

Une mousse au chocolat blanc parfumée au café : voilà de quoi finir en beauté un bon repas. Pensez à la préparer à l'avance pour qu'elle ait le temps de prendre.

Pour 6 personnes :

250 g de chocolat blanc
125 g de beurre doux à
   température ambiante
2 œufs

3 cc de gélatine en poudre
   (au rayon diététique)
30 cl de crème fleurette
3 cc de café soluble

Préparation :

1.

Faites fondre le chocolat au bain-marie. Mélangez-le ensuite au beurre et aux œufs légèrement battus pour obtenir une belle pâte homogène. Mettez la gélatine à tremper dans 2 cuillers à soupe d'eau. Faites-la chauffer au bain-marie et battez-la pour qu'elle se dissolve parfaitement. Laissez-la refroidir un peu puis ajoutez-la au mélange chocolaté. Mélangez bien, couvrez et laissez reposer au froid 30 minutes, ou jusqu'à ce qu'elle commence à prendre.

2.

Battez la crème en chantilly (pas trop ferme) et mélangez-la délicatement à la gélatine au chocolat. Faites dissoudre le café dans 3 cuillers à soupe d'eau bouillante. Laissez-le refroidir puis incorporez-le à la mousse.

3.

Répartissez la mousse dans des coupes. Égalisez la surface et placez les coupes au réfrigérateur. Servez la mousse lorsqu'elle est bien prise.

Salade au poulet et bacon

Servir une salade en entrée est toujours une bonne idée. Voici une recette à base de romaine, de poulet mariné et de bacon croustillant.

Pour 4 personnes :
2 filets de poulet
beurre, pour la poêle
2 à 3 cs de maïs doux en grains
½ poivron rouge
½ poivron jaune
4 oignons blancs nouveaux
½ concombre
8 tomates cerises
4 tranches de bacon
feuilles de romaine
olives

Marinade :
3 cs de vinaigre de cidre
3 cs de sauce soja
3 cs d'huile neutre
1 pincée de poivre noir du moulin
1 pincée de gingembre en poudre
Vinaigrette :
5 cs d'huile d'olive
1 cs ½ de vinaigre
½ gousse d'ail
½ cc d'origan frais

Préparation :

1.

Marinade : Mélangez le vinaigre, la sauce soja et l'huile. Assaisonnez avec le poivre et le gingembre. Laissez mariner les filets de poulet dans cette préparation pendant 1 heure puis faites-les cuire à la poêle dans du beurre.

2.

Vinaigrette : Mélangez le vinaigre et l'huile et ajoutez l'ail écrasé et l'origan.

3.

Faites blanchir les oignons blancs et rincez-les à l'eau froide. Émincez le concombre et le poivron puis coupez les tomates en deux. Disposez les feuilles de salade et les légumes sur quatre assiettes. Coupez les filets de poulet en tranches puis répartissez-les sur les assiettes de légumes. Faites ensuite revenir les tranches de bacon et garnissez-en les assiettes. Pour finir, parsemez d'olives et arrosez de vinaigrette.

Salade de fruits exotiques avec chantilly aux noisettes

Ajoutez des noisettes à votre chantilly, vous verrez que cela change tout !

Pour 4 personnes :

1 banane	**1 carambole**
8 fraises	*Chantilly aux noisettes :*
1 melon	**2 à 3 cs d'éclats de noisettes**
16 grains de raisin bleu	**10 cl de crème fleurette**
16 grains de raisin vert	*Sirop de sucre :*
1 pomme	**15 cl d'eau**
1 orange	**1 cs de sucre**
1 fruit de la passion	

Préparation :

1.

Mettez le sucre et l'eau dans une casserole. Portez à ébullition puis laissez refroidir.

2.

Épluchez, épépinez et coupez la pomme en cubes. Coupez les grains de raisin en deux et épépinez-les. Coupez la banane en tranches et les fraises en quartiers. Détaillez le melon en boules à l'aide d'une cuiller parisienne. Épluchez l'orange et partagez-la en quartiers. Mettez tous les fruits dans un saladier, versez le sirop de sucre dessus et laissez macérer 10 minutes environ.

3.

Hachez grossièrement les noisettes. Battez la crème en chantilly et ajoutez-lui les noisettes. Coupez la carambole en tranches et détaillez le fruit de la passion en quartiers. Répartissez la salade de fruits dans des coupes que vous décorez de tranches de carambole et de quartiers de fruit de la passion. Servez la crème chantilly à part.

Salade minute au thon

Une petite entrée méditerranéenne au thon et aux anchois.

Pour 4 personnes :
1 boîte de thon en conserve
4 filets d'anchois
2 cs de câpres
1 tomate
200 g de haricots verts
8 olives noires
½ poireau

2 œufs durs
4 feuilles de salade
Vinaigrette :
5 cs d'huile neutre
1 cs ½ de vinaigre de vin blanc
sel, poivre du moulin

Préparation :

1.
Vinaigrette : Mélangez le sel, le poivre et le vinaigre dans un bol. Ajoutez l'huile.

2.
Faites cuire les haricots verts et rincez-les à l'eau froide. Coupez les tomates en demi-lunes et épépinez-les. Rincez le poireau et coupez-le en tranches. Écalez les œufs et détaillez-les en quartiers.

3.
Répartissez la salade, les haricots, le poireau et les tomates sur quatre assiettes. Arrosez de vinaigrette. Ajoutez le thon et, pour finir, un filet d'anchois roulé et fourré de câpres. Décorez avec les quartiers d'œufs, les olives et l'aneth.

Brochettes de poisson et fruits de mer

Le plat idéal pour un vendredi soir entre amis. Assez rapides à préparer, les brochettes sont toujours agréables à déguster. Pensez à acheter des piques en bois !

Pour 5 personnes :

**500 g de filets de poisson
à chair ferme
2 poivrons de couleurs différentes
5 champignons de Paris frais
5 gambas
5 noix de Saint-Jacques**

**4 cs de jus de citron
2 cc d'huile neutre
sel, poivre du moulin**
Pour accompagner :
**riz blanc
légumes grillés**

Préparation :

1.

Émincez le poisson, les poivrons et les champignons et mettez-les dans un saladier avec les gambas et les moules. Composez une marinade avec le jus de citron, l'huile, le sel et le poivre et versez-la dans le saladier. Laissez mariner 30 minutes. Pendant ce temps, mettez les piques en bois à tremper. Enfilez ensuite le poisson, les gambas, les champignons et les poivrons sur les piques en bois en les alternant.

2.

Cuisson au four : Préchauffez le four à 200 °C. Faites dorer les brochettes à la poêle quelques minutes puis placez-les dans un plat et poursuivez la cuisson au four pendant 5 minutes environ. *Cuisson au barbecue :* Faites griller les brochettes sur des braises brûlantes pendant 5 à 6 minutes en les retournant plusieurs fois

3.

Servez les brochettes accompagnées de légumes grillés et de riz blanc.

Carrelet grillé au beurre brun

Pour cette recette, on utilise traditionnellement des carrelets entiers mais vous pourrez aussi la réaliser à partir de filets. Dans tous les cas, servez accompagné de pommes de terre à l'eau.

Pour 4 personnes :

4 carrelets entiers	**1 citron**
sel	**100 g de champignons de Paris frais**
60 g de farine	**2 cs de beurre**
50 g de beurre	**sel, poivre blanc du moulin**
Pour accompagner :	**3 cs de persil**
2 tomates	

Préparation :

1.

Préchauffez le four à 175 °C. Salez les poissons et roulez-les dans la farine. Faites-les dorer à la poêle à feu doux, côté peau dessus. Retournez-les et laissez dorer l'autre face. Placez-les ensuite dans un plat à four.

2.

Détaillez chaque tomate en 6 tranches. Pelez le citron à vif avec un couteau et coupez la chair en tranches. Faites revenir les champignons dans le beurre, salez et poivrez-les. Répartissez les tranches de tomates et de citron ainsi que les champignons sur les poissons.

3.

Faites cuire au four pendant 4 minutes environ. Pendant ce temps, mettez une poêle à chauffer. Faites-y brunir 50 g de beurre jusqu'à ce qu'il commence à mousser. Saupoudrez les poissons de persil haché et arrosez-les de beurre brun.

Noix de veau à la crème

Quoi de meilleur que la noix de veau ? Vous la servirez accompagnée de pommes de terre à l'eau, de légumes verts et de cornichons à la russe. S'il vous en reste, coupez-la en tranches fines et mangez-la en sandwich, c'est tout simplement délicieux !

Pour 4 personnes :

1 noix de veau d'1 kg
1 oignon jaune
1 carotte
beurre pour la poêle
sel, poivre blanc du moulin
Sauce à la crème :
30 cl de bouillon de viande

20 cl de crème liquide
2 cs de beurre
2 cs de farine
1 cs de gelée de groseille
sel, poivre blanc du moulin

Préparation :

1.

Préchauffez le four à 200 °C. Salez et poivrez la viande puis faites-la dorer sur toutes ses faces. Épluchez l'oignon et la carotte et émincez-les. Mettez les légumes dans un plat à four et disposez la viande dessus. Faites cuire au four jusqu'à ce que la température de la viande atteigne 75 °C puis enveloppez-la dans une feuille d'aluminium pour qu'elle reste chaude.

2.

Sauce : Faites fondre le beurre dans une casserole. Retirez la casserole du feu et ajoutez la farine. Mélangez bien. Remettez la casserole sur le feu, ajoutez le bouillon et la crème, et éventuellement le jus de viande que vous aurez recueilli dans l'aluminium. Laissez chauffer 15 minutes au moins. Salez, poivrez et ajoutez la gelée. Filtrez la sauce.

3.

Coupez la noix de veau en tranches et servez avec la sauce.

Parfait au basilic avec cookies et fraises fraîches

Les cookies au chocolat peuvent aussi accompagner vos desserts. Ils sont servis ici avec un parfait au basilic et un carpaccio de fraises. Un délicieux mélange de saveurs !

Pour 4 personnes :

Cookies au chocolat :
100 g de beurre
110 g de sucre roux
60 g de sucre glace, ou un peu plus
180 g de farine
2,5 g de bicarbonate de sodium
½ gousse de vanille
150 g de noix
150 g de chocolat à pâtisser
1 œuf

Parfait :
25 g de basilic frais
25 cl de yaourt brassé
6 jaunes d'œufs
50 g de miel
120 g de sucre
25 cl de crème fleurette
Carpaccio de fraises :
250 g de fraises
50 g de sucre
4 feuilles de basilic

Préparation :

1.

Parfait : Passez le yaourt et le basilic au mixeur. Dans un saladier, battez les jaunes avec le miel et le sucre jusqu'à ce que le mélange blanchisse. Ajoutez-lui alors le yaourt au basilic et la crème battue en chantilly. Répartissez dans des petits ramequins et placez au congélateur.

2.

Cookies au chocolat : Mélangez le beurre, le sucre, la farine et le bicarbonate. Recueillez la pulpe de vanille, hachez les noix et le chocolat et incorporez ces ingrédients à la pâte. Battez l'œuf et ajoutez-le aussi. Formez un rouleau avec la pâte que vous enveloppez de papier sulfurisé, puis placez au réfrigérateur. Lorsque le rouleau de pâte a durci, coupez-le en tranches d'½ cm d'épaisseur. Faites cuire les cookies 12 à 15 minutes au four, à 175 °C.

3.

Carpaccio de fraises : Nettoyez et rincez les fraises puis coupez-les en cubes. Hachez le basilic et mélangez-le aux fraises. Ajoutez le sucre, mélangez et laissez reposer au froid pour que les saveurs se révèlent.

Halva de dattes

Comme bon nombre de desserts du Maghreb, ce halva est très sucré. Vous le servirez avec le café ou comme dessert, mais accompagnez-le alors de fruits. Il est très facile à réaliser et ne nécessite aucune cuisson.

Pour 50 bouchées :

200 g de dattes sèches dénoyautées

50 g de noix

50 g d'amandes

sucre glace

Préparation :

1.

Hachez très fin les dattes, les amandes et les noix. Travaillez ce mélange à la main, dans un saladier.

2.

Saupoudrez un plan de travail ou une grande planche de sucre glace. Posez la pâte de fruits dessus et donnez-lui la forme d'un long rouleau d'environ 2 cm de diamètre. Saupoudrez de sucre glace si la pâte est trop collante.

3.

Coupez le rouleau en tranches que vous saupoudrez de sucre glace. Conservez votre halva au frais.

Tarte aux fraises des bois

Un dessert frais et léger pour conclure un bon repas entre amis. Le plus difficile sera sans doute de trouver des fraises des bois, mais des fraises ou d'autres fruits rouges pourront les remplacer.

Pour 8 personnes :
1 belle barquette de fraises des bois ou de fraises
200 g de pâte feuilletée du commerce
1 œuf

20 cl de crème fleurette + 2 sachets de sucre vanillé
Coulis d'abricot :
1 cs de confiture d'abricots
un peu d'eau

Préparation :

1.

Chemisez un moule à tarte de 25 cm de diamètre avec la pâte. Découpez une bande d'1cm de large sur les bords et réservez-la. Piquez le fond de pâte avec une fourchette.

2.

Battez l'œuf et utilisez-le pour badigeonner le pourtour de la pâte. Collez ensuite la bande de pâte que vous avez réservée sur les bords du moule. Laissez reposer au frais 30 minutes et préchauffez le four à 200 °C. Faites cuire la pâte 15 à 20 minutes au four puis laissez-la refroidir un peu.

3.

Diluez la confiture d'abricots dans un peu d'eau pour lui donner la consistance d'un coulis. Battez la crème en chantilly et ajoutez peu à peu le sucre vanillé sans cesser de battre. Versez la crème sur le fond de pâte, posez les fraises dessus et pour finir, étalez le coulis d'abricot au pinceau.

Roulés de jambon à l'avocat et aux asperges

Une entrée facile à réaliser pour bien commencer un repas de fête. Attention, elle exige d'être préparée à la dernière minute. Coupé trop à l'avance, l'avocat noircirait...

Pour 4 personnes :

1 avocat	1 cc de sauce tabasco
16 asperges vertes	quelques gouttes de citron pressé
1 tomate	*Pour accompagner :*
1 oignon jaune	vinaigrette
8 tranches de jambon cuit	lanières de poivron
sel, poivre blanc du moulin	salade iceberg

Préparation :

1.

Ouvrez l'avocat, dénoyautez-le et réduisez sa chair en purée. Pressez quelques gouttes de citron dessus et mélangez. Coupez la tomate en dés, épluchez et hachez l'oignon. Ajoutez la tomate, l'oignon et le tabasco à la purée d'avocat. Salez, poivrez. Épluchez les asperges et faites-les cuire 5 à 8 minutes, suivant leur gabarit. Rincez-les ensuite à l'eau froide.

2.

Répartissez la purée sur les tranches de jambon, posez les asperges dessus et roulez les tranches.

3.

Coupez la salade en lanières que vous disposez sur quatre assiettes. Posez les roulés dessus et décorez avec le poivron. Arrosez d'un peu de vinaigrette.

Bouillon en croûte

À l'origine, on couvrait le bouillon de pâte pour qu'il reste bien chaud. C'était nécessaire les soirs d'hivers… Servez ce plat dans des bols allant au feu et dégustez-le en entrée ou comme dîner léger.

Pour 4 personnes :

0,8 l de bouillon de bœuf clair	**sel, poivre blanc**
50 g de céleri-rave	**1 cs de xérès sec**
50 g de navets	**1 pâte feuilletée**
50 g de carottes	**1 œuf**
1 blanc de poireau	

Préparation :

1.

Coupez les légumes en julienne. Faites-les blanchir et rincez-les à l'eau bien froide pour qu'ils gardent leur couleur. Préchauffez le four à 200 °C.

2.

Faites chauffer le bouillon. Salez, poivrez et ajoutez le xérès. 5 minutes avant de passer le bouillon au four, ajoutez les légumes et versez dans quatre bols allant au four.

3.

Déroulez la pâte. Découpez quatre ronds au diamètre des bols + 2 cm. Posez-les sur les bols et repliez les bords sur les côtés. Battez l'œuf. Badigeonnez d'abord le côté intérieur des bords de pâte pour qu'ils collent bien aux bols et que le couvercle de pâte soit hermétique. Dorez ensuite le dessus des couvercles au pinceau. Faites cuire au four jusqu'à ce que la pâte gonfle et qu'elle soit joliment dorée. Servez immédiatement.

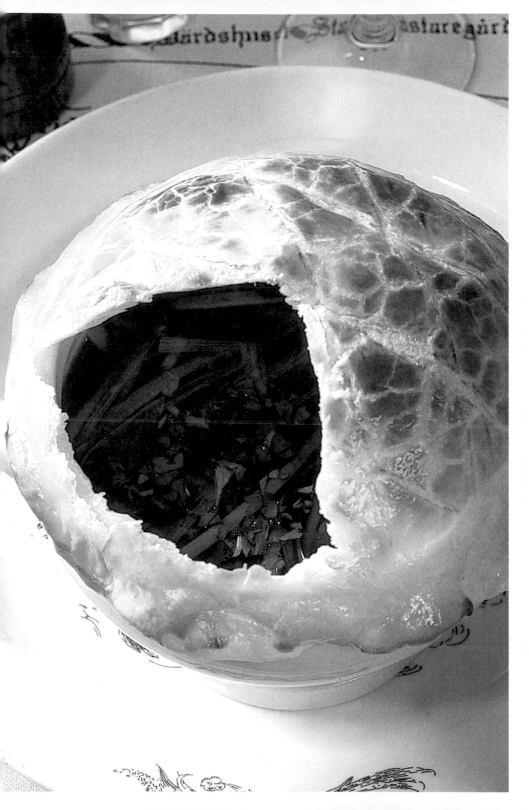

Carpaccio de saumon

Un bon carpaccio est fait de grandes tranches de viande ou de poisson coupées extrêmement fines. Vous étonnerez vos invités en alternant les tranches de saumon frais et de saumon fumé.

Pour 4 personnes :

400 g de saumon très frais (en tranches minces)
2 citrons
200 g de champignons de Paris frais
5 cs de moutarde douce, type savora

4 cs de miel liquide
1 jaune d'œuf
1 cs d'eau
3 cs d'huile
poivre noir concassé

Préparation :

1.

Sauce à la moutarde : Mélangez la savora, le miel, le jaune d'œuf et l'eau puis battez bien pour obtenir une pâte onctueuse et homogène. Ajoutez l'huile peu à peu, sans cesser de battre, comme pour une mayonnaise. La sauce doit épaissir et avoir une belle consistance. Si vous l'aimez plus liquide, ajoutez un peu d'eau. Réfrigérez-la jusqu'au dernier moment.

2.

Si vous coupez vous-même le saumon en tranches, utilisez un couteau bien aiguisé. Disposez 2 tranches de saumon sur chaque assiette. Nettoyez les champignons, coupez-les en tranches fines et répartissez-les sur les assiettes.

3.

Arrosez chaque assiette de quelques gouttes de sauce à la moutarde et poivrez. Décorez chaque assiette d'une moitié de citron.

Parfait à la liqueur sauce chocolat

Qui ne fondrait devant un parfait ? Réservé aux adultes car il est alcoolisé, celui-ci est un vrai régal.

Pour 6 personnes :

1 gousse de vanille	**90 g de sucre**
4 jaunes d'œuf	**6 cs d'eau**
60 g de sucre glace	*Pour décorer :*
40 cl de crème fleurette	**2 abricots**
3 cs de liqueur	**2 cs de liqueur**
Sauce chocolat :	**groseilles**
6 cs de cacao	

Préparation :

1.

Fendez la gousse de vanille en deux et recueillez la pulpe dans une casserole inoxydable. Ajoutez les œufs et le sucre. Posez dans un bain-marie et battez jusqu'à ce que le mélange blanchisse et devienne épais. Ajoutez la liqueur de votre choix et laissez refroidir.

2.

Battez la crème en chantilly bien ferme. Ajoutez-la délicatement aux œufs. Versez le mélange dans un moule rincé à l'eau et placez-le au congélateur 4 heures au moins ou toute la nuit

3.

Dans une casserole, mélangez les ingrédients de la sauce chocolat. Chauffez et laissez frémir jusqu'à ce que le mélange ait la consistance d'une sauce. Ébouillantez les abricots et pelez-les, puis coupez-les en quartiers. Faites-les mariner dans la liqueur.

4.

Démoulez le parfait sur un plat de service. Servez-le accompagné de sauce chocolat et décorez-le avec les abricots et des groseilles.

Tartelettes de fruits frais au caramel

Ce dessert conviendra parfaitement à un repas de fête. Il pourra être réalisé avec n'importe quels fruits de saison. Le quadrillage de caramel n'est pas obligatoire, mais il est plus facile à réaliser qu'il n'en a l'air et ajoute une touche d'originalité.

Pour 4 personnes :

2 blancs d'œufs	1 orange
100 g de beurre	1 pomme
140 g de sucre	1 poire
90 g de farine	16 fraises
180 g de sucre	framboises
15 cl d'eau	mûres
Décor aux fruits :	5 cs de crème pâtissière
1 quartier de melon	

Préparation :

1.

Tartelettes : Préchauffez le four à 225 °C. Battez le beurre et le sucre jusqu'à ce que vous obteniez un mélange blanc et mousseux. Montez les blancs en neige bien ferme et incorporez-les délicatement au mélange précédent. Ajoutez la farine et mélangez bien. La pâte doit être souple et homogène. Dessinez des ronds de 12 cm de diamètre sur une feuille de papier sulfurisé et couvrez-les d'une couche assez mince de pâte. Faites cuire 4 à 5 minutes au milieu du four, jusqu'à ce que les bords brunissent. Posez immédiatement les ronds de pâte chauds sur des tasses ou des bols renversés et donnez-leur une forme de corbeille. La pâte sèche vite et prend la forme que vous lui donnez.

2.

Quadrillage de caramel : Faites fondre le sucre dans de l'eau sur feu doux. Laissez frémir jusqu'à ce que le sucre brunisse et épaississe. Huilez le côté extérieur d'une louche en métal et versez des filets de caramel bouillant dessus pour former un quadrillage. Laissez refroidir et décollez. Si le caramel de la casserole refroidit, réchauffez-le.

3.

Composez une salade avec les fruits que vous avez. Mettez une cuiller de crème pâtissière au fond de chaque tartelette, répartissez la salade de fruits dessus et décorez avec un quadrillage de caramel. Servez sans attendre car la croûte ramollit vite !

Avocat aux gambas

Il existe mille et une façons d'accommoder l'avocat. Servi avec des gambas et des œufs de poisson, vous en ferez une entrée raffinée. Si vous aimez quelque chose de plus simple, agrémentez-le simplement d'oignon rouge haché et de ciboulette.

Pour 6 personnes :

6 avocats	**beurre, pour la poêle**
12 gambas	**1 jaune d'œuf**
100 g d'œufs de poisson	**2 cs de vinaigre de vin rouge**
2 oignons rouges	**10 cl d'huile d'olive**
salade (feuille de chêne rouge	**1 cc de moutarde**
ou frisée)	**1 petite cc d'estragon séché**
1 citron	**sel, poivre blanc du moulin**

Préparation :

1.

Vinaigrette : Émulsionnez le jaune d'œuf, le vinaigre, la moutarde et l'estragon. Ajoutez l'huile, d'abord goutte à goutte puis en un mince filet, comme pour une mayonnaise. Assaisonnez avec ½ cc de sel et du poivre fraîchement moulu. Épluchez et hachez les oignons. Coupez les avocats en deux, enlevez les noyaux et épluchez précautionneusement les moitiés.

2.

Lavez et essorez la salade puis disposez quelques feuilles sur chaque assiette. Posez les moitiés d'avocat dessus, côté bombé vers le haut. Coupez-les en tranches fines que vous espacez en éventail.

3.

Dégagez les queues des gambas sans les détacher totalement des têtes. Mettez du beurre à fondre dans la poêle et lorsqu'il est légèrement brun faites revenir les gambas 4 à 5 minutes sur feu moyen. Répartissez les gambas et les œufs de poisson sur les assiettes. Versez quelques cuillers de vinaigrette dessus et saupoudrez d'oignon haché et de ciboulette. Pour finir, décorez chaque assiette d'un quartier de citron.

Gâteaux algériens
aux amandes

Ces biscuits sucrés accompagneront vos salades de fruits ou agrémenteront votre café. Conservez-les à l'abri de la chaleur et de l'humidité.

Pour 30 biscuits environ :
200 g d'amandes en poudre
180 g de sucre
1 cc de zeste de citron
1 œuf

5 cs d'eau
90 g de sucre
60 g de sucre glace

Préparation :

1.

Préchauffez le four à 175 °C. Dans un saladier, mélangez les amandes, le sucre et le zeste de citron. Ajoutez l'œuf et travaillez jusqu'à ce que vous obteniez une pâte homogène et souple.

2.

Farinez votre plan de travail, posez la pâte dessus et donnez-lui une forme de gros rouleau que vous coupez en tranches d'1cm d'épaisseur. Disposez ces tranches sur une plaque à four recouverte de papier sulfurisé et faites-les cuire 15 minutes environ, au milieu du four. Les biscuits sont cuits lorsqu'ils commencent à dorer.

3.

Préparez un sirop de sucre : Faites bouillir ensemble l'eau et le sucre puis laissez refroidir. Trempez les biscuits rapidement dedans et mettez-les à égoutter sur un papier absorbant. Laissez-les sécher puis saupoudrez-les de sucre glace.

Sauté de fruits de mer et légumes au lait de coco

Une recette qui nous vient du Mozambique, où le lait de coco est un ingrédient de base. Ce plat de poisson à la fois relevé et crémeux peut être réalisé avec des filets surgelés. Servez avec du riz blanc.

Pour 4 personnes :

500 g de filets de cabillaud	**1 cc ½ de sel**
4 à 6 gambas	**1 cc de coriandre en poudre**
1 oignon jaune	**½ cc de curcuma**
2 poivrons verts	**1 cc de piment rouge d'Espagne haché**
3 cs d'huile d'olive	**10 cl de lait de coco en conserve**
2 tomates, pelées et hachées	

Préparation :

1.

Préchauffez le four à 225 °C. Coupez le poisson en cubes de 3 cm et partagez les gambas en deux. Épluchez et hachez l'oignon. Épépinez et hachez les poivrons et le piment. Épluchez les tomates et hachez-les.

2.

Mettez l'huile à chauffer à feu moyen dans une poêle. Faites revenir l'oignon et le poivron pendant 5 minutes. Ajoutez ensuite les tomates, la moitié du sel, la coriandre, le curcuma, le piment et le lait de coco et laissez frémir.

3.

Salez le poisson et les gambas et disposez-les dans un plat à four. Versez la sauce dessus et faites cuire 15 à 20 minutes dans le bas du four.

Timbales d'endives et d'avocats

Dans cette recette, la douceur des avocats atténue l'amertume des endives. Si vous voulez en faire un plat de fête, décorez chaque timbale d'une belle cuiller d'œufs de poisson.

Pour 4 personnes :

2 à 3 endives
2 avocats + 1 pour décorer
1 feuille de gélatine
ciboulette
jus d'½ citron
2 gouttes de tabasco

sel, poivre blanc du moulin
huile d'olive
1 cc de jus de citron
1 cs d'eau
Ustensiles :
4 ramequins allant au four

Préparation :

1.

Nettoyez les endives et rincez-les. Faites-les cuire dans de l'eau salée 10 minutes environ, jusqu'à ce qu'elles soient tout à fait tendres. Égouttez-les bien et essuyez-les dans un torchon. Coupez-les en deux dans la longueur et disposez joliment une moitié au fond de chaque ramequin.

2.

Coupez les avocats, enlevez les noyaux et retirez la chair à l'aide d'une cuiller. Écrasez-la grossièrement à la fourchette, ajoutez le jus de citron, le tabasco et la ciboulette ciselée. Salez et poivrez à votre goût. Mettez la gélatine à tremper dans de l'eau froide. Essorez-la et faites-la fondre à feu doux dans 1 cuiller à soupe d'eau. Incorporez une cuiller à soupe de purée d'avocats à la gélatine chaude et versez sur le reste de purée. Mélangez bien.

3.

Répartissez la purée d'avocats dans les ramequins. Couvrez de film alimentaire et réfrigérez. Pendant ce temps, coupez le dernier avocat en tranches et battez l'huile d'olive avec le jus de citron et l'eau. Démoulez alors les timbales sur les assiettes. Décorez-les de tranches d'avocat et arrosez d'un peu d'huile d'olive au citron.

Glace indienne à la pistache

Pour ce dessert appelé « kulfi » en hindi, on utilise normalement du lait concentré sucré mais vous pouvez aussi utiliser du lait frais que vous faites réduire. Servez la glace nature ou accompagnée de morceaux de mangue ou de quartiers d'orange.

Pour 4 personnes :

**0,6 l de lait demi-écrémé ou
225 g de lait concentré sucré
45 cl de crème fleurette
90 g de sucre**

**1 cc de sucre vanillé ou 4 gouttes
d'extrait de vanille liquide
50 g d'éclats de pistaches
50 g d'éclats d'amandes**

Préparation :

1.

Chauffez le lait en le remuant. Si vous utilisez du lait frais, faites-le réduire de moitié. Ajoutez la crème et la vanille/le sucre vanillé et, s'il s'agit de lait non sucré, le sucre. Laissez frémir à couvert jusqu'à ce que le mélange épaississe.

2.

Incorporez les amandes et les pistaches et versez dans un moule ou dans quatre ramequins. Laissez refroidir et placez au congélateur 24 heures au moins avant de déguster.

Gâteau aux noisettes

Un gâteau pour faire le plein d'énergie au goûter. Vous pouvez lui ajouter des raisins imbibés de porto.

Pour 4 personnes :

175 g de beurre
180 g de sucre glace
3 œufs
300 g de farine

200 g de raisins secs (facultatif)
100 g de noisettes
beurre et farine pour le moule
porto (facultatif)

Préparation :

1.

Si vous utilisez des raisins secs, couvrez-les de porto et laissez-les macérer une nuit. Sortez le beurre à l'avance pour qu'il ramollisse et préchauffez le four à 175 °C.

2.

Beurrez et farinez un moule. Hachez grossièrement les noisettes, au mortier ou au mixeur. Travaillez le beurre et le sucre jusqu'à ce que vous obteniez un mélange blanc et mousseux (aidez-vous éventuellement d'un batteur électrique). Ajoutez les œufs un par un, en ayant soin d'incorporer chacun totalement avant de casser le suivant. Terminez en ajoutant la farine, les raisins secs et les noisettes.

3.

Versez la pâte dans le moule et faites cuire 45 minutes au four. Baissez la température du four à 150 °C à mi-cuisson. Après ¾ d'heure, vérifiez la cuisson avec la pointe d'un couteau. Si elle ressort collante, poursuivez la cuisson. Si elle est sèche, le gâteau est cuit.

Coquilles Saint-Jacques aux légumes

Si vous le pouvez, servez les Saint-Jacques dans leurs coquilles. Sinon, utilisez de petits ramequins.

Pour 4 personnes :

400 g de Saint-Jacques nettoyées	**50 g de céleri-rave**
huile d'olive	**1 échalote**
sel, poivre noir	**2 à 3 cs de feuilles de basilic frais**
1 petit blanc de poireau	**1 gousse d'ail**
1 petite carotte	**4 cs de beurre**

Préparation :

1.

Nettoyez et coupez le blanc de poireau en rondelles. Épluchez la carotte, le céleri et l'échalote et coupez-les en julienne.

2.

Hachez les feuilles de basilic et l'ail et faites-les revenir dans du beurre. Ajoutez les légumes et l'échalote et poursuivez la cuisson quelques minutes à feu doux.

3.

Badigeonnez les noix de Saint-Jacques d'huile d'olive, salez et poivrez-les. Faites-les cuire à la poêle ou au grill 1 à 2 minute(s) de chaque côté. Disposez-les dans les coquilles ou dans les ramequins et couvrez de légumes. Servez sans attendre.

Salade de chèvre chaud aux fruits secs

Une variante originale de l'éternel chèvre chaud. Vous verrez que le goût sucré des fruits secs se marie bien avec celui du fromage.

Pour 4 personnes :

8 rondelles de fromage de chèvre	1 poivron jaune
8 tranches de baguette	huile d'olive
5 cs de noix de cajou	vinaigre balsamique
5 cs d'abricots secs moelleux	sel
8 feuilles de salade	poivre
2 tomates	beurre pour la poêle

Préparation :

1.

Faites revenir à la poêle les tranches de pain dans du beurre, ou faites-les griller si vous souhaitez qu'elles soient moins grasses. Posez une rondelle de fromage sur chaque morceau de pain. Répartissez les feuilles de salade sur quatre assiettes. Coupez le poivron en lanières et les tomates en quartiers puis disposez-les sur la salade. Répartissez les fruits secs autour.

2.

Agrémentez la salade de quelques gouttes d'huile et de vinaigre, poivrez et salez de quelques grains de gros sel.

3.

Passez les tranches de pain au chèvre sous le grill à la température maximum. Le fromage est cuit dès qu'il commence à faire des bulles. Posez-le alors sur la salade et servez immédiatement.

Bananes Céleste

Un dessert martiniquais qui terminera agréablement votre repas. Utilisez un mixeur pour préparer la crème au rhum et servez chaud.

Pour 4 personnes :

6 bananes fermes mais mûres	**3 cs de sucre roux**
3 cs de beurre	**3 cs de crème fleurette**
225 g de fromage frais (type	**2 cs de rhum brun**
kiri ou Saint-Moret)	**2 pincées de cannelle**

Préparation :

1.

Préchauffez le four à 175 °C. Mettez le fromage frais, le sucre roux, la crème, le rhum et la cannelle dans le bol de votre mixeur ou de votre robot de cuisine. Faites tourner jusqu'à ce que vous obteniez une belle crème homogène. Épluchez les bananes et coupez-les en deux dans la longueur.

2.

Beurrez un plat à four. Mettez le beurrc à chauffer dans une poêle sur feu moyen. Faites revenir quelques bananes à la fois, jusqu'à ce qu'elles soient tout à fait dorées. Posez-les dans le plat et couvrez-les de crème.

3.

Faites cuire 15 à 20 minutes au four jusqu'à ce que des bulles apparaissent et que le plat soit bien doré.

Pommes caramel au calvados

Pour ce dessert, choisissez des pommes fermes et acides. Elles contrasteront avec le caramel très sucré et l'alcool intensifiera leur parfum. Avec la sauce, c'est un délice !

Pour 4 personnes :

4 pommes fermes et acides
   (canada ou boscoop)
beurre pour le plat
90 g de sucre

2 cs de beurre doux
8 cl de calvados
Pour accompagner :
½ litre de glace vanille

Préparation :

1.

Allumez le grill à la température maximum. Beurrez un plat à four. Épluchez les pommes, ôtez le cœur et coupez-les en quartiers.

2.

Disposez les quartiers de pommes dans le plat et saupoudrez-les de sucre. Passez sous le grill 2 à 3 minutes en posant le plat à la hauteur maximale. Le sucre va caraméliser et les pommes doivent être dorées, mais non noires.

3.

Sortez le plat du four. Versez délicatement le jus des pommes chaudes dans une petite casserole. Ajoutez-lui le calvados et le beurre. Chauffez à feu très doux et remuez. La sauce ne doit surtout pas bouillir. Servez sans attendre les pommes accompagnées de leur délicieuse sauce et d'une glace vanille.

Foie de veau braisé au vin blanc

C'est la sauce au vin blanc et aux oignons qui fait l'originalité de cette recette. Le foie de veau est un vrai régal. Si vous n'en avez pas, remplacez-le par du foie de bœuf. Servez avec des pommes de terre à l'eau ou simplement écrasées à la fourchette.

Pour 4 personnes :

600 g de foie de veau en tranches	farine, pour paner
10 cl de vin blanc sec	sel
25 g de câpres	poivre blanc moulu
1 oignon jaune	beurre ou margarine pour la poêle
8 tranches de bacon	

Préparation :

1.

Faites griller les tranches de bacon dans une poêle à feu moyen. Lorsqu'elles sont bien croustillantes, égouttez-les sur une feuille de papier absorbant. Conservez la graisse du bacon dans la poêle. Hachez l'oignon. Salez et poivrez les tranches de foie puis passez-les dans de la farine légèrement assaisonnée de sel et de poivre blanc.

2.

Faites griller les tranches de foie à feu doux dans la graisse du bacon additionnée d'un peu de beurre, pas plus de 30 secondes par côté. Ajoutez ensuite l'oignon, les câpres et le vin. Portez à ébullition et laissez cuire 1 minute maximum.

3.

Sortez le foie de la poêle et faites réduire la sauce jusqu'à ce qu'il n'en reste plus que 2 ou 3 cuillers à soupe. Mettez les tranches de foie dans un plat de service chaud, déposez le bacon dessus et arrosez de sauce au vin.

Kaiserschmarren

L'empereur François-Joseph appréciait tant les crêpes qu'en Autriche un dessert porte aujourd'hui encore le titre impérial. Les « Kaiserschmarren » ou « Délices de l'empereur » sont des crêpes très sucrées que l'on sert habituellement avec de la confiture ou de la compote.

Pour 6 personnes :

2 cs de raisins secs épépinés	**1 pincée de sucre vanillé**
4 cs de rhum brun	**150 g de farine**
4 jaunes d'œufs	**5 blancs d'œufs**
3 cs de sucre	**4 cs de beurre fondu**
1 pincée de sel	**sucre glace**
½ l de lait	

Préparation :

1.

Pâte à crêpes : Laissez macérer les raisins dans le rhum pendant 30 minutes environ. Battez les jaunes d'œufs, le sucre et le sel jusqu'à ce que le mélange blanchisse. Ajoutez le lait, le sucre vanillé et la farine. Battez jusqu'à ce que la pâte soit bien lisse puis incorporez les raisins au rhum. Montez alors les blancs en neige ferme. Ajoutez-les délicatement à la pâte, en deux fois. Cessez de battre dès que le mélange est homogène.

2.

Mettez 1 cuiller à soupe de beurre à chauffer dans une poêle à feu doux. Versez la moitié de la pâte dans la poêle et faites dorer 4 minutes environ. Aidez-vous d'un plat pour retourner la crêpe, ajoutez 1 cuiller à soupe de beurre dans la poêle et dorez le deuxième côté de la crêpe, 4 minutes également. Coupez la crêpe en morceaux que vous disposez sur un plat de service.

3.

Recommencez l'opération avec le reste de la pâte. Lorsqu'elle est cuite, coupez la crêpe en morceaux, ajoutez les morceaux de la première crêpe et faites réchauffer le tout à la poêle. Transvasez dans le plat de service chaud et saupoudrez de sucre glace avant de servir.

Gâteau à la carotte avec glaçage vanille

Une recette américaine, aux carottes râpées, qui plaira aux gourmands au dessert comme au goûter.

Pour 8 à 10 personnes :
Pâte :
4 œufs
350 g de carottes râpées
env. ¼ l d'huile neutre
250 g de farine
400 g de sucre
1 cc de levure chimique
1 cc de bicarbonate de sodium
1 cc de sel

1 cc de cannelle
Glaçage :
100 g de fromage frais (type kiri ou Saint-Moret)
45 g de beurre mou
120 g de sucre glace
1 cc de sucre vanillé
Pour accompagner :
fruits (rouges) frais

Préparation :

1.

Beurrez et farinez un moule à manqué. Préchauffez le four à 175 °C.

2.

Dans un saladier, battez ensemble les œufs, l'huile et les carottes jusqu'à ce que vous obteniez un mélange mousseux. Prenez un autre saladier et mélangez-y la farine, le sucre, la levure, le bicarbonate, le sel et la cannelle. Ajoutez-les dans le saladier de carottes. Mélangez puis versez cette pâte dans le moule. Faites cuire 50 minutes au four. Démoulez et laissez refroidir.

3.

Glaçage : Battez en crème le fromage frais, le beurre et le sucre glace. Étalez sur le gâteau.

Fondant aux deux chocolats

Une pure merveille… Ce gâteau demande un peu d'adresse mais pourra être préparé à l'avance car il se conserve plusieurs jours. Idéal pour un buffet.

Pour 8 à 10 personnes :
125 g de beurre
½ cc de sel
80 g d'amandes en poudre
75 g de sucre
1 œuf
60 g de farine
200 g de farine tamisée

Ganaches :
225 g de chocolat noir
350 g de chocolat au lait
½ l de crème fleurette
3 cs de miel
250 g de beurre froid

Préparation :

1.

Mélangez le beurre, le sel, les amandes, le sucre et la farine. Travaillez bien puis ajoutez la farine tamisée. Laissez reposer 1 heure au frais. Chemisez un moule à manqué avec cette pâte, piquez le fond à la fourchette et laissez toute la nuit au réfrigérateur. Le lendemain, faites cuire au four à 200 °C, jusqu'à ce que la pâte soit dorée. Laissez refroidir complètement.

2.

Mettez la crème et le miel à chauffer dans une casserole. Laissez refroidir un peu puis mélangez la moitié de cette crème avec le chocolat noir et l'autre avec le chocolat au lait. Mélangez lentement pour que le chocolat fonde bien.

3.

Coupez le beurre en cubes. Mélangez-en 100 g à la crème au chocolat noir et 150 g à la crème au chocolat au lait. Versez la ganache au chocolat au lait sur le fond de pâte sablée. Réfrigérez jusqu'à ce que la ganache fige. Versez alors la ganache au chocolat noir dessus et réfrigérez à nouveau.

Biscuits italiens aux amandes

En Toscane, on sert ces petits croquets aux amandes comme dessert. Trempés dans un verre de vin blanc liquoreux, ils constituent un moment magique. Pour les préparer, aidez-vous d'un batteur électrique.

Pour 20 croquets :

100 g de beurre	1 cc de sucre vanillé
180 g de sucre	1 cc de levure chimique
3 œufs	1 pincée de sel
450 g de farine	100 g d'éclats d'amandes

Préparation :

1.

Préchauffez lc four à 175 °C. Battez le sucre et le beurre en crème à l'aide du batteur électrique (utilisez pour cela les fouets à pétrir). Ajoutez les œufs un par un et battez de nouveau. Dans un autre saladier, mélangez la farine, le sucre vanillé, la levure et le sel. Versez progressivement sur le mélange aux œufs. Travaillez au batteur électrique puis incorporez les amandes.

2.

Formez une boule de pâte que vous partagez en deux. Posez-les boules sur un plan de travail fariné et donnez-leur la forme de rouleaux d'environ 25 cm. Posez-les sur une plaque à four recouverte de papier sulfurisé et aplatissez chaque rouleau avec le côté de votre main. Vous devez obtenir 2 rectangles d'environ 10 cm de largeur et d'1,5 cm d'épaisseur. Faites-les cuire 12 à 15 minutes au four.

3.

Sortez les rectangles de pâte du four, laissez-les refroidir un peu et coupez-les en tranches obliques d'1 cm d'épaisseur. Posez les tranches sur la grille du four, côté coupé sur le dessus, et remettez-les 12 minutes au four. Laissez refroidir.

Steaks hachés mexicains et semoule parfumée

Une recette très parfumée qui égayera votre quotidien. Servez avec une sauce tomate.

Pour 4 personnes :
Steaks hachés :
400 g de bœuf haché
2 cs de chapelure
3 cs de lait
½ oignon jaune
2 cc d'épices tex-mex
sel, poivre blanc du moulin

beurre pour la poêle
Semoule :
½ l de bouillon de légumes
350 g de graines de couscous
2 cs de beurre
1 cc de curcuma

Préparation :

1.

Steaks hachés : Faites tremper la chapelure dans le lait pendant au moins 10 minutes. Épluchez et râpez l'oignon. Salez, poivrez la viande et malaxez-la avec l'oignon et la chapelure. Ajoutez-lui aussi les épices tex-mex. Divisez-la ensuite en 8 petits steaks hachés et poêlez-les dans du beurre.

2.

Semoule : Faites chauffer le bouillon de légumes additionné de curcuma. Arrosez-en les graines de couscous et couvrez 5 minutes, le temps qu'elles gonflent. Ôtez le couvercle, ajoutez le beurre au couscous et égrainez-le à l'aide d'une fourchette.

3.

Servez les steaks hachés accompagnés du couscous parfumé, de légumes verts et, si vous le souhaitez, de sauce tomate.

Linzertorte

Comme son nom l'indique, la Linzertorte est originaire de la ville de Linz, en Autriche. Son parfum de framboises et d'épices ainsi que sa décoration particulière en font un dessert original, toujours apprécié des gourmands. Vous la servirez comme il se doit, à température ambiante et accompagnée de crème chantilly. Si vous le pouvez, attendez deux jours avant de la déguster, elle n'en sera que meilleure.

Pour 10 parts :

200 g de beurre à température ambiante
180 g de sucre
2 jaunes d'œufs
250 g de farine
120 g d'amandes en poudre
2 cs de cacao
½ cs de cannelle

½ cc de clous de girofle en poudre
1 pincée de sel
1 cc de levure chimique
7 à 8 cs de confiture de framboises
1 blanc d'œuf
Pour accompagner :
crème chantilly

Préparation :

1.

Préchauffez le four à 175 °C. Mélangez le beurre et le sucre puis incorporez les jaunes d'œufs. Dans un autre saladier, mélangez la farine, les amandes, le cacao, la cannelle, les épices, le sel et la levure. Ajoutez-les au mélange précédent.

2.

Beurrez un moule à fond amovible. Couvrez le fond avec les trois-quarts de la pâte et conservez le reste. Étalez la confiture sur le fond de pâte. Utilisez la pâte restant pour habiller les bords du moule et pour faire des croisillons sur la confiture. Dorez au blanc d'œuf.

3.

Mettez la tarte au four, baissez la température à 150 °C et faites cuire 45 à 50 minutes. Conservez au frais et servez avec de la crème chantilly.

Tarte aux pruneaux

Une tarte aux multiples parfums tout à fait étonnante. Vous l'accompagnerez d'un bol de crème fraîche.

Pour 4 personnes :

Pâte :
250 g de farine
125 g de beurre
90 g de sucre
1 œuf
1 pincée de sel
Crème aux pruneaux :
250 g de pruneaux dénoyautés

2 oranges
2 œufs
15 cl de crème fraîche
90 g de sucre
75 g d'amandes en poudre
Pour décorer :
2 oreillons de pêches au sirop
7 à 8 cs de gelée de coings

Préparation :

1.

Pâte à tarte : Mélangez la farine, le beurre, le sucre, l'œuf et le sel. Travaillez pour en faire une pâte que vous laissez ensuite reposer 1 heure, au moins, au frais. Pendant ce temps, pressez les oranges et utilisez le jus pour y faire cuire les pruneaux, jusqu'à ce qu'ils soient très tendres. Réservez. Battez la crème avec le sucre et les amandes et ajoutez 2 cuillers à soupe de jus de cuisson des pruneaux.

2.

Préchauffez le four à 200 °C. Chemisez avec la pâte un moule à tarte à fond amovible d'environ 30 cm de diamètre. Piquez le fond et faites cuire à blanc une quinzaine de minutes environ, jusqu'à ce que la pâte commence à dorer. Sortez du four et répartissez les pruneaux sur la pâte. Versez dessus la crème aux amandes et poursuivez la cuisson, 15 minutes environ. Sortez la tarte du four lorsqu'elle a pris une belle couleur. Laissez refroidir complètement.

3.

Coupez les oreillons de pêches en quartiers et décorez-en la tarte. Faites fondre la gelée dans une casserole et versez-la sur la tarte. Laissez prendre au réfrigérateur.

Brochettes de gambas et riz safrané

Pour ce plat, organisez-vous bien car les gambas doivent mariner pendant 2 heures. Pendant ce temps, préparez les brochettes, le riz et la sauce et faites cuire les brochettes au dernier moment.

Pour 4 personnes :

16 gambas
1 citron pressé
3 cs d'huile
1 cc de sel
½ cc de poivre noir du moulin
4 portions de riz
0,5 g de safran

30 cl de bouillon de poisson
1 verre de vin blanc
20 cl de crème fleurette
tranches de citron
1 poivron vert
longues piques en bois trempées
dans l'eau pendant 10 minutes

Préparation :

1.

Épluchez les gambas. Mélangez le jus de citron, l'huile, le sel et le poivre dans un saladier et laissez mariner les gambas dedans pendant quelques heures. Enfilez-les sur les piques en bois en glissant un quartier de citron entre chacune.

2.

Faites cuire 4 portions de riz dans de l'eau safranée en vous reportant aux indications données sur le paquet. Coupez le poivron en dés et ajoutez-le au riz.

3.

Mettez le bouillon à chauffer avec le vin et faites réduire de moitié. Ajoutez la crème et laissez frémir jusqu'à ce que vous obteniez une sauce d'une belle consistance. Assaisonnez avec du jus de citron, du sel et du poivre fraîchement moulu. Chauffez une poêle ou allumez le grill (ou le barbecue) et faites griller les brochettes environ 3 minutes sur chaque face, suivant leur taille.

Tartelettes aux amandes

De délicieuses petites tartes à la pâte d'amandes qui sont plus faciles à réaliser qu'elles n'en ont l'air.

Pour 6 personnes :
Pâte :
150 g de farine
120 g de beurre
1 jaune d'œuf
70 g de sucre
Pâte d'amandes :
200 g d'amandes en poudre

2 œufs
180 g de sucre
Pour décorer :
fruits (rouges) frais
sucre glace

Préparation :

1.

Préchauffez le four à 200 °C. Coupez le beurre en morceaux et travaillez-le avec la farine, le jaune d'œuf et le sucre jusqu'à ce que vous obteniez une pâte homogène. Étalez la pâte, découpez-la en 6 ronds de 7 cm de diamètre et chemisez-en des moules à tartelettes. Placez-les 10 minutes au réfrigérateur.

2.

Pâte d'amandes : Mélangez les amandes avec les œufs et le sucre. Répartissez-la dans les moules et faites cuire les tartelettes 15 à 20 minutes au four.

3.

Laissez refroidir les tartelettes puis décorez-les de fruits et saupoudrez-les de sucre glace tamisé avant de servir.

Mousse de fruits

Après un bon repas, un dessert léger est toujours le bienvenu. Même les coulis du commerce permettent de réaliser d'excellentes mousses.

Pour 4 personnes :

3 cs de coulis de fruits exotiques (ou autre)	**1 blanc d'œuf**
2 cs de sucre + ½	**2 cs de crème fleurette**
1 cs d'eau	*Pour décorer :*
1 feuille de gélatine	**fruits (rouges) frais, feuilles de menthe**

Préparation :

1.

Mettez la gélatine à tremper dans de l'eau froide. Préparez un sirop de sucre en chauffant une cuiller à soupe d'eau avec 2 cuillers de sucre. Laissez refroidir.

2.

Montez le blanc en neige ferme et ajoutez-lui le sucre restant tout en battant. Continuez de battre et incorporez doucement le sirop de sucre. Faites fondre la feuille de gélatine et ajoutez-la, ainsi que le coulis, au blanc battu. Terminez en incorporant la crème que vous aurez fouettée.

3.

Répartissez la mousse dans des ramequins et placez-les au réfrigérateur jusqu'au moment de servir. Décorez de fruits et de feuilles de menthe.

Gratin de poisson à la tomate et pommes duchesse

Une valeur sûre, facile à réaliser.

Pour 4 personnes :
600 g de filets de poisson
2 cs d'oignon jaune haché
3 cs de fromage râpé
1 tomate
Sauce :
40 cl de bouillon de poisson
2 à 3 cs de vin blanc
2 cs de beurre
2 cs de farine
10 cl de crème liquide

2 cs de jus de citron
½ bouquet d'aneth
sel, poivre blanc du moulin
Pommes duchesse :
1 kg de pommes de terre
2 jaunes d'œufs
2 cs d'huile neutre
sel, poivre blanc du moulin
1 pincée de muscade râpée

Préparation :

1.

Pommes duchesse : Épluchez les pommes de terre et faites-les cuire à l'eau jusqu'à ce qu'elles soient bien tendres. Videz l'eau et gardez-les dans la casserole couverte. Laissez-les refroidir un peu puis écrasez-les. Incorporez les jaunes et le beurre et mélangez pour obtenir une belle purée. Salez, poivrez et ajoutez de la muscade.

2.

Beurrez un faitout et mettez l'oignon dedans. Pliez ou roulez les filets de poisson, côté peau à l'intérieur, et disposez-les dans la casserole. Salez, poivrez. Ajoutez le bouillon, couvrez et laissez mijoter 10 à 12 minutes. Sortez le poisson et filtrez le bouillon.

3.

Sauce : Faites fondre le beurre et mélangez-le à la farine avec. Ajoutez le bouillon, le vin blanc et la crème et laissez frémir doucement 15 à 20 minutes. Hachez l'aneth et terminez en assaisonnant la sauce de quelques gouttes de jus de citron, de sel et de poivre.

4.

Préchauffez le four à 275 °C. Beurrez un plat à four et disposez des petits tas de purée (vous pouvez vous aider d'une poche à douille) dans un coin du plat. Coupez la tomate en tranches. Posez le poisson au centre du plat, versez la sauce dessus et couvrez de tomate. Saupoudrez de fromage râpé et faites gratiner au four 15 minutes environ, jusqu'à ce que le plat soit bien doré. Décorez avec de l'aneth.

Bouchées à la guimauve

Ces bouchées de caramel à la guimauve font le bonheur des petits et des grands. Utilisez de préférence des « mini-marshmallows » américains coupés en deux. Si vous n'en trouvez pas, utilisez les morceaux de guimauve des supermarchés et coupez-les en quatre.

Pour 50 bouchées environ :

270 g de sucre

60 g de beurre

4 cc de cacao

4 cs de lait

5 cs de morceaux de guimauve

4 cs de miel liquide

1 fourchette en bois

Préparation :

1.

Faites fondre le beurre à feu très doux sans qu'il prenne couleur. Ajoutez-lui le sucre, le miel, le cacao et le lait et laissez fondre tout doucement sans cesser de mélanger.

2.

Augmentez le feu, portez à ébullition et couvrez. Laissez cuire 3 minutes. Ôtez le couvercle et poursuivez la cuisson jusqu'à ce que le mélange épaississe. Faites un essai en plongeant une goutte de ce caramel dans l'eau froide. Si vous parvenez à la rouler en boule, il est prêt. Si le mélange est trop liquide, poursuivez la cuisson.

3.

Sortez la casserole du feu et placez-la dans un saladier d'eau froide. Battez le caramel avec une fourchette en bois pour l'aérer. Le mélange commence à épaissir et s'éclaircit. Ajoutez alors les morceaux de guimauve. Ils fondent à moitié et le caramel devient marbré.

4.

Couvrez un moule de papier sulfurisé. Versez le caramel dessus et laissez-le prendre presque entièrement. Huilez alors un couteau et dessinez des carrés sur le dessus. Lorsque le caramel a durci, découpez les carrés et conservez-les dans une boîte hermétique. Placez un papier sulfurisé entre chaque couche.

Sauté de bœuf
à la noix de coco

Pour réaliser cette recette, il vous faudra une noix de coco entière. Servez avec du riz blanc.

Pour 4 personnes :

400 g de bifteck	**6 cs d'eau**
1 verre de lamelles de noix de coco fraîche	**1 cc de sauce soja**
15 cl de lait de coco (frais ou en conserve)	**1 cube de bouillon de viande**
	1 cc de maïzena
2 cs d'huile d'arachide	**sel, poivre noir du moulin**
2 poivrons verts	**2 gousses d'ail**
	½ pincée de poivre de Cayenne

Préparation :

1.

Coupez la viande en morceaux de 3 cm. Percez la noix de coco et recueillez le lait (vous pouvez aussi utiliser du lait de coco en conserve). Coupez la noix de coco en deux et détachez-en la chair. Ôtez la partie brune et coupez la chair blanche en lamelles. Épépinez le poivron et coupez-le de la même façon.

2.

Versez l'eau, le lait de coco et la sauce soja dans une petite casserole. Ajoutez le cube de bouillon émietté. Portez à ébullition et laissez cuire 1 minute, pour que le bouillon se dilue. Délayez la maïzena dans un peu d'eau froide puis ajoutez-la à la sauce chaude. Poursuivez la cuisson en fouettant la sauce jusqu'à ce qu'elle épaississe.

3.

Mettez l'huile à chauffer dans une sauteuse à feu moyen. Ajoutez le sel, le poivre, le poivre de Cayenne et l'ail écrasé. Faites revenir la viande 2 minutes. Ajoutez les morceaux de noix de coco et de poivron et poursuivez la cuisson 2 à 3 minutes supplémentaires. Versez la sauce sur la viande et portez à ébullition.

Tarte aux pommes géante

Une idée pour les goûters d'anniversaire ou les buffets de fête. Servez avec de la crème chantilly.

Pour 10 personnes :
1 kg de pommes acidulées
7 à 8 cs de confiture d'abricots
420 g de farine
200 g de beurre
2 œufs

140 g de sucre
1 cc de cardamome en poudre
(épiceries fines)
Pour accompagner :
50 cl de crème fleurette

Préparation :

1.

Préchauffez le four à 200 °C. Dans un saladier, travaillez la farine avec le beurre coupé en morceaux. Émiettez bien ce mélange, puis ajoutez le sucre. Mélangez et incorporez l'œuf. Malaxez pour obtenir une belle pâte. Épluchez les pommes, ôtez le cœur et coupez-les en tranches fines. Couvrez une plaque à four de papier sulfurisé et étalez la pâte dessus. Faites des bords assez hauts et festonnez-les joliment.

2.

Disposez les tranches de pommes bien serrées sur la pâte. Commencez par suivre les contours de la plaque. Disposez ensuite un deuxième rang de pommes dans le sens contraire au premier (les tranches tournées vers les précédentes). Poursuivez ainsi jusqu'à ce que vous arriviez au centre. Saupoudrez de sucre et de cardamome. Faites cuire 35 minutes au milieu du four.

3.

Passez la confiture au mixeur pour la rendre liquide. Chauffez-la et badigeonnez-en la tarte encore chaude. Servez tiède de préférence.

Fruits frais au coulis de framboises

Une recette de base que vous modifierez à votre guise. Offrir des fruits frais après un repas copieux est toujours une bonne idée. Choisissez des fruits de saison et présentez-les séparément.

Pour 4 personnes :

2 kiwis
2 oranges
1 pomme
5 cs de mûres
1 petite barquette de framboises
1 petite barquette de fraises
melon

4 physalis
Coulis de framboises : **1 belle barquette de framboises fraîches ou 250 g de surgelées**
2 cs de sucre glace
1 cs de jus de citron

Préparation :

1.

Nettoyez les fruits. Pelez l'orange à vif à l'aide d'un couteau pointu.

2.

Passez les framboises, le sucre et le jus de citron au mixeur pour faire un coulis. Ne sucrez pas si vous utilisez des framboises surgelées. Filtrez.

3.

Disposez une nappe de coulis au centre de chaque assiette. Arrangez joliment les fruits autour, sans les mélanger. Décorez de feuilles de menthe ou de citronnelle.

Velouté d'asperges

Un velouté facile à réaliser en toutes circonstances puisque vous pourrez utiliser des asperges fraîches, surgelées ou en conserve. Au printemps, avec des asperges fraîches, ce plat fera une entrée légère.

Pour 4 personnes :

1 botte d'asperges fraîches	**1 cs de beurre**
0,8 l de bouillon de légumes	**10 cl de crème fleurette**
1 cs de farine	**sel, poivre blanc du moulin**

Préparation :

1.

Si vous utilisez des asperges fraîches, épluchez-les. Si vous choisissez des surgelées, décongelez-les. Coupez les asperges en deux, séparez les pointes et les tiges. Faites chauffer de l'eau salée. Plongez les tiges des asperges dedans. À mi-cuisson, ajoutez les pointes qui cuisent plus vite. Ne les cuisez pas trop, elles se réduiraient en bouillie. Égouttez-les.

2.

Gardez environ 5 cuillers à soupe de l'eau de cuisson des asperges. Chauffez le bouillon additionné de cette eau. *Préparez une béchamel :* mettez du beurre à fondre dans une casserole. Sortez la casserole du feu, ajoutez la farine et mélangez. Versez peu à peu le bouillon dessus, sans cesser de battre. Laissez mijoter 4 à 5 minutes jusqu'à ce que vous obteniez la consistance souhaitée. Ajoutez la crème légèrement battue. Coupez les asperges en petits morceaux et ajoutez-les au bouillon crémeux.

3.

Salez et poivrez le velouté à votre goût et servez-le dans des assiettes creuses chaudes.

Flan au café

Un entremets qui nous vient du Brésil, où il est généralement servi accompagné d'une mousse à la goyave, remplacée ici par de la confiture d'abricot. Ce flan onctueux est parfumé au café, à l'orange et à la noix de muscade. Servez-le dans des ramequins ou des tasses à café.

Pour 6 personnes :

60 cl de lait	**1 cc de sucre vanillé**
10 cl de crème liquide	**1 cs d'amandes en poudre**
6 cs de café soluble	**1 pincée de sel**
le zeste d'1 orange	**1 pincée de noix de muscade râpée**
4 jaunes d'œufs	**½ verre de noix concassées**
1 œuf	**1 blanc d'œuf**
140 g de sucre	**2 cs de confiture d'abricot**

Préparation :

1.

Préchauffez le four à 150 °C, remplissez un grand plat d'eau et mettez-le au four. Dans une casserole, portez à ébullition le lait et la crème, ajoutez le café soluble puis diluez-le. Incorporez le zeste d'orange et laissez refroidir.

2.

Mélangez l'œuf entier avec les 4 jaunes et le sucre puis battez pour obtenir une pâte claire et granuleuse. Incorporez ensuite la préparation au café, le sucre vanillé, la poudre d'amande et le sel. Versez le mélange dans 6 ramequins et saupoudrez de muscade râpée.

3.

Disposez les ramequins dans le plat rempli d'eau puis faites-les cuire au bain-marie, 1 heure environ, dans la partie basse du four. Laissez les flans refroidir et placez-les au frais. Sortez-les du réfrigérateur juste au moment de servir puis parsemez-les de noix concassées. Battez les blancs en neige très ferme et ajoutez-leur la confiture d'abricot. Déposez une cuiller de cette mousse sur chaque flan.

Salade mixte

Pour que les tomates, le concombre et l'oignon se teintent d'exotisme il suffit de leur ajouter quelques piments. Servez cette salade en entrée ou comme garniture.

Pour 4 personnes :

½ concombre (200 à 250 g)
3 tomates
1 gros oignon jaune
2 à 3 piments verts d'Espagne

1 petit bouquet de coriandre
1 pincée de sucre
3 cs de jus de citron

Préparation :

1.

Coupez le concombre dans sa longueur et détaillez-le en demi-rondelles d'environ 1 cm d'épaisseur. Coupez les tomates en morceaux. Pelez et hachez l'oignon. Hachez les piments et ciselez la coriandre pour en obtenir 2 cs.

2.

Mélangez le concombre, les tomates, l'oignon, le piment et la coriandre. Saupoudrez de sucre et arrosez de jus de citron. Mélangez bien et placez la salade un moment au frais avant de servir.

Sandwich gourmand au bœuf

Un sandwich simple et relevé, à servir en entrée ou comme dîner léger.

Pour 4 personnes :
8 tranches de pain de mie
40 g de beurre
4 tranches de filet de bœuf
  (4 × 90 g)
  mélangée

1 tomate bien ferme
1 cs de moutarde
6 cs de raifort frais râpé
250 g de feuilles de salade

Préparation :

1.
Retirez la croûte du pain et faites griller les tranches dans le beurre.

2.
Détaillez la tomate en 4 tranches. Faites-les revenir dans une poêle très chaude. Poêlez ou faites griller les tranches de bœuf, 2 minutes environ sur chaque face, pour qu'elles soient cuites à point. Disposez une tranche de pain sur chaque assiette et déposez dessus le filet de bœuf.

3.
Badigeonnez de moutarde, couvrez avec les tranches de tomate et parsemez de raifort râpé. Recouvrez avec les tranches de pain restantes. Servez avec les feuilles de salade.

Cassolette de poisson à la basquaise

Servez ce plat avec quelques tranches de pain pour accompagner la sauce. Si vous utilisez du poisson surgelé, comptez 600 g de filets.

Pour 4 personnes :

1 poisson à chair ferme d'1,5 kg	**2 gousses d'ail**
30 à 40 moules	**1 bouquet de persil**
2 oignons jaunes	**30 cl de vin blanc sec**
1 boîte de tomates pelées	**10 cl d'huile d'olive**
3 poivrons verts	**sel, poivre blanc du moulin**

Préparation :

1.

Pelez et hachez les oignons et l'ail. Épépinez le poivron puis hachez-le. Détaillez grossièrement les tomates en morceaux et réservez le jus. Ciselez le persil. Frottez et ébarbez soigneusement les moules sous l'eau froide. Jetez celles qui ne se referment pas lorsque vous tapotez leur coquille. Découpez le poisson en tranches de 2,5 cm.

2.

Chauffez 10 cl d'huile dans un grand faitout. Faites revenir l'oignon 3 à 4 minutes à couvert. Ajoutez le poivron et faites cuire encore quelques minutes. Versez dessus les tomates et leur jus, salez et poivrez. Mouillez avec le vin et laissez mijoter 5 minutes. Pour finir, ajoutez le persil et l'ail.

3.

Portez ensuite à ébullition puis ajoutez le poisson et les moules. Lorsque la sauce frémit, baissez le feu et laissez mijoter lentement 5 à 6 minutes. Retirez du feu et servez sans attendre.

Filets de carrelet à la grenobloise

Le carrelet est un poisson de saveur douce, qu'il est conseillé de servir avec une garniture plutôt relevée. Essayez ce mélange sucré-salé de câpres et de betteraves.

Pour 4 personnes :

4 petits carrelets entiers
farine
1 verre de dés de betteraves
  au vinaigre, en conserve
50 g de câpres
25 g de beurre

sel, poivre blanc du moulin
citron
aneth
Pour accompagner :
pommes de terre à l'eau

Préparation :

1.

Faites cuire les pommes de terre et préparez les carrelets pendant ce temps.

2.

Salez les poissons sur les deux faces. Roulez-les dans la farine et poêlez-les dans le beurre 3 à 4 minutes de chaque côté. Gardez-les au chaud.

3.

Mettez le beurre à fondre dans la poêle et faites dorer les câpres et les betteraves quelques minutes. Versez sur les carrelets et servez sans attendre, avec des quartiers de citron, l'aneth et les pommes de terre.

Riz sauté au saumon

Les graines de sésame donnent beaucoup de goût à ce plat mais ne les laissez pas noircir lorsque vous les passez à la poêle. Commencez toujours par cuire le riz.

Pour 4 personnes :
filets de saumon (4 × 150 g)
sel
poivre blanc du moulin
50 g de graines de sésame grillées
10 cl d'huile
aïoli ou sauce asiatique

150 g de légumes (poivron,
    oignons nouveaux, poireau,
    carottes)
2 piments rouges d'Espagne
200 g de riz blanc cuit

Préparation :

1.

Rincez, séchez puis salez et poivrez les filets de poisson. Roulez-les dans les graines de sésame. Chauffez à peine la moitié de l'huile dans une poêle. Faites griller les filets de saumon à feu doux, 2 minutes environ sur chaque face. Retirez-les de la poêle et gardez-les au chaud.

2.

Coupez les légumes en lamelles et émincez les piments, après les avoir épépinés. Rincez la poêle et faites-y chauffer le reste de l'huile. Sautez le riz, les légumes et les piments 2 à 3 minutes. Les légumes doivent être chauds mais rester croquants.

3.

Répartissez le riz aux légumes sur les assiettes et disposez les filets de saumon dessus. Servez avec de l'aïoli ou une sauce asiatique.

Bobotie sud-africain

Ce plat aux multiples saveurs a une jolie couleur dorée qui met en appétit. Il sera parfait pour un dîner simple entre amis.

Pour 4 personnes :

400 g d'agneau ou de bœuf haché
30 cl de lait
1 tranche de pain blanc
2 cs d'huile
1 oignon jaune
2 gousses d'ail
1 cs de curry
1 cc ½ de sel
1 cc de piment en poudre
2 feuilles de laurier

3 cs d'amandes
3 abricots secs
3 cs de raisins secs
½ citron
1 œuf
½ cc de curcuma
huile/beurre pour le moule
Pour accompagner :
riz blanc et chutney

Préparation :

1.

Préchauffez le four à 175 °C. Dans un saladier, mettez la tranche de pain à tremper dans le lait pendant 15 minutes environ. Mondez les amandes. Hachez l'oignon et l'ail et faites-les revenir 2 à 3 minutes à la poêle, à feu moyen, dans un peu d'huile. Ajoutez le curry, le sel, le piment, les feuilles de laurier et les amandes, mélangez délicatement puis laissez cuire encore 1 minute.

2.

Hachez les abricots, pressez le jus du citron et râpez le zeste. Mélangez la viande à l'oignon, à l'ail et aux épices puis ajoutez les abricots, les raisins, le jus et le zeste de citron ainsi que le pain. Remuez bien pour obtenir une farce homogène.

3.

Battez l'œuf et le curcuma dans le lait. Versez-en la moitié sur la farce. Beurrez un plat à four et placez le pain de viande dedans. Arrosez-le du reste de mélange au lait et à l'œuf. Laissez cuire 50 à 60 minutes dans la partie basse du four. Servez avec du riz blanc et un chutney.

Lasagnes au saumon et épinards

Le saumon et les épinards se marient à la perfection. Vous relèverez vos lasagnes avec des herbes aromatiques telles que le persil, la ciboulette, le thym ou l'origan.

Pour 4 personnes :

1 boîte de plaques de lasagnes	**50 g de beurre**
500 g d'épinards en branches	**80 g de fromage râpé**
200 g de saumon fumé en tranches	**sel, poivre blanc**
1 litre de lait	**poivre noir**
3 à 4 cs de farine	**un bouquet garni**

Préparation :

1.

Béchamel au fromage : Faites fondre le beurre dans une casserole. Ajoutez la farine, battez vivement pour éviter que le fond attache. Versez le lait petit à petit dessus et portez à ébullition. Fouettez constamment pour dissoudre les grumeaux. Ajoutez le reste du lait et battez jusqu'à ce que la sauce soit onctueuse et homogène. Salez, poivrez et ajoutez le fromage râpé en prenant soin d'en réserver un peu pour faire gratiner. Mélangez jusqu'à ce que le fromage ait fondu. Si votre béchamel est trop épaisse, rajoutez un peu de lait.

2.

Préchauffez le four à 200 °C. Beurrez un plat à gratin. Versez une couche de béchamel, une d'épinards et une de saumon. Salez, poivrez, saupoudrez d'herbes puis recouvrez de plaques de lasagnes. Répétez l'opération et terminez toujours par une couche de béchamel.

3.

Faite cuire les lasagnes 30 minutes au four, en les couvrant d'une feuille d'aluminium. Retirez ensuite l'aluminium et saupoudrez de fromage râpé. Laissez gratiner 10 minutes, jusqu'à ce que le fromage soit doré.

Bœuf bourguignon

Un plat d'hiver rustique et indémodable. Accompagnez-le de pommes de terre cuites à l'eau ou de pâtes fraîches et servez-le avec un pain de campagne bien frais.

Pour 4 personnes :

1 kg de viande de bœuf (gîte ou paleron)
beurre et huile d'olive pour la cuisson
1 oignon jaune
1 carotte
1 morceau de céleri-rave
1 cs de farine
1 gousse d'ail
1 bouteille de vin rouge (75 cl)
1 cc de thym déshydraté

1 feuille de laurier
1 poireau
1 cs de concentré de tomate
2 cc de sauce soja
100 g de lard
sel, poivre blanc du moulin
8 oignons grelots
100 g de champignons de Paris frais
1 cs de farine
thym frais

Préparation :

1.

Coupez le lard en lanières et faites-le dorer à la poêle. Détaillez la viande en larges cubes. Pelez et nettoyez l'oignon jaune, la carotte et le céleri-rave puis émincez-les. Dans un faitout, saisissez la viande et les légumes au beurre et à l'huile. Lorsque la viande commence à dorer, saupoudrez-la de farine et ajoutez la gousse d'ail écrasée. Laissez cuire une minute à feu vif.

2.

Nettoyez, rincez et détaillez le poireau en morceaux. Couvrez la viande avec le vin, ajoutez le thym, la feuille de laurier, le poireau, le concentré de tomate, la sauce soja et le lard. Salez et poivrez. Couvrez et laissez mijoter à feu doux jusqu'à ce que la viande soit tendre, c'est-à-dire 45 à 60 minutes environ.

3.

Nettoyez les champignons et coupez-les en quartiers. Pelez les oignons grelots et faites-les revenir à la poêle avec les champignons. Versez-en la moitié dans le faitout et gardez le reste pour la garniture. Laissez cuire encore 10 minutes puis garnissez avec les champignons, les petits oignons et le thym. Servez directement dans le faitout.

Soupe de roquette aux nouilles chinoises

La roquette et une salade très utilisée dans la cuisine italienne. Son goût caractéristique rappelle un peu celui du radis. Pour préparer cette soupe, un mixeur vous sera utile.

Pour 4 personnes :

175 g de nouilles chinoises	**1 gousse d'ail**
1,3 l de bouillon de légumes	**1 piment rouge d'Espagne**
1 sachet de roquette	**2 cc de gingembre râpé**
30 g de beurre	**sel, poivre blanc du moulin**

Préparation :

1.

Coupez le piment en deux dans sa longueur. Épépinez-le et détaillez-le en fines lamelles. Râpez le gingembre puis pelez et pressez l'ail. Faites revenir l'ail, le piment et le gingembre dans la moitié du beurre, couvrez de bouillon et laissez mijoter 20 minutes.

2.

Salez, poivrez le bouillon puis ajoutez le reste du beurre et mixez à l'aide d'un pied mixeur pour obtenir un mélange mousseux. Faites cuire les nouilles en suivant les indications données sur le paquet et émincez la roquette.

3.

Répartissez les nouilles et la roquette dans des petits bols ou des tasses à capuccino et versez dessus la soupe encore mousseuse.

Mousse au chocolat noir et coulis d'orange

Quelques gouttes de liqueur ou de cognac relèveront cette mousse raffinée aux parfums de chocolat et de café. Utilisez un café très fort, type expresso.

Pour 4 personnes :
40 cl de crème fleurette
150 g de chocolat à pâtisser
2 tasses de café très fort, refroidi
2 jaunes d'œufs
2 cl liqueur de cacao ou de cognac

Coulis d'orange :
0,5 l de jus d'orange pressé
le zeste de 2 oranges
2 cs de sucre
20 cl d'eau
2 cc d'arrow-root

Préparation :

1.

Cassez le chocolat en petits morceaux et faites-le fondre au bain-marie. Laissez-le refroidir. Séparez les jaunes d'œufs des blancs (par exemple en cassant l'œuf dans votre main et en laissant couler le blanc entre vos doigts). Dans une casserole, battez les jaunes d'œufs avec le café, à feu très doux, jusqu'à obtenir une crème lisse et épaisse. La casserole ne doit pas trop chauffer pour éviter que les jaunes coagulent.

2.

Ajoutez le chocolat refroidi au mélange d'œufs et de café. Parfumez éventuellement avec un peu de liqueur ou de cognac. Battez la crème en chantilly et incorporez-la délicatement à la préparation. Versez dans des ramequins et gardez au frais jusqu'au moment de servir.

3.

Coulis d'orange : Portez à ébullition le jus d'orange et l'eau, avec un peu de sucre. Râpez le zeste d'orange dans un récipient et recouvrez-le de ce coulis. Laissez macérer 15 minutes. Passez et faites épaissir le coulis en ajoutant l'arrow-root. Réservez le zeste d'orange pour l'utiliser comme garniture. Suggestion : congelez les blancs d'œufs qui vous restent, vous les utiliserez pour faire des meringues.

Toast au saumon et fromage frais

Un toast délicat au saumon fumé, à servir en entrée ou à l'apéritif.

Pour 4 personnes :
4 tranches de pain de mie
beurre
1 bel oignon rouge
100 g de fromage frais,
    type Saint-Moret

300 g de saumon fumé
quelques brins d'aneth
quartiers de citron

Préparation :

1.

Ôtez la croûte du pain et faites revenir les tranches à la poêle, dans le beurre. Laissez-les égoutter sur du papier absorbant.

2.

Coupez l'oignon en minces rondelles. Tartinez les tranches de pain de fromage, déposez dessus le saumon et garnissez de rondelles d'oignon.

3.

Décorez de brins d'aneth et servez avec des quartiers de citron.

Bananes à la cannelle sauce caramel

La combinaison banane, cannelle et caramel est imbattable – les enfants adorent et les adultes en redemandent. Utilisez des bananes bien mûres et beaucoup de cannelle. En général ce dessert gourmand disparaît en un clin d'œil, alors n'hésitez pas à doubler les proportions.

Pour 4 personnes :

4 bananes	**40 g de sucre**
2 cs de jus de citron	**4 cs de miel liquide**
4 cs de cannelle	**20 g de beurre**
1 cs de beurre	**4 cc de sucre vanillé**
10 cl de crème fleurette	**20 cl de crème fleurette**

Sauce caramel :
0,5 l de crème liquide

Préparation :

1.

Mélangez 20 g de beurre avec la crème liquide, le sucre et le miel. Chauffez le mélange dans une grande casserole à fond épais et laissez mijoter 15 à 20 minutes, jusqu'à ce que la sauce soit onctueuse. Préchauffez le four à 250 °C.

2.

Laissez refroidir la sauce. Battez 20 cl de crème fleurette en chantilly et ajoutez-la à la sauce avec le sucre vanillé. Pelez les bananes et disposez-les dans un plat à four beurré. Arrosez-les de jus de citron et saupoudrez-les de cannelle. Répartissez dessus 1 cs de beurre.

3.

Faites cuire les bananes au four 10 minutes environ. Au cours de la cuisson, arrosez de temps en temps avec le jus. Battez 10 cl de crème fleurette en chantilly et servez les bananes chaudes, avec la sauce au caramel refroidie et un peu de chantilly.

Salade tiède au bacon

La salade iceberg, lorsqu'elle est cuite, prend une légère saveur d'asperge. Avec des lardons, elle constituera un en-cas frais et léger. Essorez-la soigneusement avant de la disposer sur les assiettes.

Pour 4 personnes :
2 cœurs de salade iceberg   **1,5 l d'eau**
200 g de lardons   **2 cc de sel**
100 g de beurre

Préparation :

1.

Triez et lavez la salade puis coupez chaque cœur en 4. Faites dorer les lardons à feu moyen, dans une poêle sèche. Ils doivent être croustillants. Laissez-les égoutter sur du papier absorbant et faites fondre le beurre.

2.

Dans une casserole, faites blanchir la salade 3 minutes environ dans de l'eau bouillante salée, à laquelle vous aurez ajouté un peu de beurre.

3.

Sortez la salade de la casserole à l'aide d'une écumoire et essorez-la avec soin. Répartissez-la sur des assiettes chaudes et garnissez de lardons. Servez avec le beurre fondu encore chaud.

Mousse à l'orange

Vous cherchez un dessert frais et tonifiant ? Essayez cette mousse toute simple à l'orange. Préparez-la à l'avance car elle doit rester 2 heures au frais avant d'être servie.

Pour 4 personnes :
4 feuilles de gélatine
2 œufs
90 g de sucre

3 oranges
20 cl de crème fleurette

Préparation :

1.

Lavez les oranges et pressez le jus de deux d'entre elles. Râpez le zeste, d'abord en fines lamelles puis en petits morceaux. Laissez tremper les feuilles de gélatine dans l'eau froide environ 10 minutes puis faites-les fondre dans un peu de jus d'orange, à feu doux. Séparez les blancs d'œufs des jaunes. Réservez les jaunes dans un bol et battez les blancs en neige. Fouettez ensuite la crème en chantilly.

2.

Battez les jaunes d'œufs et le sucre pour obtenir un mélange épais et granuleux. Ajoutez le zeste des oranges, le reste du jus et la gélatine. Fouettez encore quelques instants. Incorporez la chantilly et les blancs en neige et battez pour obtenir une crème homogène. Versez la mousse dans un saladier et laissez-la prendre au réfrigérateur.

3.

Pelez à vif la troisième orange. Râpez le zeste très fin et détaillez la chair en quartiers. Faites cuire le zeste 1 minute. Sortez la mousse du réfrigérateur et décorez-la avec le zeste et les quartiers d'orange.

Sheperd's pie

Ce plat figure souvent au menu des pubs. C'est pour ainsi dire la version anglaise de notre hachis parmentier.

Pour 4 personnes :
600 g de pommes de terre
50 g de fromage râpé (comté ou beaufort)
Farce à la viande :
300 g de bœuf haché
2 oignons jaunes
1 cs d'huile
2 poivrons en dés

100 g de champignons
1 cs de bouillon de légumes en poudre
10 cl de sauce chili
10 cl d'eau
1 cs de poivre mélangé ou
1 cs de poivre noir concassé

Préparation :

1.
Préchauffez le four à 250 °C. Épluchez et faites cuire les pommes de terre.

2.
Farce à la viande : Détaillez les champignons en lamelles. Pelez et hachez l'oignon puis faites-le revenir dans l'huile avec la viande hachée, les dés de poivron et les champignons. Remuez, émiettez la viande et laissez-la cuire jusqu'à ce qu'elle soit dorée. Saupoudrez de bouillon soluble, mouillez avec la sauce chili et l'eau puis portez à ébullition. Laissez mijoter 8 à 10 minutes à feu doux et poivrez.

3.
Versez la garniture dans un plat à gratin ou un moule. Écrasez les pommes de terre à la fourchette puis recouvrez-en la viande hachée. Saupoudrez de fromage râpé et laissez gratiner 15 minutes environ, dans la partie centrale du four. Saupoudrez de persil haché avant de servir.

Gâteau aux abricots

On ne pense pas toujours à utiliser les abricots secs en pâtisserie. Essayez ce gâteau tout simple et servez-le en dessert ou au goûter, avec un peu de crème chantilly ou une boule de glace vanille.

Pour 6 à 8 personnes :

250 g d'abricots secs	**60 g de beurre**
2 œufs	**15 cl d'eau**
500 g de sucre	**le zeste d'1 citron**
180 g de farine	**1 moule à gâteau**
1 cc de levure chimique	

Préparation :

1.

Préchauffez le four à 175 °C. Mettez les abricots dans une casserole, couvrez-les d'eau et laissez-les cuire 20 minutes à feu doux. Laissez-les égoutter dans une passoire. Dans une poêle, mettez 225 g de sucre à fondre, remuez jusqu'à ce qu'il soit complètement dissout et laissez-le prendre une jolie couleur. Versez-le ensuite dans un moule en veillant à bien recouvrir tous les côtés.

2.

Faites fondre le beurre et versez dessus 15 cl d'eau. Battez les œufs avec le sucre restant jusqu'à ce qu'ils blanchissent. Mélangez la farine et la levure chimique puis ajoutez-les aux œufs. Versez dessus le beurre et l'eau et travaillez jusqu'à ce que vous obteniez une pâte homogène. Pour finir, ajoutez le zeste de citron.

3.

Garnissez le fond du moule d'abricots. Versez dessus la pâte et laissez cuire le gâteau dans la partie basse du four, 50 à 60 minutes. Piquez-le pour contrôler sa cuisson.

Filet mignon sauce moutarde

Le filet mignon est une viande tendre et savoureuse qu'il est possible d'accommoder de multiples façons. Voici une recette à base de moutarde. Servez avec une purée de pommes de terre, des tagliatelles fraîches ou du riz.

Pour 4 personnes :

1 kg de filet mignon de porc	**1 cs ½ de moutarde**
300 g de champignons de Paris	**2 cs de beurre**
½ verre de vin blanc sec	**sel, poivre blanc du moulin**
40 cl de crème fleurette	**papier aluminium**

Préparation :

1.

Préchauffez le four à 225 °C. Salez et poivrez la viande. Saisissez-la sur toutes ses faces dans 1 cs de beurre. Placez-la dans un plat et laissez-la cuire au four 10 minutes.

2.

Retirez la viande du four et enveloppez-la dans du papier aluminium. Remettez-la au four encore 10 minutes. Sa température doit être de 77 °C (contrôlez à l'aide d'une thermomètre à viande). Son jus doit être clair et transparent lorsque vous la découpez.

3.

Sauce moutarde : Dans une casserole, incorporez la moutarde à la crème et laissez épaissir à feu moyen. Nettoyez et coupez les champignons en tranches. Faites-les revenir quelques minutes au beurre dans une poêle, puis mouillez avec le vin. Laissez réduire de moitié à feu vif et ajoutez la crème à la moutarde. Laissez épaissir un moment puis salez et poivrez.

Empanadas à la chilienne

Les empanadas sont des chaussons généralement farcis avec un mélange à base de viande hachée, d'œufs, de raisins et d'olives. Délicieuses en entrée ou à l'apéritif !

Pour 12 empanadas :

180 g de bœuf haché	**2 œufs durs**
1 cs d'huile d'olive	**12 olives noires dénoyautées**
1 petit oignon jaune	*Pâte :*
1 gousse d'ail	**225 g de farine**
1 piment rouge d'Espagne	**1 pincée de sel**
1 pincée de cumin en poudre	**2 cs de beurre**
sel	**15 cl de lait**
poivre	**huile pour la friture**

Préparation :

1.

Farce : Pelez et hachez l'oignon jaune. Chauffez l'huile dans une poêle et faites-y dorer la viande hachée. Retirez la viande, réservez-la et faites revenir l'oignon dans la même poêle. Remettez la viande sur l'oignon et ajoutez l'ail écrasé, le piment émincé, le cumin puis salez et poivrez. Laissez mijoter 5 minutes sans cesser de remuer. Faites refroidir.

2.

Pâte : Faites fondre le beurre. Versez la farine dans un bol et ajoutez-lui le sel, le beurre et le lait, petit à petit. Travaillez pour obtenir une pâte lisse et homogène. Divisez la pâte en trois boules de taille égale que vous étendez en feuilles très fines. À l'aide d'un emporte-pièce, découpez des ronds de 7,5 à 10 cm de diamètre. Coupez les œufs en minces quartiers.

3.

Déposez au centre de chaque rondelle de pâte 1 cs de farce, un morceau d'œuf et une olive. Humidifiez la bordure des rondelles avec un peu d'eau et pliez-les en demi-lunes. Pressez les bords à l'aide d'une fourchette pour bien les sceller. Dans une casserole à fond épais, versez de l'huile jusqu'à mi-hauteur. Faites frire 3 à 4 empanadas à la fois. Retirez-les lorsqu'elles sont suffisamment dorées.

Tartelettes au caramel

Doublez volontiers les quantités car ces tartelettes seront mangées en un clin d'œil. Décorez par exemple avec des amandes effilées, un peu de chocolat, une noix de chantilly ou une framboise. Dégustez-les au dessert ou à l'heure du thé.

Pour 4 personnes :
Pâte :
180 g de farine
3 cs de sucre
100 g de beurre
1 œuf
Caramel :
180 g de sucre

6 cs de miel liquide
20 cl de crème fleurette
100 g de beurre
2 cs de cacao
2 cc de sucre vanillé

Préparation :

1.

Mélangez la farine, le sucre, le beurre et l'œuf puis travaillez la pâte à la main ou au robot de cuisine. Chemisez des moules à tartelettes avec la pâte et gardez-les au frais un moment avant de les mettre au four. Faites-les ensuite cuire à blanc à 200 °C, pendant 15 minutes. Laissez complètement refroidir les fonds de tartelettes.

2.

Mélangez le sucre, le miel, la crème, le beurre et le cacao dans une casserole et faites cuire à feu doux 30 à 45 minutes. Versez une goutte de caramel dans un verre d'eau froide. Si vous pouvez la rouler en boule au creux de votre main, cela veut dire que votre caramel est prêt.

3.

Ajoutez le sucre vanillé et versez le caramel dans les moules. Servez les tartelettes froides.

Travers de porc sauce barbecue

Aux États-Unis, on fait souvent bouillir les travers de porc avant de les griller au barbecue. Ils sont alors plus tendres et la viande se détache facilement de l'os. Ils s'accompagnent en général d'un coleslaw (salade de chou) et de quartiers de pommes de terre. Pour les relever, rien de mieux qu'une vraie sauce barbecue à l'américaine.

Pour 4 personnes :

1,5 kg de travers de porc charnus	2 cs de sel
1 oignon jaune	2 verres de pruneaux dénoyautés
1 carotte	1,5 l de bouillon de volaille
2 feuilles de laurier	15 cl de vinaigre de vin blanc
4 grains de poivre de la Jamaïque	2 cs sambal oelek
4 grains de poivre noir	1 cs de sambal badjak (épicerie spécialisée)

Préparation :

1.

Pelez et émincez l'oignon. Nettoyez la carotte et détaillez-la en petits morceaux. Dans une casserole, recouvrez les travers de porc d'eau. Ajoutez les légumes, les feuilles de laurier et les grains de poivre. Laissez mijoter à couvert pendant 1 heure, jusqu'à ce que la chair se détache de l'os. Laissez les travers refroidir au frais.

2.

Découpez la viande entre chaque os puis salez-la. Disposez les travers sur une plaque et faites-les cuire à four chaud. Ils doivent devenir croustillants sans noircir.

3.

Sauce : Détaillez les pruneaux en morceaux d'un centimètre environ. Mettez-les dans une casserole et couvrez-les de bouillon de volaille. Ajoutez le vinaigre et le sambal. Laissez cuire à couvert 1 heure à 1 heure ½ sur feu doux, en remuant de temps en temps. Pour finir, fouettez les pruneaux pour les réduire en purée et faites épaissir la sauce. Si elle est trop liquide, laissez-la cuire encore un moment, sans la couvrir.

Gâteau de semoule du Cachemire

Les vrais amateurs de gâteau de semoule seront comblés avec cette recette simple et délicieuse aux amandes et aux raisins.

Pour 4 personnes :

4 cs de beurre doux fondu	**1 cs de raisins secs**
25 g d'éclats d'amandes	**0,5 l de lait**
1 verre de semoule	**70 g de sucre**

Préparation :

1.

Faites chauffer le beurre à feu moyen dans une casserole, jusqu'à ce qu'il soit d'un brun très clair. Ajoutez les amandes et faites-les griller 1 à 2 minutes. Retirez-les à l'aide d'une écumoire et laissez-les égoutter sur du papier absorbant.

2.

Mettez la semoule dans la casserole et faites-la dorer à feu doux, en remuant constamment pour éviter qu'elle noircisse. Ajoutez le raisin, le lait et le sucre. Portez à ébullition puis laissez cuire à feu doux en remuant jusqu'à ce que le mélange s'affermisse et se décolle des bords de la casserole.

3.

Démoulez sur un plat de service, garnissez d'amandes et servez chaud ou tiède.

Salade d'épinards et avocat

Il est toujours agréable de commencer un repas par une salade joliment composée. Pour celle-ci, vous utiliserez des haricots rouges en conserve.

Pour 4 personnes :
100 g d'épinards frais
½ cœur de frisée
2 tomates
1 petit oignon rouge

1 avocat
¾ verre de haricots rouges
2 citrons verts

Préparation :

1.

Lavez les épinards et la salade. Égouttez-les dans un linge. Répartissez-les dans un grand plat de service. Garnissez de tranches de tomates et de lamelles d'oignon puis salez.

2.

Ouvrez l'avocat, retirez le noyau et à l'aide d'une cuiller, prélevez de petits morceaux de chair que vous disposez sur la salade. Pressez le jus d'un des deux citrons sur l'avocat.

3.

Parsemez la salade de haricots rouges et pour finir, décorez de minces tranches de citron vert.

Gratinée à l'oignon

Les noctambules la dégustent à l'aube, pour prolonger la nuit. Vous pouvez aussi la servir en entrée ou comme dîner léger.

Pour 4 personnes :

3 beaux oignons jaunes
2 cs de beurre
2 cs de farine
1 l de bouillon de légumes
sel, poivre blanc du moulin

1 feuille de laurier
1 cc de thym déshydraté
4 tranches de pain blanc
6 cs de fromage râpé

Préparation :

1.

Pelez l'oignon et détaillez-le en minces rondelles. Mettez le beurre à fondre dans une grande cocotte et faites revenir l'oignon. Saupoudrez de farine et laissez dorer. Mouillez avec le bouillon puis salez, poivrez et ajoutez la feuille de laurier et le thym. Laissez cuire 30 minutes.

2.

Râpez le fromage. Disposez les tranches de pain sur la soupe puis recouvrez-les de fromage râpé. Placez la cocotte au four à 275 °C (sous le grill). Laissez gratiner la soupe jusqu'à ce que la surface soit bien dorée. Servez très chaud.

Succès au chocolat

Un classique pour les vrais amateurs de chocolat. Servez-le en dessert ou au café, avec un peu de chantilly.

Pour 12 portions :

150 g de chocolat noir
150 g de beurre
180 g de sucre
4 œufs
90 g de farine

½ cc de levure chimique
Glaçage :
100 g de chocolat noir
1 cs de beurre

Préparation :

1.

Préchauffez le four à 175 °C. Faites fondre le chocolat au bain-marie et laissez-le légèrement refroidir. Mélangez le beurre et le sucre pour obtenir une pâte blanche et onctueuse puis incorporez les œufs un par un. À part, mélangez la levure chimique et la farine et ajoutez-les à la préparation. Pour finir, incorporez le chocolat fondu.

2.

Beurrez et farinez un moule. Versez la pâte dedans et faites cuire au four 35 minutes environ. Attendez que le gâteau soit complètement refroidi pour appliquer le glaçage.

3.

Glaçage : Faites fondre le chocolat et laissez-le légèrement refroidir. Ajoutez le beurre ramolli, mélangez et étalez sur le gâteau.

Tarte au chocolat

Cette tarte croustillante au chocolat se déguste en fin de repas, avec un bon café.

Pour 12 parts :
125 g de beurre
3 cs de sucre
2 cs d'eau froide
150 g de farine
Garniture :
4 œufs
90 g de sucre

20 cl de miel liquide
2 cc de sucre vanillé
100 g de chocolat à pâtisser
Pour accompagner :
chantilly
fruits

Préparation :

1.

Pâte à tarte : Préchauffez le four à 175 °C. Coupez le beurre en petits morceaux et mélangez-le à la farine pour obtenir une pâte sableuse. Ajoutez le sucre et l'eau et travaillez énergiquement la pâte. Étendez-la au rouleau et chemisez-en un moule à fond amovible. Couvrez les bords de papier aluminium et piquez le fond avec une fourchette. Placez le moule au frais une quinzaine de minutes puis cuisez la pâte à blanc pendant 10 minutes environ. Retirez la bande d'aluminium et laissez refroidir. Réglez le thermostat du four sur 200 °C.

2.

Garniture : Hachez grossièrement le chocolat. Battez les œufs et le sucre et ajoutez le miel et le sucre vanillé. Fouettez jusqu'à ce que vous obteniez une pâte homogène, puis ajoutez le chocolat. Versez la garniture sur le fond de tarte et laissez cuire au four 40 à 45 minutes. Servez-la avec un peu de chantilly et des tranches de fruits.

Soupe d'avocat aux œufs de poisson et à l'oignon rouge

Cette soupe d'avocat est très raffinée et facile à préparer, surtout si vous disposez d'un mixeur ou d'un robot de cuisine. Si ce n'est pas le cas, écrasez l'avocat à la fourchette, la soupe sera alors plus épaisse mais toute aussi bonne. Elle se déguste froide ou chaude, selon votre goût.

Pour 4 personnes :

1 l de bouillon de légumes

4 avocats, pelés et dénoyautés

sel

poivre blanc du moulin

4 cs d'oignon rouge haché

50 à 100 g d'œufs de poisson

Préparation :

1.

Portez le bouillon à ébullition et prélevez-en d'abord une petite partie que vous mélangez à l'avocat. Ajoutez le reste puis salez et poivrez.

2.

Versez la soupe dans des assiettes chaudes ou attendez qu'elle refroidisse. Déposez dessus une cuiller d'œufs de poisson et décorez d'un peu d'oignon haché. Servez sans attendre.

Amuse-gueules chinois au bœuf

Ces bouchées à la viande sont une spécialité de la région de Canton, en Chine. Elles sont aussi très appréciées à HongKong où on les déguste à l'apéritif. La viande peut être servie froide ou utilisée comme farce dans les dim sum.

Pour 4 personnes :
1 kg de filet de porc
2 cs de Kao Liang ou de cognac
3 cs de sucre
2 cs de sauce soja claire

1 cs de sauce de haricots de soja (épiceries spécialisées)
3 cs de miel

Préparation :

1.

Coupez le filet dans sa longueur, en fines lamelles. Dans un saladier, mélangez la liqueur, le sucre, la sauce soja et la sauce aux haricots. Faites mariner la viande 45 minutes dans cette préparation.

2.

Préchauffez le four à 200 °C. Badigeonnez la viande de miel et laissez-la dorer sous le grill pendant 20 minutes. Passez-la ensuite à la poêle pendant 3 minutes puis retirez-la du feu et laissez-la refroidir.

3.

Servez la viande tiède ou froide.

Gâteau au chocolat et sauce à l'orange

La saveur de l'orange se marie merveilleusement avec celle du chocolat. Ce gâteau fondant très chocolaté peut être préparé un jour à l'avance. Par contre, évitez de le congeler.

Pour 12 personnes :
4 blancs d'œufs
1 œuf
4 jaunes d'œufs
225 g de sucre
200 g de chocolat à pâtisser
200 g de beurre + beurre pour le moule
le zeste d'1 orange

Sauce à l'orange :
0,5 l de jus d'orange pressé
le zeste de 2 oranges
sucre, selon votre goût
20 cl d'eau
2 cc d'arrow-root

Préparation :

1.

Préchauffez le four à 200 °C. Battez les blancs en neige très ferme. Battez l'œuf entier, les jaunes et le sucre pour obtenir un mélange blanc et mousseux. Cassez le chocolat en morceaux et faites-le fondre au bain-marie. Mélangez-le avec soin pour qu'il soit bien lisse puis ajoutez-lui le beurre. Incorporez le chocolat et le zeste d'orange aux jaunes d'œufs et battez pour obtenir une pâte homogène.

2.

À l'aide d'une cuiller, incorporez délicatement les blancs en neige à la pâte. Versez celle-ci dans un moule rond d'environ 25 cm de diamètre. Laissez cuire au four 15 minutes environ. Placez le gâteau une nuit au frais avant de le déguster.

3.

Sauce à l'orange : Portez à ébullition le jus d'orange, l'eau et un peu de sucre. Versez sur les zestes d'oranges et laissez macérer 15 minutes. Passez la sauce et ajoutez-lui l'arrow-root pour l'épaissir. Utilisez les zestes confis pour décorer le gâteau et servez-le avec la sauce à l'orange.

Assiette de Jambon de Parme et crème de raifort

Voici un « antipasto » aux saveurs inattendues. Le traditionnel jambon de Parme est relevé par une crème onctueuse au raifort. Servez-le volontiers accompagné de radis.

Pour 4 personnes :

400 g de jambon de Parme (en tranches fines)
5 à 6 cs de fromage frais, type Saint-Moret

3 cs de crème fraîche
1 petit morceau de raifort
sel, poivre blanc du moulin
salade de saison

Préparation :

1.

Épluchez le raifort et râpez-le très fin.

2.

Mélangez le raifort, le fromage et la crème fraîche puis salez et poivrez. Battez jusqu'à ce que vous obteniez une crème homogène.

3.

Lavez la salade. Répartissez-la sur les assiettes, disposez les tranches de jambon puis nappez d'une cuiller de crème au raifort.

Saumon au gingembre

Préparez volontiers un peu plus de sauce, vous pourrez la conserver au frais pendant une semaine et vous en servir pour accompagner de nombreux plats. Veillez à ne pas trop cuire le saumon afin de ne pas lui ôter de sa saveur.

Pour 4 personnes :
4 filets de saumon
(4×150 à 200 g)
un peu de gros sel
huile, pour la plaque
Sauce au gingembre :
20 cl de bouillon de légumes
3 cs de vinaigre de vin blanc
¾ verre de gingembre
confit, haché

10 cl de sirop de gingembre
2 cc de sambal oelek
1 cc de fécule de pomme de terre
Pour accompagner :
pommes de terre à l'eau (pour 4)
½ poireau en rondelles et ½
chou chinois, en lamelles

Préparation :

1.

Saumon : Préchauffez le four à 200 °C. Écaillez les filets de saumon, retirez les arêtes mais conservez la peau. Salez-les avec du gros sel et disposez-les sur une plaque à four graissée, côté peau en dessous. Faites-les cuire 8 à 10 minutes environ (ou moins si vous utilisez un four à chaleur tournante).

2.

Sauce : Mélangez le bouillon, le vinaigre, le gingembre, le sirop et le sambal oelek. Portez à ébullition, écumez puis laissez frémir 5 minutes environ. Liez la sauce en ajoutant la fécule de pomme de terre délayée dans un peu d'eau.

3.

Servez le poisson sur un lit de pommes de terre, de poireau et de chou chinois. Nappez-le de sauce au gingembre et décorez avec du persil plat ou de la coriandre fraîche.

Escargots à la provençale

Accommodés avec un beurre persillé à l'ail, ils sont simplement délicieux et illustrent toute la subtilité de la gastronomie française.

Pour 4 personnes :

24 escargots dans leurs coquilles
150 g de beurre
2 gousses d'ail écrasées
2 cs de persil haché

2 cs de noisettes pilées
2 cs de champignons de Paris hachés
sel, poivre blanc du moulin

Préparation :

1.

Préchauffez le four à 200 °C. Écrasez le beurre à la fourchette pour le ramollir et ajoutez-lui l'ail, le persil, les noisettes et les champignons. Salez et poivrez.

2.

Placez les escargots dans leur coquille et badigeonnez-les de beurre persillé. Disposez-les dans des cassolettes à escargots et faites-les cuire au four jusqu'à ce que le beurre frémisse.

3.

Servez très chauds.

Crème aux fruits de la passion

Choisissez des fruits de la passion dont la peau est fripée et bosselée, car ce sont les plus mûrs et les plus sucrés. Cette crème se déguste très chaude, à peine sortie du four. Servez-la dans des ramequins.

Pour 4 personnes :
5 fruits de la passion
1 cs ½ de sucre
3 œufs

25 cl de lait entier
beurre, pour les ramequins

Préparation :

1.

Beurrez des ramequins. Ouvrez les fruits de la passion et prélevez la chair à l'aide d'une cuiller.

2.

Battez le sucre, les œufs et le lait puis ajoutez la chair des fruits de la passion. Versez cette crème dans les ramequins.

3.

Faites cuire au four à 150 °C, dans un bain-marie, pendant 30 à 35 minutes, jusqu'à ce que la crème prenne. Saupoudrez de sucre puis placez les ramequins sous le grill et laissez cuire encore 3 à 4 minutes à 250 °C, pour faire légèrement dorer la crème.

Kebabs d'agneau ou de bœuf

Préparez l'agneau à l'indienne, en le faisant macérer longtemps dans le mélange d'épices et faites vos brochettes à l'avance. Lorsque vos invités seront là, vous n'aurez plus qu'à les faire griller.

Pour 4 personnes :

1 kg de viande d'agneau ou de bœuf désossée	**1 cc de garam masala**
	1 cc d'ail déshydraté
2 cs de noix de muscade râpée	**1 cs de sel**
1 cs de piment rouge haché	**10 cl d'huile**

Préparation :

1.

Découpez la viande en dés de trois centimètres environ. Dans un grand saladier, mélangez, les épices, l'huile et le sel. Ajoutez la viande et malaxez pour qu'elle s'imprègne bien de marinade. Laissez macérer au moins trois heures ou toute la nuit, au réfrigérateur, en remuant de temps en temps. Enfilez les dés de viande sur des piques en bois.

2.

Faites griller les brochettes au barbecue ou à la poêle, à feu vif pendant 6 à 7 minutes. Pour pouvez aussi les faire griller au four, à 275 °C, pendant 10 minutes environ, en les retournant de temps en temps. Si vous venez de sortir les brochettes du réfrigérateur, laissez-les cuire quelques minutes de plus.

3.

Servez les brochettes chaudes, avec un peu de salade, du yaourt brassé et du riz. Suggestion : Retirez les piques, coupez les dés de viande en trois et servez-les en kebab, dans du pain pita, avec de l'oignon, des quartiers de tomates et des lamelles de salade verte.

Potage de légumes au cerfeuil

Un potage doux et parfumé, d'une belle couleur verte. Il se prépare en vingt minutes seulement, à l'aide d'un mixeur ou d'un robot de cuisine.

Pour 4 personnes :

1 l de fond de veau	150 g de fonds d'artichauts
2 carottes	1 bouquet de cerfeuil frais
100 g de haricots beurre	40 g de beurre
¼ de chou-fleur	sel, poivre blanc du moulin

Préparation :

1.

Pelez les carottes et coupez-les en rondelles. Rincez le chou-fleur et détaillez-le en fleurettes. Préparez les haricots.

2.

Dans un faitout, portez à ébullition le fond de veau. Ajoutez les fleurettes de chou-fleur et les rondelles de carottes. Laissez mijoter 5 minutes et ajoutez les autres légumes. Laissez cuire encore 3 minutes, à feu doux.

3.

Passez le bouillon et répartissez les légumes sur 4 assiettes. Mixez le bouillon avec le cerfeuil et le beurre. Versez-le sur les légumes encore chauds.

Cabillaud au four, crevettes et œufs mimosa

Un plat simple et très vite prêt, idéal les soirs de semaine. Il sera encore meilleur si vous utilisez des crevettes et du poisson frais.

Pour 4 personnes :

1,2 kg de filets de cabillaud avec la peau

6 ou 7 crevettes décortiquées, hachées

2 œufs durs, hachés

25 g de beurre fondu

1 brin d'aneth

8 pommes de terre moyennes

huile, pour la plaque

gros sel

Préparation :

1.

Préchauffez le four à 100 °C. Graissez une plaque et disposez dessus les filets de cabillaud, côté peau en bas. Parsemez-les de gros sel. Mettez au four 20 minutes environ, en fonction de l'épaisseur des filets.

2.

Mettez les pommes de terre à cuire dans de l'eau. Dans une poêle, faites revenir les crevettes, l'œuf et l'aneth à feu doux, dans le beurre fondu.

3.

Retournez les filets de cabillaud sur une assiette, pour pouvoir retirer la peau. Servez-les avec le mélange de crevettes et d'œuf ainsi que les pommes de terre.

Tartare de bœuf et galette de légumes

Choisissez une viande de premier choix car elle se déguste crue.
Accompagnez-la d'une galette de légumes et d'une sauce au thym.

Pour 4 personnes :

400 g de bœuf (premier choix)
1 bel oignon jaune
sel, poivre blanc du moulin
Galette de légumes :
3 carottes
150 g de céleri-rave
4 belles pommes de terre
un petit poireau

2 cs de beurre
Jus au thym :
20 cl de bouillon de légumes
1 bouquet de thym frais
quelques brins de persil plat
2 gousses d'ail
4 cs de beurre

Préparation :

1.

Galette de légumes : Lavez, pelez et détaillez en lamelles les carottes, le
céleri-rave, les pommes de terre et 10 cm de vert de poireau. Mettez
le tout dans une passoire et essorez. Dans une poêle en téflon, faites
fondre un peu de beurre et pressez les lamelles de légumes pour former
une galette. Faites dorer 3 à 4 minutes sur chaque face.

2.

Jus au thym : Chauffez le bouillon. Ciselez le persil et effeuillez le
thym. Passez les herbes, le beurre en morceaux et les gousses d'ail au
mixeur ou au robot de cuisine, pour obtenir une purée verte et ajoutez
un peu de bouillon. Juste avant de servir, mélangez le beurre au thym
avec le reste du bouillon, battez puis salez et poivrez.

3.

Tartare de bœuf : Détaillez la viande et l'oignon en morceaux et mettez-les dans le bol de votre robot de cuisine. Faites tourner plusieurs
fois, brièvement, sur position intermittente. Salez, poivrez puis formez
4 rectangles de viande hachée. Faites dorer un peu de beurre dans une
poêle et saisissez la viande à feu vif, 30 secondes environ par face.

Filets de cabillaud et purée de légumes

Faites mariner le cabillaud avant de le mettre au four. Cela prend un peu plus de temps mais le poisson aura une toute autre saveur.

Pour 4 personnes :
1 kg de filet de cabillaud
huile d'olive, pour la plaque
Marinade :
2,5 l d'eau
130 g de sel
4 cs de sucre
3 à 4 grains de poivre blanc
3 à 4 grains de poivre de la Jamaïque
½ feuille de laurier
3 à 4 brins de persil
Purée de légumes :
4 pommes de terre moyennes

½ navet
½ céleri-rave
2 carottes
10 cl de bouillon
25 g de beurre
sel
poivre blanc du moulin
Sauce verte :
100 g de persil, haché
40 cl d'eau
sel
25 g de beurre

Préparation :

1.

Cabillaud mariné : Chauffez l'eau, le sel, le sucre, les grains de poivre, le laurier et les brins de persil. Laissez refroidir et placez au réfrigérateur. Recouvrez les filets de cette marinade et faites-les macérer pendant 1 jour et demi.

2.

Purée de légumes : Faites cuire les pommes de terre et les autres légumes. Égouttez-les et réduisez-les en purée. Ajoutez le bouillon, le beurre, le sel et le poivre blanc fraîchement moulu.

3.

Sauce : Faites bouillir l'eau avec un peu de sel. Ajoutez le persil haché et portez de nouveau à ébullition. Passez le tout au mixeur avec le beurre. Vérifiez l'assaisonnement et laissez refroidir.

4.

Cabillaud au four : Préchauffez le four à 100 °C. Badigeonnez un plat d'huile d'olive, disposez dessus les filets de poisson puis salez-les. Laissez cuire 20 minutes environ, dans la partie centrale du four.

Fruits en papillotes

Tous les fruits peuvent être cuits dans du papier aluminium. Tranchez-les et préparez vos papillotes à l'avance, vous n'aurez plus qu'à les passer au barbecue ou au four, au moment du dessert.

Pour 4 personnes :

2 kiwis	**75 g de noisettes pilées**
2 bananes	**100 g de chocolat râpé**
2 pommes	**2 cs de beurre**
4 grappes de cassis	**4 cl de liqueur**

Préparation :

1.

Pelez le kiwi et les bananes puis coupez-les en tranches. Épépinez les pommes et détaillez-les en quartiers.

2.

Répartissez les fruits sur une feuille d'aluminium. Déposez dessus une cuiller de beurre et arrosez de liqueur. Repliez la feuille et faites cuire au barbecue ou au four, sous le grill, pendant environ 10 minutes.

3.

Avant de servir, saupoudrez de noisettes pilées et de chocolat.

Soupe glacée au yaourt

La Bulgarie est le pays d'origine du yaourt. Là-bas on le déguste à toute heure de la journée et sous différentes formes, notamment en soupe ou comme boisson. Cette soupe rafraîchissante, appelée « tarator », est à base de yaourt, de concombre et d'ail. Elle est servie en été, lorsqu'il fait très chaud, avec quelques tranches de pain.

Pour 4 personnes :

2 concombres	½ cs d'aneth hachée
1 cc de sel	0,5 l de yaourt à la grecque
1 gousse d'ail	2 cs d'huile neutre
1 cs de vinaigre de vin blanc	1 cs de menthe hachée

Préparation :

1.

Pelez les concombres, coupez-les en quatre, dans le sens de la longueur, puis détaillez-les en tranches. Mettez-les dans un saladier et salez-les.

2.

Frottez à l'ail un autre saladier. Versez le vinaigre, le yaourt et l'aneth dedans. Mélangez bien et couvrez le concombre de cette préparation.

3.

Au moment de servir, arrosez d'huile et parsemez de menthe hachée.

Avocat aux crevettes et vinaigrette aux herbes

Une entrée légère qui a du caractère. Pour préparer la vinaigrette, choisissez de préférence des herbes fraîches. Pensez aussi à citronner l'avocat pour éviter qu'il noircisse.

Pour 4 personnes :
2 avocats mûrs
200 g de crevettes
   décortiquées
salade de saison
1 botte de radis

Vinaigrette aux herbes :
1 cs de vinaigre de vin blanc
5 cs d'huile d'olive
1 cc de moutarde douce !
sel, poivre blanc du moulin
persil, ciboulette, estragon ou autre

Préparation :

1.

Vinaigrette aux herbes : Retirez les tiges des herbes aromatiques avant de les hacher. Mettez-les dans le bol de votre robot de cuisine et ajoutez le vinaigre, la moutarde, le sel et un peu de poivre fraîchement moulu. Passez au mixeur en position lente. Ajoutez l'huile et mixez de nouveau.

2.

Lavez la salade et nettoyez les radis. Pelez les avocats, coupez-les en deux puis retirez les noyaux. Disposez la salade, les moitiés d'avocats, les radis et les crevettes sur des assiettes. Arrosez de vinaigrette aux herbes.

Assiette anglaise
et crème de champignons

En faisant vos courses, arrêtez-vous au rayon charcuterie à la coupe et faites-vous plaisir ! Il y a tant de choses à découvrir… Un beau plat de charcuterie fine est toujours une entrée appréciée, surtout si vous l'accompagnez d'une crème de champignons au vermouth. Vous pouvez aussi le décorer de feuilles d'artichauts.

Pour 4 personnes :

120 g de jambon de Parme
120 g de pâté de campagne
120 g de salami italien
Crème de champignons :

200 g de champignons de Paris
4 cs de vermouth sec
sel, poivre blanc
2 à 3 cs de crème fraîche

Préparation :

1.

Crème de champignons : Nettoyez les champignons, réservez-en quelques-uns pour la décoration et coupez les autres en morceaux. Passez-les au mixeur (ou au robot de cuisine) avec le vermouth et la crème fraîche jusqu'à ce que vous obteniez une purée presque liquide. Salez, poivrez et placez au réfrigérateur quelques heures.

2.

Garnissez chaque assiette d'un choix de charcuterie, d'un peu de crème de champignons et de quelques champignons en tranches.

Antipasto

En Italie, le terme d'« antipasto » regroupe une foule de choses différentes. Cela va de la charcuterie qui peut être cuite, crue, fumée ou non, aux poissons (des anchois, par exemple) et aux crudités (olives, champignons). Choisissez à votre guise et servez sur un grand plat, arrosé de vinaigrette à l'huile d'olive.

Pour 4 personnes :

100 g de jambon cuit fumé
100 g de jambon cru/de Parme
1 bocal d'anchois
1 botte de radis
2 artichauts cuits
12 tomates cerises
1 petit oignon jaune

100 g de champignons de Paris
poivrons, de 2 couleurs si possible
Vinaigrette :
1 cs ½ de vinaigre
1 cc de sel
5 cs d'huile d'olive
1 pincée de poivre blanc du moulin

Préparation :

1.

Vinaigrette : Battez le vinaigre avec le sel et le poivre. Ajoutez l'huile d'olive et émulsionnez.

2.

Coupez l'oignon en tranches fines et les poivrons en lanières. Tranchez les champignons.

3.

Disposez joliment sur un plat de service. Au moment de servir, arrosez de vinaigrette et saupoudrez de fines herbes.

Mousse de foie de volaille

Le foie de volaille a l'avantage d'être un ingrédient de premier choix à un prix très abordable. Avec un peu de porto et du beurre, il constituera une entrée des plus fines.

Pour 4 personnes :
300 g de foies de poulet
1 à 2 cs de beurre pour la poêle
1 cs de porto
75 g de beurre froid
sel, poivre blanc

Pour accompagner :
pain de campagne
cornichons
jeunes feuilles de frisée

Préparation :

1.

Dénervez les foies puis salez et poivrez-les. Faites-les revenir dans 1 à 2 cuillers à soupe de beurre, dans une poêle bien chaude. Laissez refroidir.

2.

Passez les foies au mixeur. Laissez tourner jusqu'à ce que vous obteniez une mousse homogène, ajoutez alors le porto et le beurre froid coupé en morceaux. Versez cette mousse dans un grand bol ou une terrine puis salez et poivrez. Placez-la 1 à 2 heures au réfrigérateur pour qu'elle prenne.

3.

Plongez une cuiller à soupe dans de l'eau bouillante et utilisez-la pour donner à la mousse une forme d'œufs. Servez sur des assiettes garnies de petits cornichons, de feuilles de salade et de belles tranches de pain de campagne.

Nachos, guacamole et sauce salsa

Il faudrait toujours avoir un paquet de nachos chez soi pour les apéritifs imprévus. Vous aurez alors vite fait de couper des légumes en bâtons et de préparer quelques sauces (ou d'ouvrir des pots) qui accompagneront ces chips mexicaines.

Pour 4 personnes :
1 paquet de nachos
2 carottes
1 concombre
Guacamole :
2 avocats
2 cs d'oignon rouge haché
1 tomate en dés
2 cs de jus de citron vert

2 cs de coriandre fraîche
1 cc de sel
Salsa à la tomate :
2 tomates
½ oignon rouge
1 piment rouge d'Espagne haché
sel, poivre blanc du moulin
2 cs de coriandre fraîche

Préparation :

1.

Coupez les carottes et le concombre en bâtons et disposez-les sur un grand plat. Ouvrez le paquet de nachos et videz-le dans le même plat. Arrangez joliment.

2.

Guacamole : Épluchez l'oignon rouge et hachez-le. Hachez la coriandre. Ébouillantez la tomate puis pelez-la et coupez-la en dés. Réduisez la chair des avocats en purée à l'aide d'une fourchette. Versez aussitôt le jus de citron vert dessus et mélangez. Ajoutez l'oignon haché, les dés de tomate et la coriandre. Salez et poivrez.

3.

Salsa à la tomate : Ébouillantez, pelez et hachez les tomates. Fendez le piment, épépinez-le et hachez-le. Épluchez l'oignon et hachez-le. Mélangez les tomates, l'oignon, la coriandre et le piment. Salez et poivrez.

Asperges tièdes au beurre de tomates

Le beurre de tomates pourra accommoder tous vos plats. Qu'il s'agisse de grillades ou de légumes, c'est un délice ! Essayez-le avec de belles asperges blanches.

Pour 4 personnes :
200 g de bon beurre frais
4 à 5 morceaux de tomates séchées, macérées dans l'huile

sel
1 cs de concentré de tomate
poivre

Préparation :

1.
Épluchez les asperges avec un couteau économe.

2.
Faites bouillir les asperges 20 à 45 minutes, suivant leur fraîcheur et leur gabarit. Pour les faire cuire, une sauteuse convient bien. Sortez-les de l'eau en faisant attention de ne pas les casser et posez-les sur une assiette chaude.

3.
Beurre de tomates : Passez les ingrédients au mixeur ou au robot de cuisine et réfrigérez un moment avant de servir.

Granité de vin rouge aux framboises

Un dessert rafraîchissant qui sera particulièrement apprécié après un repas épicé. Servez-le dès sa sortie du congélateur car il fond très vite.

Pour 4 personnes :
40 cl de vin rouge léger et fruité
   (Beaujolais, par ex.)
90 g de sucre

20 cl d'eau
1 petite barquette de framboises

Préparation :

1.
Mélangez le sucre, le vin et l'eau et remuez pour bien dissoudre le sucre. Versez dans un moule et placez au congélateur.

2.
Laissez prendre quelques heures en remuant de temps en temps.

3.
Servez à la cuiller, dans des ramequins ou des coupes. Décorez de framboises. Si vous utilisez des framboises surgelées, elles doivent être juste assez dégelées pour ne pas avoir eu le temps de ramollir.

Crevettes cocktail

Ces crevettes en mayonnaise feront une entrée parfaite ou un déjeuner léger et pourront être préparées à l'avance. Vous les apprécierez aussi comme farce dans des pommes de terre au four.

Pour 4 personnes :

500 g de crevettes non décortiquées
2 œufs durs
1 oignon rouge
1 à 2 cs de mayonnaise

sel, poivre blanc du moulin
aneth
Pour accompagner :
petites pommes de terre nouvelles à l'eau

Préparation :

1.

Épluchez les crevettes. Hachez-les ainsi que les œufs et l'oignon rouge. Ajoutez la mayonnaise et mélangez. Salez, poivrez. Si possible, laissez reposer un moment avant de servir

2.

Servez en accompagnement de petites pommes de terre nouvelles cuites à l'eau. Suggestion : faites bouillir les restes de crevettes avec de l'oignon, vous obtiendrez un bouillon délicieux que vous pourrez utiliser comme base de soupe ou de sauce.

Moules marinière

Les moules présentent le double avantage d'être bon marché et faciles à préparer. Retirez simplement celles qui ne se ferment pas lorsque vous les cognez légèrement sur un coin de table et celles qui ne s'ouvrent pas à la cuisson. Si vous souhaitez un plat plus riche, sortez les moules de la casserole une fois qu'elles sont ouvertes et versez un peu de crème dans le jus de cuisson. Laissez frémir doucement et remettez les moules dans la casserole. La sauce sera bien plus onctueuse.

Pour 4 personnes :

2 kg de moules bleues
2 oignons jaunes
2 gousses d'ail
2 bouquets de persil
2 à 3 cs d'huile neutre

40 cl de vin blanc sec
sel
poivre blanc du moulin
poivre de Cayenne

Préparation :

1.

Grattez les moules et lavez-les. Hachez grossièrement l'oignon, épluchez l'ail et coupez-le en tranches fines. Hachez le persil.

2.

Faites chauffer de l'huile dans une grande cocotte. Mettez-y l'oignon, l'ail et les moules. Secouez la casserole pour bien mélanger puis couvrez. Après 2 à 3 minutes, ajoutez le vin, secouez à nouveau et couvrez. Poursuivez la cuisson pendant 2 à 3 minutes. Les moules sont cuites lorsqu'elles se sont largement ouvertes.

3.

Salez, poivrez, ajoutez un peu de poivre de Cayenne et terminez en saupoudrant de persil haché. Servez dans des assiettes creuses, accompagné de belles tranches de pain blanc pour saucer.

Velouté de pois gourmands à la crème de raifort

Une soupe d'un beau vert vif sur laquelle flotte un nuage de crème au raifort. Utilisez un mixeur pour la préparer et veillez à ne pas trop cuire les pois pour qu'ils conservent leur couleur.

Pour 4 personnes :

500 g de pois gourmands	**1 cc de xérès sec**
1 litre de bouillon de poule	**10 cl de crème fleurette**
sel, poivre blanc	**1 morceau de raifort**

Préparation :

1.

Battez la crème en chantilly jusqu'à ce qu'elle soit bien prise. Épluchez et râpez le raifort, puis ajoutez-le à la crème. Goûtez pour vérifier si la crème est assez piquante. Il est important qu'elle soit bien relevée. Placez-la au réfrigérateur.

2.

Chauffez le bouillon. Lavez, préparez les pois gourmands et faites-les blanchir 3 à 4 minutes dans le bouillon. Mixez le bouillon aux pois pour obtenir une belle purée que vous passerez ensuite au tamis. Ajoutez le xérès, salez et poivrez.

3.

Servez le velouté chaud, agrémenté d'une cuiller de crème de raifort.

Jambon au vin blanc

Pour les grandes occasions, faites cuire un jambon vous-même. Servez-le avec des pommes de terre et des légumes de saison. Demandez à votre charcutier combien de temps il doit dessaler avant de cuire.

Pour 12 personnes :

2–3 kg de jambon salé désossé	**10 grains de poivre**
1 oignon jaune	**1 feuille de laurier**
1 carotte	**1 bouteille de vin blanc sec**
6 clous de girofle	

Préparation :

1.

Épluchez la carotte et l'oignon et piquez-les de clous de girofle. Mettez de l'eau à bouillir dans un grand faitout. Lorsqu'elle bout à gros bouillons, ajoutez le jambon dans le faitout. Laissez reprendre l'ébullition. Ajoutez alors la carotte, l'oignon et les épices et piquez un thermomètre dans la partie la plus charnue du jambon.

2.

Baissez le feu, couvrez et laissez frémir jusqu'à ce que le thermomètre atteigne 75 °C. Si vous ne possédez pas de thermomètre, comptez environ 50 minutes de cuisson par kilo de jambon. À mi-cuisson, videz le bouillon et remplacez-le par le vin blanc. Couvrez ensuite la casserole d'une feuille de papier aluminium, remettez le couvercle et terminez la cuisson.

3.

Avant de servir, laissez le jambon refroidir 30 minutes dans son jus. Si vous désirez le servir froid, laissez-le refroidir entièrement dans son jus.

Poêlée de bœuf
aux pommes de terre

En Suède, on sert traditionnellement cette poêlée accompagnée d'un jaune d'œuf cru. Elle est particulièrement appréciée au dîner.

Pour 4 personnes :
600 g de filet de bœuf
4 oignons jaunes
1 kg de pommes de terre

20 g de persil haché
4 jaunes d'œufs

Préparation :

1.

Coupez le filet de bœuf d'abord en tranches, puis en lamelles et enfin en petits dés réguliers. Épluchez les pommes de terre et coupez-les également en dés. Rincez-les pour leur enlever l'amidon. Épluchez et hachez l'oignon.

2.

Faites revenir les oignons à feu doux, dans un peu de beurre ou d'huile, jusqu'à ce qu'ils soient tendres et dorés. Salez. Prenez une autre poêle et faites sauter les pommes de terre (éventuellement en plusieurs fois) jusqu'à ce qu'elles soient tout à fait cuites et bien grillées. Maintenez les deux poêles chaudes.

3.

Faites fondre le beurre dans une autre poêle. Lorsqu'il est bien mousseux faites-y revenir le bœuf. Les dés doivent rester roses à l'intérieur tout en étant bien grillés. Salez, poivrez. Répartissez sur chaque assiette un peu de viande, de pommes de terre et d'oignon, sans les mélanger. Saupoudrez de persil haché. Présentez un jaune d'œuf cru à côté de chaque assiette.

Artichauts mayonnaise

Les artichauts ont toutes les qualités : beaux, diététiques, et amusants à manger ! Vous les renouvellerez en les servant avec une mayonnaise maison à l'huile d'olive et aux fines herbes. Pour la préparer, que ce soit à la main ou au mixeur, tous les ingrédients devront être à température ambiante.

Pour 4 personnes :

4 beaux artichauts	**¼ cc de sel**
1 citron	**20 cl d'huile d'olive**
sel	**poivre blanc**
1 œuf	**1 petit bouquet de persil**
1 cs de jus de citron	**1 petit bouquet d'aneth**
1 cs de moutarde	**1 petit bouquet de ciboulette**

Préparation :

1.

Artichauts : Coupez les tiges des artichauts à la base pour entraîner les fils et coupez l'extrémité des feuilles les plus pointues. Plongez les artichauts dans l'eau bouillante légèrement salée et laissez-les cuire 40 à 60 minutes, jusqu'à ce qu'ils soient bien tendres. Vérifiez la cuisson en tirant sur une feuille. Si elle se détache facilement, l'artichaut est cuit.

2.

Mayonnaise aux herbes : Hachez les fines herbes. Passez l'œuf, le jus de citron, la moutarde et le sel 30 secondes au mixeur, à vitesse lente. Versez l'huile en filet pendant que l'appareil tourne. Lorsque la mayonnaise commence à prendre, ajoutez les fines herbes. Placez alors le mixeur sur la position intermittente (pulse) et faites tourner brièvement à plusieurs reprises, jusqu'à ce que tout soit bien mélangé.

3.

Servez les artichauts avec la mayonnaise. (Sur la photo les feuilles centrales, non comestibles, ont été enlevées.)

Papas arugadas con mojo rojo

Une recette espagnole qui consiste à cuire des pommes de terre dans une grande quantité de gros sel. Rassurez-vous, le sel ne pénètre pas dans les pommes de terre mais rend leur peau craquante à souhait. La sauce qui les accompagne doit être très relevée et d'un rouge éclatant.

Pour 4 personnes :

25 à 30 petites pommes de terre régulières, type grenaille
450 g de gros sel
6 tranches de pain blanc
2 jaunes d'œuf
2 à 3 cs de vinaigre de vin rouge
60 cl d'huile

20 gousses d'ail
2 cs de cumin en grains
4 cs de paprika
1 pincée de poivre de Cayenne
1 cs de cerfeuil déshydraté
4 belles grillades de la viande de votre choix

Préparation :

1.

Brossez les pommes de terre. Retirez la croûte du pain et mettez les tranches à tremper dans le vinaigre. Faites cuire les pommes de terre dans un mélange constitué de 50% d'eau et 50% de gros sel. Lorsque les pommes de terre sont tendres, sortez-les et laissez-les refroidir quelques minutes sur un plat chaud.

2.

Hachez l'ail, écrasez-le au mortier avec le cumin, le paprika, le poivre de Cayenne et le cerfeuil. Passez cette purée au mixeur avec le pain trempé au vinaigre et les jaunes d'œuf.

3.

Dans une casserole, faites chauffer l'huile avec 2 ou 3 cuillers à soupe d'eau. Lorsque le mélange a atteint 37 °C environ, sortez-le du feu. Versez-le alors sur la préparation aux épices, d'abord goutte à goutte, puis en filet, comme pour une mayonnaise, dans le bol du mixeur que vous avez mis à tourner. Servez les pommes de terre avec cette sauce relevée et une viande grillée.

Foie de veau
au vinaigre de xérès

Une recette pauvre en graisses et riche en fibres, pour un repas vraiment diététique. La saveur des légumes et l'âpreté du vinaigre contrastent délicieusement avec le foie de veau. Choisissez les légumes que vous aimez mais nous vous conseillons d'utiliser des pois gourmands.

Pour 4 personnes :

4 tranches de foie de veau, soit 400 g	**1 poireau**
20 cl de bouillon de viande corsé	**1 bouquet de persil**
4 cs de vinaigre de xérès	**2 cs de beurre**
2 carottes	**huile pour la poêle**
1 morceau de céleri-rave (100 g)	**sel, poivre blanc du moulin**
	200 g de pois gourmands

Préparation :

1.

Épluchez les carottes, le céleri et le poireau et lavez-les. Hachez le persil, les carottes, le céleri et le poireau.

2.

Faites revenir les légumes dans un peu de beurre ou d'huile d'olive sans qu'ils prennent couleur. Arrosez-les de vinaigre laissez bouillonner jusqu'à ce que celui-ci s'évapore. Versez alors le bouillon de viande et laissez frémir 15 à 20 minutes. Pour finir, saupoudrez de persil et ajoutez une noix de beurre. Salez, poivrez.

3.

Salez et poivrez les tranches de foie. Faites-les griller environ 3 minutes sur chaque face, elles doivent rester rosées à l'intérieur. Si vous les faites griller à la poêle, graissez celle-ci avant la cuisson. Si vous les faites griller au barbecue, éloignez un peu la grille des braises et badigeonnez éventuellement les tranches de viande d'un peu d'huile.

Crème caramel

Vous la présenterez dans des ramequins ou démoulée, dans des assiettes.

Pour 4 personnes :
30 cl de crème liquide
30 cl de lait
5 œufs
1 cs ½ de sucre vanillé

Caramel :
180 g de sucre
3 cs d'eau

Préparation :

1.

Préchauffez le four à 200 °C. Faites fondre le sucre dans une poêle sèche, versez l'eau dessus et mélangez. Le sucre doit brunir sans brûler ni attacher. Chauffez 4 ramequins et versez le caramel dedans. Inclinez-les pour que le caramel recouvre tout l'intérieur.

2.

Faites chauffer le lait avec la crème. Dans un saladier, battez les œufs et le sucre vanillé puis, sans cesser de battre, versez le lait bouillant dessus. Filtrez la crème ainsi obtenue.

3.

Versez les œufs au lait dans les ramequins, couvrez d'aluminium et faites cuire au four dans un bain-marie, 50 minutes environ. Servez les petites crèmes caramel tièdes ou froides (dans ce cas placez-les au réfrigérateur jusqu'au moment de servir), démoulées sur des assiettes et nappées de leur caramel. Si vous avez des difficultés à les démouler, décollez les bords des ramequins avec une pointe de couteau.

Crevettes sautées et aïoli

Un plat de crevettes à l'espagnole qui fera une entrée légère. Ne soyez pas effrayés par la quantité de gros sel utilisée. Cuites entières, les crevettes ne seront pas trop salées et conserveront leur saveur marine.

Pour 4 personnes :

40 crevettes non décortiquées surgelées
500 g de gros sel (de mer)
2 cs de cognac
Aïoli :
1 œuf
1 jaune
6 gousses d'ail

1 cc de sel
3 gouttes de sauce tabasco
2 cc de jus de citron
40 cl d'huile
40 cl d'huile d'olive
Pour accompagner :
quartiers de citron
pain grillé

Préparation :

1.

Aïoli : Avant de commencer, assurez-vous que tous les ingrédients ont la même température. Si ce n'était pas le cas, l'aïoli ne prendrait pas. Battez l'œuf et le jaune avec le jus de citron, l'ail épluché et pressé, le sel et le tabasco. Ajoutez l'huile d'abord goutte à goutte, sans cesser de battre, puis en filet. Continuez de battre pour obtenir un aïoli bien pris et crémeux.

2.

Couvrez le fond d'une poêle de gros sel. Faites chauffer, posez les crevettes congelées sur le sel et laissez griller 2 minutes à feu vif. Tournez les crevettes et sortez la poêle du feu. Il ne faut pas qu'elle soit trop chaude au moment où vous ajoutez l'alcool.

3.

Versez le cognac dans la poêle, allumez et laissez brûler. Servez les crevettes flambées avec l'aïoli, des quartiers de citron et des tranches de pain grillé.

Fraises au vin rouge

Un dessert simple à préparer dans lequel le vin ravive la saveur et l'arôme des fraises. Les soirs de fête, servez-le dans des verres à vin.

Pour 4 personnes :
1 grosse barquette de fraises
20 cl de vin rouge léger et fruité
  (Beaujolais, par exemple)

3 cs de sucre
feuilles de citronnelle ou
  de menthe

Préparation :

1.
Épluchez et lavez les fraises. Mélangez-les au sucre.

2.
Répartissez les fraises sur des assiettes ou dans des verres. Versez le vin dessus. Placez au réfrigérateur et laissez macérer quelques heures avant de servir. Décorez de feuilles de menthe ou de citronnelle.

Carré de porc aux épinards

Mariné et cuit au barbecue, le carré de porc est un délice. Les jours de pluie, il sera aussi très bon cuit au four.

Pour 4 personnes :

800 g de carré de porc
6 cs de sauce soja japonaise
6 cs de xérès sec
6 cs de miel liquide
6 cs d'eau
1 cs de gingembre frais râpé
2 gousses d'ail écrasées
1 cs de vinaigre de vin blanc

2 cc d'arrow-root (épiceries
spécialisées)
250 g d'épinards en branches
(frais ou surgelés)
100 g de champignons de Paris
beurre/margarine pour la poêle
2 à 3 gousses d'ail écrasées
1 cc de sel

Préparation :

1.

Marinade : Épluchez et hachez le gingembre. Mélangez la sauce soja, le xérès, le miel, l'eau, le gingembre et le vinaigre. Ajoutez l'ail écrasé. Placez la viande dans un sachet en plastique et arrosez-la de marinade. Fermez bien le sachet et laissez mariner 1 à 2 heures, à température ambiante. Agitez le sachet de temps à autre.

2.

Viande au four : Préchauffez le four à 175 °C. Sortez la viande de sa marinade (réservez celle-ci), égouttez-la bien et plantez un thermomètre dedans. Faites-la cuire au four jusqu'à ce que le thermomètre indique 82 à 85 degrés. *Viande grillée :* Grillez-la 15 à 20 minutes sur la braise en la retournant plusieurs fois. La durée de cuisson dépend de l'épaisseur dc la viande et de la chaleur des braises.

3.

Décongelez les épinards et égouttez-les soigneusement. S'il s'agit d'épinards frais, ébouillantez-les pendant une minute. Nettoyez les champignons, coupez-les en deux et faites-les revenir dans le beurre. Réduisez le feu, incorporez les épinards aux champignons puis ajoutez l'ail et le sel. Versez la marinade dans une casserole, ajoutez l'arrow-root et mélangez bien. Portez à ébullition puis laissez frémir 5 minutes, le temps que la sauce épaississe un peu. Servez la viande accompagnée des légumes et de la sauce.

Crème de poisson sur canapé

Des canapés originaux pour vos buffets d'été. Choisissez du maquereau fumé, des sprats ou tout autre poisson de ce type et surtout n'oubliez pas l'aneth !

Pour 4 personnes :

200 g de filets de poisson fumé sans arêtes
4 pommes de terre cuites et épluchées
4 œufs durs écalés

1 bouquet d'aneth
6 cs de crème fraîche légère
sel, poivre blanc
4 tranches de pain de seigle
aneth

Préparation :

1.

Détaillez le poisson, les pommes de terre et les œufs en petits morceaux. Coupez les tiges de l'aneth et ciselez le reste du bouquet. Mettez tous ces ingrédients dans le bol de votre mixeur ou de votre robot de cuisine et faites tourner rapidement jusqu'à ce que tout soit grossièrement haché. Ajoutez la crème fraîche et mélangez. Salez et poivrez à votre convenance.

2.

Répartissez la crème de poisson sur les tranches de pain. Décorez d'aneth ciselé ou de brins entiers.

Cheeseburger

Le secret d'un bon cheeseburger est d'utiliser des ingrédients de première qualité. Les steaks doivent être 100% pur bœuf et hachés du jour. Servez avec des frites maison.

Pour 4 personnes :

800 g de bœuf haché	**poivre noir du moulin**
4 pains à hamburgers	**4 petits cornichons à la russe**
4 tranches de cheddar	**4 belles tomates rondes**
huile neutre pour les steaks	**2 oignons jaunes**
sel	**1 petit cœur de salade iceberg**

Préparation :

1.

Allumez votre four en position grill et réglez-le sur la chaleur maximum. Façonnez la viande en 4 steaks hachés que vous badigeonnez d'huile. Faites-les cuire dans une poêle chaude ou au grill, 2 minutes sur chaque face. Retournez-les, saupoudrez-les de sel et de poivre, posez une tranche de fromage sur chacun et poursuivez la cuisson 5 minutes à feu doux, pour que le fromage fonde.

2.

Ouvrez les petits pains et faites-les griller quelques minutes, côté mie au-dessus, jusqu'à ce qu'ils soient légèrement dorés.

3.

Garnissez chaque petit pain chaud d'un steak haché. Servez avec des cornichons à la russe, des tranches de tomates, des rondelles d'oignon, de la salade et des frites ou des quartiers de pommes de terre.

Avocats au poisson fumé

Cette recette du Ghana fera une bonne entrée. Préparez la crème de poisson à l'avance pour que les saveurs aient le temps de se mêler, mais n'ouvrez les avocats qu'au dernier moment, sinon ils noirciraient.

Pour 4 personnes :

250 g de chair de poisson fumé, sans peau ni arête
4 œufs durs
1 cs de lait
2 pincées de sel

1 pincée de sucre
½ cc de poudre de piment
1 cs de jus de citron (vert ou jaune)
3 cs d'huile d'olive
4 avocats

Préparation :

1.

Ouvrez les œufs durs et séparez les blancs des jaunes. Hachez les blancs.

2.

Écrasez les jaunes à la fourchette, ajoutez le lait, le sel, le sucre, la poudre de piment et le jus de citron. Incorporez l'huile peu à peu. Ajoutez ensuite les blancs d'œufs et la chair de poisson émiettée. Réfrigérez jusqu'au moment de servir.

3.

Juste avant de servir, coupez les avocats en deux. Enlevez les noyaux. Garnissez chaque moitié de crème de poisson et décorez de demi-citrons verts ou de quartiers de citron.

Asperges au parmesan

Au printemps, les asperges fraîches sont un vrai régal. Si vous ne possédez pas de cuit-vapeur, faites-les simplement cuire à l'eau. Servez-les avec de la charcuterie, par exemple du jambon cru.

Pour 4 personnes :

24 asperges fraîches, vertes ou blanches	**½ citron**
1–2 cs de jus de citron	**80 g de beurre**
1 cs de beurre	**40 g de pistaches**
1 cs de sel	**1 morceau de parmesan**
1 pincée de sucre	**cresson pour décorer**

Préparation :

1.

Nettoyez les asperges. Asperges blanches : munissez-vous d'un couteau économe et épluchez-les de haut en bas, en commençant à 2 cm de la pointe, pour éviter de la casser. Mettez-les ensuite dans un bain d'eau citronnée pour qu'elles ne jaunissent pas. Asperges vertes : rincez-les et coupez les extrémités dures.

2.

Si vous possédez un cuit-vapeur, utilisez-le pour cuire les asperges (8 à 10 minutes). Sinon, faites-les cuire 10 minutes à feu doux dans de l'eau bouillante (elles doivent être parfaitement recouvertes) additionnée de beurre, de sel, de sucre et de morceaux de citron. Pour les plonger en même temps dans la casserole, placez-les sur une feuille d'aluminium ou sur une grille que vous abaissez.

3.

Pendant la cuisson des asperges, faites fondre le beurre, grillez les pistaches dans une poêle sèche et coupez le fromage en tranches très fines ou râpez-le grossièrement. Disposez les asperges sur des assiettes que vous garnissez de fromage, de pistaches et de cresson. Servez avec le beurre fondu.

Salade niçoise

Utilisez du thon à l'huile plutôt que du thon au naturel. Votre salade en sera bien meilleure.

Pour 4 personnes :

1 petite boîte de thon
2 tomates
4 pommes de terre cuites, tranchées
haricots verts cuits, refroidis
1 botte de radis
20 olives
10 filets d'anchois
1 petit poireau en rondelles
1 poivron

2 œufs durs
sel, poivre blanc du moulin
1 cs de ciboulette ciselée
Vinaigrette :
1 cs ½ de vinaigre
1 cc de sel
1 cc de moutarde
3 cs d'huile
1 cc de poivre blanc du moulin

Préparation :

1.

Égouttez le thon dans une passoire. Coupez les tomates en quartiers et tranchez les pommes de terre froides. Coupez les radis en rondelles. Hachez les anchois puis émincez le poireau et le poivron en lamelles.

2.

Vinaigrette : Mélangez le sel, le poivre et le vinaigre. Ajoutez la moutarde et l'huile.

3.

Mettez le thon, les tomates, les pommes de terre, les haricots, les radis, les olives, le poireau, le poivron et les anchois dans un saladier. Arrosez-les de vinaigrette et mélangez-les sans les écraser. Coupez les œufs durs en quartiers et décorez-en la salade. Saupoudrez de ciboulette.

Muffins

Cette recette de base vous permettra de préparer de délicieux muffins pour toutes les occasions. Selon vos goûts, vous les déclinerez en plusieurs parfums : pomme-cannelle, fruits rouges, pépites de chocolat…

Pour 30 muffins :
2 œufs
180 g de sucre
50 g de beurre
10 cl de lait
180 g de farine

1 cc ½ de levure chimique
1 cc de sucre vanillé
au choix : myrtilles, jus de citron, morceaux de pommes et cannelle en poudre

Préparation :

1.

Préchauffez le four à 200 °C. Battez les œufs et le sucre jusqu'à ce que le mélange devienne blanc et mousseux.

2.

Faites fondre le beurre dans une casserole et ajoutez le lait. Versez bouillant sur les œufs et fouettez. Incorporez alors la farine, la levure, le sucre vanillé et les fruits ou le parfum de votre choix. Mélangez bien.

3.

Remplissez 30 moules à muffins de cette pâte et faites cuire 12 minutes au four.

Quesadillas au grill

Les soirs de barbecue, ces quesadillas feront une entrée simple et vous permettront d'attendre que la viande soit prête.

Pour 4 personnes :
8 tortillas du commerce
300 g de fromage râpé

sauce pour tacos du commerce
coriandre fraîche

Préparation :

1.

Garnissez 4 tortillas de fromage râpé. Couvrez-les des 4 tortillas restantes et appuyez pour que le fromage ne s'échappe pas.

2.

Poêlez-les ou faites-les griller au barbecue, 1 à 2 minutes sur chaque face.

3.

Coupez les tortillas grillées en portions et servez-les accompagnées de sauce pour tacos parfumée à la coriandre.

Roulés de bœuf sauce Teriyaki

Au Japon, on sert la sauce Teriyaki avec les viandes grillées. Celle que nous vous proposons ici est plus légère que l'originale. Vous en aurez trop pour 4 personnes mais vous pourrez la conserver plusieurs semaines au réfrigérateur.

Pour 4 personnes :

4 beaux biftecks tranchés fins
2 petits poireaux
1 gousse d'ail
1 litre d'eau
500 g de sucre
1 cs d'arrow-root (épiceries spécialisées)

10 cl de vermouth sec
20 cl de sauce soja japonaise
1 cs de graines de sésame
4 gousses d'ail
huile, pour la poêle

Préparation :

1.

Sauce Teriyaki : Faites chauffer le sucre et l'eau 30 minutes environ, jusqu'à ce qu'il n'en reste plus qu'un tiers. Mélangez le vermouth et l'arrow-root et videz dans le sirop de sucre. Ajoutez la sauce soja, les graines de sésame et les gousses d'ail écrasées.

2.

Roulés de bœuf : Rincez les poireaux et coupez-les en lamelles. Épluchez l'ail. Frottez les biftecks avec l'ail et répartissez les lamelles de poireaux sur la moitié de chaque bifteck. Roulez à partir du côté garni et faites tenir avec des cure-dents.

3.

Faites chauffer l'huile dans une poêle ou dans une poêle-grill en fonte. Saisissez la viande à feu vif, 6 minutes environ, jusqu'à ce qu'elle soit bien grillée. Servez sur un wok de légumes et arrosez de sauce.

Manzo branzato

Le « manzo branzato al vino rosso » est un plat typique d'Italie du Nord. Vous servirez le bœuf en tranches, arrosé de sauce au vin rouge et l'accompagnerez de tagliatelles ou de pommes de terre à l'eau.

Pour 4 personnes :

1 morceau de bœuf d'1 kg
   (faux-filet)
2 oignons jaunes
1 carotte
1 morceau de céleri-rave
   (50 g environ)
1 cc de thym

2 feuilles de laurier
6 grains de poivre blanc
1 bouteille de vin rouge
1 bâton de cannelle (3 cm environ)
6 clous de girofle
huile d'olive

Préparation :

1.

Épluchez les oignons, la carotte et le céleri puis coupez-les en petits morceaux. Placez la viande dans un saladier, ajoutez les légumes, les grains de poivre, le laurier et le thym et arrosez de vin. Couvrez de film alimentaire et réfrigérez pendant 24 heures. Retournez la viande plusieurs fois.

2.

Sortez la viande de sa marinade et séchez-la. Faites-la dorer dans une sauteuse, salez, poivrez. Piquez un thermomètre dans la partie la plus charnue du morceau, mouillez avec la marinade et ajoutez la cannelle et les clous de girofle. Lorsque la marinade bouillonne, couvrez et laissez frémir à feu doux 1 heure environ, jusqu'à ce que le thermomètre indique 75 °C.

3.

Sortez la viande et enveloppez-la dans une feuille d'aluminium. Filtrez la sauce, videz-la dans une casserole et laissez-la réduire jusqu'à ce qu'il ne reste plus que 30 cl de liquide. Servez avec la viande.

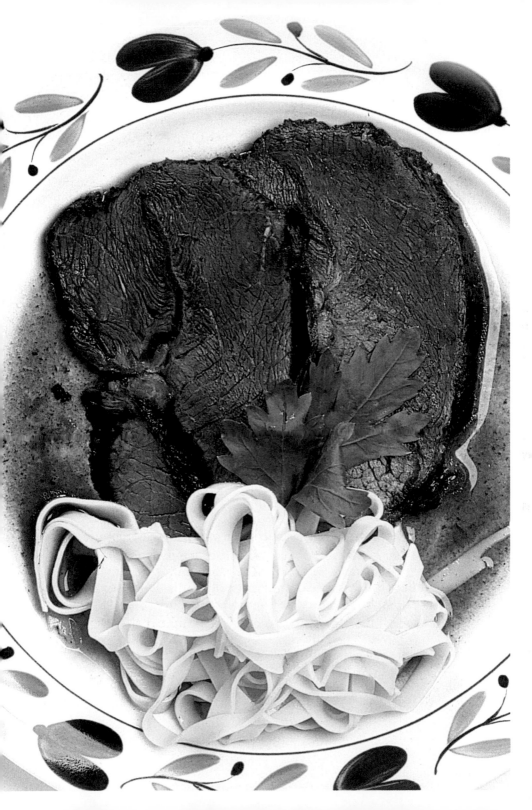

Parfait aux framboises et son coulis

Un dessert tout en rose pour les amateurs de framboises.

Pour 4 personnes :
4 jaunes d'œufs
5 cs de sucre
40 cl de crème fleurette
1 verre de confiture de
   framboises

framboises fraîches pour décorer
1 petite barquette de framboises
   fraîches
1 cc de sucre glace

Préparation :

1.

Montez la crème en chantilly. Prenez un autre saladier et battez les œufs avec le sucre jusqu'à ce que vous obteniez un mélange blanc et mousseux. Ajoutez la confiture de framboises et continuez de battre. Incorporez délicatement la crème chantilly. Versez dans un moule et placez au congélateur 4 à 5 heures.

2.

Coulis : Mixez les framboises et le sucre puis passez cette purée au chinois.

3.

Garnissez chaque assiette d'une nappe de coulis. Disposez une tranche de parfait dessus et décorez de framboises fraîches.

Apfelstrudel

Pour réussir ce dessert allemand aux pommes, aidez-vous d'un grand torchon : vous roulerez la pâte plus facilement. Essayez aussi ses variantes (aux poires, aux abricots…) tout aussi savoureuses, et servez tiède accompagné de crème fouettée.

Pour 12 personnes :

12,5 cl d'eau tiède	**¾ de verre de chapelure**
1 cc de beurre	**2 cs de beurre**
1 œuf	**130 g de sucre**
1 cc de sel	**6 cs de raisins secs**
1 cc de jus de citron	**1 cc de cannelle**
300 g + 30 g de farine	**1 cc de zeste de citron**
Garniture :	**sucre glace**
1 kg de pommes	**100 g de beurre fondu**

Préparation :

1.

Laissez fondre le beurre dans l'eau. Ajoutez l'œuf, le sel et le jus de citron. Versez la farine sur le plan de travail et creusez un puits au milieu. Videz un peu de liquide dedans. Travaillez à la cuiller. Ajoutez le reste du liquide et malaxez jusqu'à ce que la pâte se décolle du plan de travail et de vos mains. Laissez-la reposer 30 minutes au moins sous un torchon. Épluchez les pommes et coupez-les en tranches. Faites revenir la chapelure à la poêle, dans 2 cs de beurre.

2.

Préchauffez le four à 225 °C. Couvrez votre plan de travail d'un grand torchon et farinez-le. Étalez la pâte dessus. Elle doit être très fine. Coupez les extrémités plus épaisses de la pâte et saupoudrez la chapelure sur les 2/3 de la pâte. Répartissez les tranches de pommes sur la chapelure. Saupoudrez de sucre, de raisins secs, de cannelle et de zeste de citron.

3.

Faites fondre 100 g de beurre. Versez sur les parties de pâte nues. Soulevez les bords du torchon et repliez-le délicatement pour que les pommes ne s'échappent pas. Façonnez la pâte en un beau rouleau que vous posez sur une plaque à four graissée. Faites cuire 30 minutes environ, dans la partie centrale du four. Lorsque le strudel est cuit, saupoudrez-le de sucre glace.

Fraises au yaourt

Les fruits rouges et le yaourt font une combinaison parfaite. Si vous souhaitez un dessert léger, utilisez du yaourt maigre et renoncez au sucre glace.

Pour 4 personnes :
1 grosse barquette de fraises **feuilles de menthe**
2 cs de sucre **sucre glace**
4 yaourts brassés nature

Préparation :

1.
Rincez et équeutez les fraises.

2.
Mixez la moitié des fraises avec le sucre. Ajoutez le yaourt. Mixez à nouveau, brièvement.

3.
Coupez les fraises restantes en tranches. Répartissez le yaourt sur des assiettes à entremets et garnissez de tranches de fraises. Décorez de feuilles de menthe et saupoudrez de sucre glace.

Langoustines marinées à l'ail

Ne vous laissez pas impressionner, ce plat doré aux saveurs subtiles est moins difficile à réaliser qu'il n'y paraît. Son secret ? Une simple pincée de safran !

Pour 4 personnes :

12 belles langoustines (100 g pièce)
6 gousses d'ail
40 cl de crème fraîche
1 jaune d'œuf
½ g de safran

4 cs de poireau émincé
1 cs de moutarde
sel, poivre blanc du moulin
Pour décorer :
2 citrons

Préparation :

1.

Fendez les langoustines dans le sens de la longueur et disposez-les sur une plaque à four, la carapace sur le dessous. Épluchez et écrasez les gousses d'ail. Mélangez la crème fraîche, le jaune d'œuf, le safran, l'ail, le poireau et la moutarde. Salez et poivrez si besoin. Répartissez ce mélange sur les langoustines.

2.

Faites gratiner dans le haut du four à 275 °C, 8 minutes environ. Le gratin doit être joliment doré. Servez chaud, sur des assiettes décorées de citron.

Gâteau à l'ananas

Un gâteau très simple à réaliser qui, même s'il attache au fond du moule, pourra être recollé sans qu'il n'y paraisse. Pour qu'il soit parfait, sucrez bien le fond du moule.

Pour 12 parts :

**1 boîte de tranches d'ananas
au sirop
25 g de beurre
3 cs de cassonade
1 boîte de fruits rouges au sirop
feuilles de menthe (facultatif)
180 g de farine**

**1 cc ½ de levure chimique
1 cc de sucre vanillé
125 g de beurre
90 g de sucre
1 œuf
10 cl de lait**

Préparation :

1.

Préchauffez le four à 200 °C. Faites fondre 25 g de beurre et couvrez-en le fond du moule. Saupoudrez de cassonade, disposez les tranches d'ananas dessus et garnissez de fruits rouges.

2.

Mélangez la farine, la levure et le sucre vanillé. Travaillez le beurre mou avec le sucre. Ajoutez l'œuf, puis la farine et le lait. Mélangez pour obtenir une belle pâte homogène. Versez sur les fruits.

3.

Faites cuire 30 minutes environ, dans le bas du four. Lorsque le gâteau est cuit, il doit se détacher des bords du moule et une pointe de couteau plantée au milieu doit ressortir sèche. Sortez-le du four et laissez-le reposer 5 minutes avant de le démouler.

Coupes de melon au champagne

Servez ces coupes multicolores après un repas de fruits de mer. Si vous souhaitez une variante sans alcool, remplacez le vin par un mélange mi-eau, mi-soda au citron.

Pour 4 personnes :
800 g à 1 kg de melon   **1 bouteille de champagne (ou vin**
   (3 sortes, 3 couleurs)   **blanc mousseux)**

Préparation :

1.
Coupez les melons en deux et épépinez-les. Détaillez-les en billes ou en cubes.

2.
Mélangez les morceaux de melon dans un saladier, dans des coupes, ou dans de grands verres à vin. Conservez au frais. Placez aussi la bouteille de champagne au réfrigérateur. Elle doit être très froide.

3.
Sortez les coupes au dernier moment. Arrosez-les de champagne et dégustez sans attendre.

Moules avec mayonnaise au citron vert

Le citron vert renouvelle la mayonnaise et se marie parfaitement avec les moules au vin blanc.

Pour 4 personnes :

10 à 12 moules bleues fraîches	2 jaunes d'œufs
1 échalote	1 cs de jus de citron vert
1 branche de persil	1 cc de moutarde
10 cl de vin blanc	¼ cc de sel
sel, poivre blanc du moulin	20 à 30 cl d'huile d'olive
zeste de citron vert en rubans	feuilles de salade
10 à 12 crevettes non décortiquées	quartiers de citron

Préparation :

1.

Mayonnaise au citron vert : Mettez les jaunes d'œufs, le jus de citron vert, la moutarde et le sel dans le bol de votre robot de cuisine. Faites tourner brièvement plusieurs fois. Continuez à faire tourner doucement, ouvrez le couvercle et ajoutez l'huile en filet. Augmentez la vitesse du robot et mixez encore.

2.

Épluchez l'échalote et hachez-la. Vérifiez que les moules sont vivantes en les tapotant légèrement. Dégagez celles qui ne se referment pas. Grattez les autres et lavez-les à l'eau froide. Mettez-les dans un faitout, ajoutez le persil, l'échalote et le vin et faites chauffer jusqu'à ce que les moules s'ouvrent. Salez, poivrez à votre convenance et décorez de rubans de zeste.

3.

Épluchez les crevettes en leur laissant la tête. Servez les moules sur des assiettes garnies de crevettes, de feuilles de salade et de quartiers de citron. Accompagnez de mayonnaise au citron vert que vous présentez dans de petits bols.

Gratin de fruits au chocolat blanc

Essayer cette recette c'est l'adopter ! Ce dessert au chocolat blanc, génial et simplissime, sera parfait un soir de Saint-Sylvestre.

Pour 4 personnes :

2 kiwis	**2 bananes**
10 fraises	**150 g de chocolat blanc**
10 mûres	**½ litre de glace vanille**

Préparation :

1.

Préchauffez le four à 275 °C. Râpez le chocolat et laissez-le sécher un moment, il sera encore plus croustillant en gratinant.

2.

Tranchez les kiwis et les bananes et disposez-les dans un plat à four. Ajoutez les fruits rouges. Saupoudrez de chocolat râpé et faites gratiner quelques minutes au four, jusqu'à ce que le chocolat dore.

3.

Servez sans attendre accompagné de glace vanille.

Rosbif et gratin dauphinois

Le rosbif est plus tendre et moins sec lorsqu'on le cuit longtemps, à feu doux, et qu'on ne le tranche pas trop fin. Une fois cuit, laissez-le attendre enveloppé dans du papier aluminium et préparez le gratin.

Pour 10 personnes :
1 kg de rosbif sans os
1 cc ½ de sel
2 pincées de poivre noir
Gratin dauphinois :
1 kg de pommes de terre farineuses
beurre, pour le plat
1 cc ½ de sel
2 pincées de poivre noir
2 gousses d'ail

20 cl de crème fleurette
20 cl de lait
Jus clair au thym :
1 cc de thym
2 cs de persil haché
100 g de beurre
20 cl de bouillon de légumes chaud
sel, poivre blanc du moulin
Pour accompagner :
500 g de pois gourmands

Préparation :

1.

Rosbif : Préchauffez le four à 125 °C. Salez et poivrez la viande. Placez-la dans un plat à four beurré. Plantez un thermomètre à viande dans la partie la plus charnue et faites cuire le rosbif 1h30 au four, ou jusqu'à ce que le thermomètre indique 63 °C. La viande doit être un peu rose à l'intérieur. Laissez-la reposer, bien enveloppée dans du papier aluminium et préparez le gratin.

2.

Gratin dauphinois : Beurrez un plat à four. Épluchez les pommes de terre et coupez-les en tranches de 4 à 5 mm d'épaisseur. Laissez-les tremper dans l'eau pendant 10 minutes, égouttez-les et séchez-les. Disposez les tranches de pommes de terre en couches, dans le plat. Salez légèrement entre chaque couche. Mélangez le lait et la crème. Ajoutez-y l'ail écrasé et versez ce mélange sur les pommes de terre. Faites cuire 60 à 75 minutes au four, à 200 °C. Lorsqu'elles sont cuites, les pommes de terre doivent être tendres et dorées sur le dessus.

3.

Nettoyez les pois gourmands et faites-les blanchir. Servez le rosbif accompagné du gratin et des pois gourmands.

Salade de fruits exotiques au citron vert

Après un bon repas, une salade de fruits est toujours rafraîchissante. La sauce au citron vert fait l'originalité de celle-ci.

Pour 4 personnes :
20 fraises
2 kiwis
1 carambole
12 litchis
1 melon
1 orange
Pour décorer :
4 feuilles de menthe

Sauce au citron vert :
2 jaunes d'œufs
2 cs de sucre
½ verre d'eau
½ citron vert
10 cl de crème fleurette

Préparation :

1.

Sauce au citron vert : Brossez le citron vert sous l'eau froide, râpez-en le zeste et pressez le jus. Dans une casserole, mélangez les jaunes d'œufs, le sucre, l'eau, le zeste et le jus du citron vert. Laissez frémir sans cesser de remuer. Lorsque la sauce épaissit, sortez-la du feu et continuez de fouetter jusqu'à ce qu'elle refroidisse. Battez la crème en chantilly et ajoutez-la à la sauce au citron.

2.

Rincez les fruits et coupez-les en gros morceaux. Disposez-les dans un saladier. Garnissez de sauce au citron et de mûres.

Biscuits aux amandes sauce chocolat

Ils seront meilleurs s'ils sont préparés la veille. Nous vous proposons de les servir avec une sauce chocolat et une glace vanille.

Pour 6 personnes :
1 œuf
3 blancs d'œufs
200 g de sucre
100 g d'amandes en poudre
50 g de beurre fondu
25 g de farine

Sauce chocolat :
½ verre d'eau
10 cl de crème fleurette
200 g de sucre
400 g de chocolat à pâtisser
1 litre de glace vanille

Préparation :

1.
Faites fondre le beurre. Mélangez les œufs, les blancs, le sucre, les amandes, le beurre fondu et la farine pour obtenir une belle pâte homogène. Réfrigérez quelques heures ou même jusqu'au lendemain.

2.
Préchauffez le four à 200 °C. Couvrez deux plaques à four de papier sulfurisé. Partagez la pâte en 18 morceaux que vous façonnez en petites boules et que vous aplatissez, une fois posées sur la plaque. Faites-les cuire au four jusqu'à ce qu'elles soient dorées puis laissez-les refroidir.

3.
Chauffez l'eau, la crème et le sucre. Ajoutez le chocolat et laissez frémir pendant 5 minutes. Répartissez les biscuits aux amandes et la glace sur six assiettes. Arrosez de sauce chaude au chocolat et servez sans attendre.

Cocktail de la mer aux fruits

Servie sur un lit de glace pilée, cette entrée pourra vous paraître un peu rétro. Elle est pourtant tout à fait actuelle avec son mélange de saveurs sucrées-salées et son parfum exotique.

Pour 4 personnes :

½ mangue
1 petit oignon rouge
½ concombre
1 avocat
400 g de crevettes
150 g de saumon fumé
1 cc de jus de citron vert

2 cc de coriandre fraîche hachée
¼ de cœur de salade iceberg
1 tomate
Pour décorer :
4 quartiers de citron vert
feuilles de salade

Préparation :

1.

Détaillez la mangue, l'oignon rouge, la tomate et l'avocat en cubes. Épluchez les crevettes, réservez-en quelques-unes pour décorer et coupez les autres en dés. Coupez la salade iceberg en fines lamelles et le saumon en cubes.

2.

Mélangez les différents ingrédients coupés en cubes avec la salade iceberg. Arrosez de jus de citron vert et parfumez de coriandre.

3.

Lavez les feuilles de salade. Répartissez-les dans des coupes et garnissez de ce cocktail de la mer. Décorez de quartiers de citron vert.

Carpaccio de saumon

Pensez à congeler votre saumon deux jours avant de préparer ce carpaccio. Cela le débarrassera des bactéries éventuelles et vous permettra de le trancher plus facilement. Nous vous proposons de le faire mariner dans du jus de citron vert, comme vous le feriez pour du ceviche.

Pour 4 personnes :
300 g de filet de saumon
   en tranches fines
2 citrons verts
2 cs d'huile d'olive
1 cs de poivre rose concassé

Pour accompagner :
½ oignon rouge haché
feuilles de laitue
1 citron vert
2 cc de vinaigre balsamique
4 tranches de pain grillé

Préparation :

1.

Décongelez partiellement le saumon. Coupez-le en tranches fines que vous répartissez sur quatre assiettes. Arrosez de jus de citron vert et d'huile d'olive. Laissez mariner 10 minutes.

2.

Épluchez et hachez l'oignon rouge et partagez le citron vert en quartiers. Disposez les tranches de saumon dans des assiettes et décorez de feuilles de salade, d'oignon et de citron vert. Saupoudrez de poivre concassé et arrosez de vinaigre. Servez avec des tranches de pain grillé.

Salade de poulet aux fruits rouges

Une entrée originale, à préparer en été, avec des fruits rouges frais. Laissez reposer 20 minutes avant de servir, pour libérer les saveurs.

Pour 4 personnes :

2 blancs de poulet	*Sauce salade :*
5 betteraves fraîches	**2 cs de vinaigre de framboises**
12 fraises fraîches	**1 cs d'oignon rouge haché**
12 mûres fraîches	**1 cc de poivre noir concassé**
12 framboises fraîches	**1 pincée de sel**
24 myrtilles fraîches	**3 cs d'huile d'olive**
1 bouquet de basilic	**huile pour la poêle**
200 g de feta	

Préparation :

1.

Brossez les betteraves et faites-les cuire dans de l'eau légèrement salée jusqu'à ce qu'elles soient tendres (de 15 à 25 minutes suivant leur taille). Sortez-les de l'eau et épluchez-les à la main pendant qu'elles sont encore chaudes. Laissez-les refroidir complètement.

2.

Préparez la sauce salade. Hachez l'oignon rouge. Battez le vinaigre avec l'huile d'olive, ajoutez le poivre, le sel et l'oignon haché. Détaillez les betteraves en dés et mélangez-les à la sauce. Versez sur les fruits rouges et laissez reposer 20 minutes.

3.

Coupez les blancs de poulet en lanières, aplatissez-les et badigeonnez-les d'huile. Salez, poivrez. Faites-les cuire à la poêle ou au barbecue, 3 minutes sur chaque face. Détaillez la feta en cubes. Répartissez la sauce aux fruits rouges dans quatre assiettes creuses. Posez quelques lanières de poulet dessus, ajoutez la feta et décorez de feuilles de basilic.

Poulet au miel, galettes de pommes de terre et sauce au citron vert

Si vous le servez en plat principal, comptez un blanc de poulet par personne. Poivrez généreusement et laissez le moulin à poivre à disposition, sur la table.

Pour 4 personnes :
2 blancs de poulet
15 cl de miel liquide
huile pour la poêle
sel, poivre blanc du moulin
Galette de pommes de terre :
12 pommes de terre de taille moyenne
beurre pour la poêle

sel, poivre blanc du moulin
Pour accompagner :
20 cl de crème fraîche
3 citrons verts
200 g d'œufs de poisson
½ oignon rouge
poivre noir concassé

Préparation :

1.

Préchauffez le four à 200 °C. Lavez deux des citrons verts, râpez leurs zestes et pressez le jus. Partagez le dernier en quartiers. Faites dorer les blancs de poulet à l'huile dans une poêle. Salez, poivrez. Disposez-les dans un plat à four beurré et poursuivez la cuisson au four pendant 8 minutes. Badigeonnez-les de miel et remettez-les 2 minutes au four. Vérifiez la cuisson. Plantez une pointe de couteau dans la viande. Si le jus est clair, le poulet est cuit. Sinon, laissez-le cuire encore quelques minutes.

2.

Râpez grossièrement les pommes de terre. Faites-en quatre galettes que vous poêlez à feu doux dans du beurre après les avoir salées et poivrées. Retournez-les en vous aidant d'une assiette. Elles doivent être dorées et croustillantes.

3.

Fouettez la crème fraîche avec le jus et le zeste des citrons. Épluchez l'oignon et détaillez-le en lamelles. Posez une galette de pommes de terre sur chaque assiette. Coupez les blancs de poulet en tranches obliques et posez-en quelques-unes sur chaque galette. Agrémentez d'une cuiller de crème au citron vert et d'œufs de poisson. Décorez d'oignon haché et de quartiers de citron vert.

Soupe de poulet à l'estragon

Une soupe légère à l'estragon et aux pois gourmands que vous pourrez préparer toute l'année si vous utilisez des ingrédients surgelés. Servez-la en entrée ou en plat principal, accompagnée de bon pain frais.

Pour 4 personnes :

1,25 l de bouillon de poule	**1 cs de beurre**
2 blancs de poulet	**sel, poivre blanc du moulin**
1 bouquet d'estragon frais	**100 g de pois gourmands**

Préparation :

1.

Portez le bouillon à ébullition, coupez le poulet en fines lanières et plongez-les dans le bouillon. Laissez bouillonner 2 minutes maximum. Détaillez les pois gourmands en grosses lamelles. Ajoutez-les au bouillon.

2.

Sortez le poulet et les pois gourmands à l'aide d'une écumoire et réservez-les. Ajoutez le beurre et l'estragon au bouillon. Salez, poivrez.

3.

Disposez les morceaux de poulet et de pois gourmands dans des assiettes chaudes et versez le bouillon fumant dessus. Servez sans attendre.

Cassolette de poisson aux olives

Utilisez un mixeur, cela vous permettra de réussir une belle sauce onctueuse sans un pouce de graisse !

Pour 4 personnes :

600 g de filets de poisson à chair ferme	**8 radis**
½ l de bouillon de poisson	**½ poivron**
½ poireau	**sel, poivre blanc du moulin**
1 tomate	*Pour accompagner :*
10 olives vertes	**pommes de terre à l'eau en quartiers**

Préparation :

1.

Mettez le poisson dans une casserole et arrosez-le de bouillon fumant. Il doit être entièrement recouvert. Laissez frémir 5 minutes, ou jusqu'à ce que le poisson soit entièrement blanc. Sortez-le et gardez-le au chaud.

2.

Rincez, épluchez et coupez le poireau en rondelles. Partagez la tomate en quartiers. Faites cuire les morceaux de légumes dans le bouillon puis mixez pour obtenir une belle sauce homogène. Salez, poivrez. Remettez le poisson dans la casserole.

3.

Ajoutez les radis et le poivron coupés en cubes ainsi que les olives. Servez sans attendre.

Feuilletés aux crevettes

Ces feuilletés croustillants pourront être servis à l'apéritif, en entrée ou comme repas léger.

Pour 4 personnes :

½ oignon jaune
80 g de champignons de Paris frais
2 poivrons
1 verre de tomates concassées et égouttées
160 g de crevettes décortiquées
1 œuf
sel
poivre de Cayenne
curry
1 à 2 pâte(s) feuilletée(s) du commerce

Pour décorer :
poivron et feuilles de menthe

Préparation :

1.

Préchauffez le four à 200 °C. Hachez l'oignon, coupez les champignons en tranches et le poivron en lamelles. Réservez quelques morceaux de poivron pour la décoration. Faites chauffer l'huile dans une casserole, ajoutez l'oignon, le poivron et les champignons. Faites revenir quelques minutes. Incorporez les tomates et les épices et laissez cuire à feu vif. Baissez le feu. Ajoutez les crevettes et chauffez doucement. Laissez refroidir.

2.

Sur un plan de travail fariné, découpez 8 ronds de 8 cm de diamètre dans la pâte feuilletée. Déposez une bonne cuiller à soupe du mélange aux crevettes au centre de chaque rond. Badigeonnez les bords avec de l'œuf battu avant de les replier. Scellez les feuilletés à l'aide d'une fourchette.

3.

Posez les feuilletés sur une plaque à four. Badigeonnez le dessus d'œuf battu et faites-les cuire au four jusqu'à ce qu'ils soient dorés. Décorez de morceaux de poivron et de feuilles de menthe.

Églefin au gratin sauce au cidre

Un gratin de poisson inhabituel puisqu'on y ajoute du jambon. Servez-le avec des pommes de terre simplement écrasées à la fourchette.

Pour 4 personnes :
600 g de filets d'églefin
4 cs de jus de citron
2 cc de moutarde
sel, poivre blanc du moulin
1 cs d'huile neutre
Pour le gratin :
4 tranches de jambon fumé
1 tomate
120 g de fromage tranché fin
Légumes :
200 g de pois gourmands

½ oignon rouge
Sauce au cidre :
2 cs de beurre
2 cs de farine
40 cl de bouillon de poisson
3 cs de crème liquide
3 cs de cidre
sel, poivre blanc du moulin
Pour accompagner :
**pommes de terre à l'eau, écrasées
ou entières**

Préparation :

1.

Sauce au cidre : Faites fondre le beurre dans une casserole. Retirez du feu et ajoutez la farine. Remettez la casserole sur le feu et ajoutez le bouillon. Incorporez la crème et le cidre, salez, poivrez. Gardez au chaud.

2.

Préchauffez le four à 175 °C. Mélangez la moutarde et le jus de citron, ajoutez l'huile et poivrez. Faites mariner le poisson 30 minutes environ dans cette préparation. Disposez-le ensuite dans un plat à four beurré et salez-le. Faites cuire les filets 5 minutes au four, sortez le plat et placez le thermostat sur 275 °C.

3.

Répartissez le jambon, les tranches de tomate et le fromage sur les filets de poisson. Faites gratiner au four 10 minutes environ. Épluchez l'oignon et coupez-le en tranches. Faites-le blanchir rapidement avec les pois gourmands. Passez-les alors à l'eau froide puis faites-les revenir quelques instants dans un wok. Servez le poisson accompagné des légumes, de la sauce et de pommes de terre à l'eau, écrasées ou entières.

Tables de conversions

Mesures de volumes (liquides)

Imperial		Metrique
⅛ c. à t.		0,5 ml
¼ c. à t.		1 ml
½ c. à t.		2 ml
¾ c. à t.		3 ml
1 c. à t.		5 ml
2 c. à t.		10 ml
3 c. à t.		15 ml
1 c. à s.		15 ml
4 c. à t.		20 ml
2 c. à s.	1 once	30 ml
3 c. à s.		45 ml
4 c. à s.	2 onces	60 ml
¼ tasse	2 onces	60 ml
5 c. à s.		75 ml
⅓ tasse		80 ml
½ tasse	4 onces	125 ml
⅔ tasse		160 ml
¾ tasse	6 onces	180 ml
1 tasse	8 onces	250 ml
1¼ tasse	10 onces	300 ml
1½ tasse	12 onces	375 ml
1¾ tasse	14 onces	425 ml
2 tasses	16 onces	500 ml
2½ tasses	20 onces	625 ml
3 tasses	24 onces	750 ml
3½ tasses	28 onces	875 ml
4 tasses	32 onces	1 l
5 tasses		1,25 l
1 pinte	40 onces	1,25 l
6 tasses	48 onces	1,5 l
8 tasses	64 onces	2 l
20 tasses	160 onces	5 l
1 gallon	160 onces	5 l

Mesures de poids

Imperial		Metrique
1 once		30 g
2 onces		60 g
3 onces		90 g
4 onces	¼ lb	115 g
5 onces		140 g
6 onces		165 g
7 onces		190 g
8 onces	½ lb	225 g
9 onces		270 g
10 onces		280 g
12 onces	¾ lb	350 g
16 onces	1 lb	450 g
1½ lb	675 g	
32 onces	2 lb	900 g
2¼ lb	1 kg	
3 lb	1,4 kg	
4 lb	1,8 kg	
4½ lb	2 kg	
5 lb	2,2 kg	
10 lb	4,5 kg	

Tables de conversions

Mesures de longueurs

Imperial	Metrique
⅛ po	0,25 cm
¼ po	0,50 cm
½ po	1,25 cm
1 po	2,5 cm
1½ po	3,75 cm
2 po	5 cm
3 po	7,5 cm
4 po	10 cm
5 po	12,5 cm
6 po	15 cm
7 po	18 cm
8 po	20,5 cm
9 po	23 cm
10 po	25 cm
11 po	28 cm
12 po	30,5 cm
13 po	33 cm
14 po	36 cm
15 po	38 cm
16 po	41 cm
17 po	43 cm
18 po	46 cm

Boites de conserve

Imperial	Metrique
5 onces	142 ml
8 onces	227 ml
10 onces	284 ml
12 onces	341 ml
14 onces	398 ml
19 onces	540 ml
28 onces	796 ml

Temperatures

200 °F	95 °C
212 °F	100 °C
225 °F	105 °C
250 °F	120 °C
275 °F	135 °C
300 °F	150 °C
325 °F	160 °C
350 °F	175 °C
375 °F	190 °C
400 °F	200 °C
425 °F	220 °C
450 °F	230 °C
475 °F	245 °C
500 °F	260 °C
525 °F	275 °C
550 °F	290 °C

Index des recettes A–Z

639

© 2005 Page One Publishing KB
info@pageone.se www.pageone.se
Tous droits réservés.
Imprimé en Allemagne, 2005.